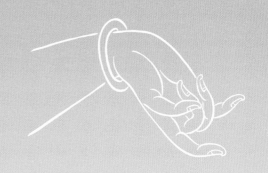

◆**方丈和尚對 2020 年的祝福**

培福有福　增福慧

阿彌陀佛！新春吉祥！果暉祝福大家新的一年，有福有慧、增福增慧；祈願我們的社會和人間，人人平安有快樂，世界和平又幸福。

新春期間，許多民眾扶老攜幼，帶著家人外出走春。所到之處，或許有些交通壅塞，多數人還是不受影響，因為這些狀況已在意料之中，也就可以接受、包容。我們也看到，人人笑容親切，逢人就說祝福的好話。像這樣，每一時、每一處、每一人，裡裡外外，都在發好願、說好話、做好事，所謂的好運或者新氣象，就這樣創造出來了。

人人開發心中寶山

法鼓山創辦人聖嚴師父曾比喻，每個人心中，都有一座慈悲智慧的寶山。開發這座寶山，如同耕耘眾生的心田，不僅個人可以受用，所有與我們接觸的家人、親友、同事，或者不認識的人，也都能夠感受到慈悲、智慧的影響力。

因此 2020 年，法鼓山以「培福有福」為年度主題，邀請大家共同來開發寶山、耕耘福田，進一步提出兩句話做為實踐方向，那就是「廣結善緣，大家來培福；感恩知足，人人有幸福。」

廣結善緣，是在人群中關懷對方、利益他人，這是身而為人的一種價值。如何落實呢？我常想起聖嚴師父他老人

家,生平至任何地方、見到任何人,只想著兩件事:一是如何為對方帶來好處、幫助對方;一是欣賞並學習對方的優點。所以,廣結善緣有兩個出發點:主動奉獻,然後是向他人學習。

福報與智慧,互資並行

感恩知足,是任何情況下,練習讓我們的內心平靜安穩,就會發現,幸福隨時與我們同在。我們每天的生活,都與家庭、學校、社會或者全世界,共同維繫著眾多因緣,不僅相互依持,更且互相受益。從時間上來說,我們得之於前人的貢獻太多;從空間而言,我們每人都是相互扶持、推動社會進步不可缺少的一分子,時代巨輪因有大家的互助互惠,相輔相成,得以安穩前進。

法鼓山 2020 年以「培福有福」做為對社會的祝福,方丈和尚果暉法師與大眾共勉:「廣結善緣,大家來培福;感恩知足,人人有幸福」。

我們可以這樣理解,廣結善緣是動、是走出去,藉著自己現有的資源、能力,去幫助更多的人。感恩知足是靜、是向內看自己的存心,即使遇到挫折,也能正面解讀、逆向思考,肯定這是自己過去發的願心,所以現在正在還願,甚至要感恩對方讓我們得以一償心願。結合一動一靜,向外走、向內看的旅程,以福報來培養智慧,以智慧來運用及增長福報;而我們幫助眾生,心無所求,沒有一絲一毫自我中心的執著,才是真正的培福有福。

心靈環保,耕耘福田

生而為人就是福報,珍惜難得的人身,進一步修福修慧,這是非常可貴的事。雖然我們每個人一生之中,都會面臨各種處境,例如人與自然環境的衝突、人際關係的衝突、個人身心的衝突,或是最深層的自我內心的衝突,這都是從因緣法所產生。只要回歸心靈環保,心不受外在環境影響,我們就可以成為社會的中流砥柱;只要有願心、信心、有奉獻助人的心,我們就不會在大時代的變局中感到徬徨。

祝福大家都能深入開發自心寶山,珍惜耕耘人間福田的機會,一分一分放下煩惱,一天一天增福增慧,讓自己得到平安、健康、快樂、幸福,也讓我們所接觸到的每一個人,都能平安、健康、快樂、幸福。阿彌陀佛!

編輯體例

一、本年鑑輯錄法鼓山西元 2020 年 1 月至 12 月間之記事。

二、正文分為三部，第一部為綜觀篇，含括法鼓山方丈和尚（果暉法師）、法鼓山僧團、法鼓山體系組織概述、新冠肺炎疫情下的弘法關懷，俾使讀者對 2020 年的法鼓山體系運作有立即性、全面性且宏觀的認識。第二部為實踐篇，即法鼓山理念的具體實現，以三大教育架構，放眼國際，分為大普化、大關懷、大學院、國際弘化。各單元首先以總論宏觀論述這一年來主要事件之象徵意義及影響，再依事件發生時序以「記事報導」呈現內容，對於特別重大的事件則另闢篇幅做深入「特別報導」。第三部為全年度「大事記」，依事件發生時間順序記錄，便於查詢。

三、同一類型的活動若於不同時間舉辦多場時，於「記事報導」處合併敘述，並依第一場時間排列報導順序。但於「大事記」中則不合併，依各場舉辦日期時間分別記載。

四、內文中年、月、日一律以阿拉伯數字書寫，如：2020 年 5 月 8 日。其餘人數、金額等數值皆以國字書寫。

五、人物稱呼：聖嚴法師皆稱聖嚴師父。其他法師若為監院或監院以上職務，則一律先職銜後法名，如方丈和尚果暉法師、僧團副住持果品法師。一般人員敘述，若有職銜則省略先生、小姐，如法鼓山社會大學校長曾濟群。

六、法鼓山各事業體單位名稱，部分因名稱過長，只在全書第一次出現時以全名稱呼，其餘以簡稱代替，詳如下：

法鼓山世界佛教教育園區簡稱「法鼓山園區」、「法鼓山總本山」

中華佛教文化館簡稱「文化館」

法鼓山社會福利慈善事業基金會（法鼓山慈善基金會）簡稱「慈基會」

法鼓文理學院簡稱「文理學院」

中華佛學研究所簡稱「中華佛研所」

法鼓山僧伽大學簡稱「僧大」

法鼓山社會大學簡稱「法鼓山社大」

法鼓山人文社會基金會簡稱「人基會」

聖嚴教育基金會簡稱「聖基會」

護法總會北投分會簡稱「北投分會」

七、檢索方法：本年鑑使用方法主要有四種：

其一：了解法鼓山弘化運作的整體概況。請進入綜觀篇。

自〈法鼓山方丈和尚〉、〈僧團〉、〈法鼓山體系組織〉各篇專文，深入法鼓山弘化事業的精神理念、指導核心，及整體組織概況。

其二：依事件分類，檢索相關報導。

請進入實踐篇。事件分為四類，包括大普化教育、大關懷教育、大學院教育，及國際弘化，可於各類之首〈總論〉一文，了解該類事件的全年整體意義說明；並於「記事報導」依事件發生時間，檢索相關報導。

各事件的分類原則大致如下：

・大普化教育：

凡運用佛教修行與現代文化，所舉辦的相關修行弘化、教育成長活動。

例如：禪坐、念佛、法會、朝山、誦戒、讀經等修行弘化，佛學課程、演講、講座、讀書會、成長營、禪修營、教師營、兒童營、人才培育等佛法普及、教育成長，對談、展覽、音樂會、文化出版與推廣等相關活動，以及僧團禮祖、剃度，心六倫運動，法鼓山在臺灣所舉辦的國際性普化、青年活動等。

・大關懷教育：

凡對於社會大眾、信眾之間的相互關懷，急難救助以及心靈環保、禮儀環保、自然環保、生活環保等相關活動。

例如：關懷感恩分享會、悅眾成長營、正副會團長與轄召、召委聯席會議等信眾關懷教育，佛化祝壽、佛化婚禮、佛化奠祭、助念關懷、心靈環保博覽會等社會關懷教育，以及海內外慈善救助、災難救援關懷，國際關懷生命獎等。

・大學院教育：

凡為造就高層次的研究、教學、弘法及專業服務人才之教育單位，所舉辦的相關活動。

例如：中華佛學研究所、法鼓文理學院、法鼓山僧伽大學等所舉辦的活動，包括國際學術研討會、成長營、禪修，以及聖嚴教育基金會主辦的「聖嚴思想國際學術研討會」等。

・國際弘化：

凡由法鼓山海外分院道場、據點等，所主辦的相關弘化活動、所參與的國際性活動；以及法鼓山於海外所舉辦的弘化活動等。

例如：美國東初禪寺、象岡道場、洛杉磯道場、舊金山道場，加拿大溫哥華

道場，馬來西亞道場以及海外弘化據點，包括各國護法會，以及各聯絡處及聯絡點等。各地所舉辦、參與的各項活動，包括各項禪修、念佛、法會及演講、慰訪關懷等。

另有聖嚴教育基金會與海外學術機構共同設立的「聖嚴漢傳佛學講座教授」，海外人士至法鼓山拜訪，海外學術單位至法鼓山園區參學等。

其三：依事件發生時間順序，檢索事件內容綱要。請進入大事記。

其四：檢索法會、禪修、讀書會等相關資料統計或圖表。

請進入附錄，依事件類別查詢所需資料。

例如：大普化教育單位所舉辦的法會、禪修、佛學課程之場次統計，主要出版品概況，以及國際會議參與情形、聖嚴師父相關主要學術研究論文一覽等。

※ 使用範例：

範例 1：查詢事件「第十四屆大悲心水陸法會」

　　　　方法 1：進入實踐篇→大普化教育→於 11 月 21 日→可查得該事件相關報導

　　　　方法 2：進入大事記→於 11 月 21 日→可查得該事件內容綱要

範例 2：查詢單位「法鼓文理學院」

　　　　進入綜觀篇→〈法鼓山體系組織〉一文→於教育體系中，可查得該單位 2020 年的整體運作概況

範例 3：查詢「法鼓山 2020 年各地主要法會統計」

　　　　進入附錄→法鼓山 2020 年各地主要法會統計

3 方丈和尚對 2020 年的祝福

5 編輯體例

12 綜觀篇

法鼓山方丈和尚——2020 年的果暉法師 ———— 14

法鼓山僧團 ———— 18

法鼓山體系組織 ———— 22

新冠肺炎疫情下的弘法關懷 ———— 44

48 實踐篇

【壹】大普化教育 ——————— 51

・總論 ——————————— 52

・記事報導 ———————— 56

【貳】大關懷教育 ——————— 145

・總論 ——————————— 146

・記事報導 ———————— 150

【參】大學院教育 ——————— 185

・總論 ——————————— 186

・記事報導 ———————— 190

【肆】國際弘化 ——————— 213

・總論 ——————————— 214

・記事報導 ———————— 218

239 大事記

293 附錄

● 法鼓山 2020 年主要法會統計 ——————————— 294
● 法鼓山 2020 年主要禪修活動統計 ————————— 296
● 法鼓山 2020 年主要佛學推廣課程統計 ——————— 298
● 法鼓山 2020 年心靈環保讀書會推廣統計 ————— 299
● 法鼓山 2020 年主要出版品一覽 ————————— 300
● 法鼓山 2020 年參與暨舉辦之主要國際會議概況 ——— 302
● 2019 — 2020 年聖嚴師父暨法鼓山相關學術研究論文一覽 302
● 法鼓山全球聯絡網 ————————————— 304

綜觀

法鼓山方丈和尚
正向思惟 轉危為安

法鼓山僧團
隨順因緣 佛法永續菩薩道

法鼓山體系組織
法鼓山體系組織概況

特別報導
新冠肺炎疫情下的弘法關懷

正向思惟　轉危為安

2020年，全世界人類共同經歷了新冠肺炎疫情帶來的嚴峻衝擊，各國相繼封閉國門，全球經濟遭受前所未有的考驗，而人們習以為常的便利日常也驟然生變；勤洗手、戴口罩、短暫隔離、保持社交距離，則成為全球同步的防疫新生活。國際知名期刊《經濟學人》即稱：「新冠疫情改變了一切，2020將是人類歷史的轉捩點。」

在與疫情同行的這一年，法鼓山除了將各式修行活動及課程轉為網路共修，籲請大眾「防疫、不放逸」，居家精進修行之外，方丈和尚果暉法師則於領眾梵修、弘法關懷及公開講座等諸多場合中，闡述防疫期間的安定身心之道；其中對於以「現在」為起點，著力於個人可管控的本分事，進而探尋生命原點──開發慈悲心與智慧心的心法有諸多提點，祈願世人凝聚善願、善行，創造善因緣，化危機為轉機。

以下即略述2020年，方丈和尚領眾安定身心，並為全球平安建言的弘法影蹤。

數位分享，共修共學

1月下旬，正當華人社會送舊迎新的正月春節，新冠肺炎疫情席捲全球。法鼓山教團隨即應變，暫止所有實體共修活動，轉為數位共學。2月1日，為緬懷創辦人聖嚴師父圓寂十一週年舉行的法鼓傳燈法會，首度採取網路直播，由方丈和尚帶領僧團法師、僧大學僧等，共同持誦〈大悲咒〉及觀世音菩薩聖號，迴向疫情早日平息。方丈和尚也首次針對疫情發表談話，籲請大眾將疫情當成共同「任務」，將危機視為成長的契機；隨順因緣，集結眾人的智慧、資源與力量，度過危機考驗。

其後，因應國際間疫情加劇情勢，2月13日，僧團召開疫情專案會議，主席方丈和尚在聆聽專家顧問群建言後表示，此次疫情，帶給人類一次新的「學習」：學習以同理、慈悲、體恤之心善待人我關係，並闡述三寶弟子終身學習的芳範，是學佛那樣無我、無私地為眾生奉獻，也如觀音菩薩那般大慈大悲的平等普施。

在確立數位共學及「學習」的核心價值後，2月起，法鼓山團體及方丈和尚透過網路分享的佛法信息，逐一就位。如2月連續四週的週五晚間，線上直播的「法鼓講堂特別

「方丈和尚抵溫叨」活動中，方丈和尚果暉法師與各地護法鼓手歡喜相聚。

講堂」，即由方丈和尚宣說《佛說八大人覺經》及〈普門品〉，依次介紹修行菩薩道的知見和實踐。並指出，身心組成的自我及物理現象構成的環境，皆是瞬息變化的無常。「無常有兩層意義：一是消極的失去，提醒我們把握生命與時間的可貴；一是積極的創造因緣，讓我們有學習、改進的機會，透過精勤學習，為眾生奉獻。」

此外，2月中旬起上線的《心安平安──方丈和尚關懷系列》影片，方丈和尚逐集分享：「護念彼此、感恩、努力當下、傳播善念、大悲心起、居家自修、珍惜擁有、常念觀音」，都是人人可練習的安定身心之道。另一方面，1月起上線的《2020與方丈和尚有約》節目，由方丈和尚分享做義工可能面遇的種種課題，配合疫情需求，其中對於「萬行菩薩」安己安人的四心：「菩提心、恭敬心、清淨心、長遠心」，做了殷切翔實的闡釋。

3月，為了安定受疫情牽動的社會人心，僧團一連十週，於每週日上午在法鼓山園區祈願觀音殿舉辦「心安平安祈福法會」，邀請全球信眾透過網路共修。十場法會均由方丈和尚主法，及於各場法會圓滿前舉行開示。而在5月10日的母親節暨佛誕節當天，於園區大殿舉辦三時繫念法會，方丈和尚表示，報答佛恩、母親恩的最好方式，即是每個人身、口、意行為的轉化、淨化，期勉大眾發願轉貪欲的心為布施的心，轉瞋恨的心為慈悲的心，轉愚癡的心為智慧的心，共同迴向讓疫情早日終止。

7月，僧團於法鼓山園區大殿舉行「大悲懺法會」，法會圓滿前，方丈和尚與眾勉勵指出，疫情是全人類的共業，臺灣迄今雖未面臨嚴峻衝擊，但身為地球村的一份子，仍應代所有眾生懺悔、發願，人人做好事、種福田，以淨化身心、淨化社會。

由內而外，安己安人

疫情蔓延態勢，與時俱增，心繫海內外僧俗四眾安心防疫的方丈和尚，雖無法如往年一般，前往海外各地關懷，然而直通海外各地關切的慰問與會議，只有更增頻繁。方丈和尚全年留步於臺灣的關懷行程，側重僧俗四眾的道業修持，期勉由內而外，人人發揮心安平安的一分力量。

1月5日，由護法總會舉辦的「邁向2020培福有福──歲末感恩分享會」，共有十個地點連線舉行，方丈和尚以「2020」的英文諧音帶出「團體、團體」的寓意，期許大眾時時「以和為貴」，視彼此為造福的良田，廣結善緣。年度對專職舉行的三場精神講話，分別於1月、7月、10月舉行，方丈和尚以「修福有福，農閒之福」、「觀音法門的修持方法」及「去貪行慈」為題，指出學佛重觀念知見，更重體驗落實，勉勵專職善用擁有人身的福報，增長福慧資糧。9月於法鼓山園區舉行的剃度典禮，方丈和尚期勉未來住持三寶的新戒法師，當以眾生為親眷、以戒定慧安定身心、以大悲願心弘法利生，承擔出家眾自度度人的本分事。

這一年，法行會、法緣會、人基會、聖基會等關懷活動，也都迎來方丈和尚分享佛法、禪法的體悟。如8月，於法行會佛法講座主講「承先啟後──中華禪法鼓宗禪法之開展」，為會眾導讀其甫出版的新書《聖嚴法師中華禪法鼓宗禪法研究》，並建議初學佛者可從基礎數息或是念佛方法開始，兼重聞思慧學，漸次深入禪的生活。

9月，臺灣地區疫情趨緩，實體活動陸續恢復舉辦，方丈和尚也於此時重啟各地關懷行程，前往屏東、潮州及羅東、宜蘭，出席由護法總會策畫的「方丈和尚抵溫叨」活動，為當地護法信眾帶來感恩勉勵的祝福，凝聚大眾學佛、護法的願心。

年底12月，於榮譽董事會舉行的全球悅眾聯席會議中，方丈和尚感謝各地區召集人在疫情期間用心關懷信眾，期勉大眾學習觀音法門，面對生活中的種種難題，不僅求觀音、念觀音，也要學觀音、做觀音，自利利人，福慧雙修。

特別一提的是，6月僧團結夏安居及12月下旬的中階禪七，由方丈和尚擔任主七和尚，領眾修持。於結夏安居，以「無所得、無所求」提點僧眾把持只問耕耘、不問收穫的修行原則；對於年底參加中階禪七的學員，則以生活處處是修行所緣境，勉勵禪者以感恩心、報恩心待人，以慚愧心、懺悔心自省，減輕自我中心的執著，造福社會大眾。

創造善因，化解困境

環視疫情衝擊人心與社會各層面的影響，當人們尋求安定人心的力量之時，宗教始終不曾缺席。2月起，方丈和尚代表團體接受國內、外多家媒體訪談，分享佛法的心靈處方與對應之道。

方丈和尚果暉法師於11月水陸法會送聖儀式中，期勉大眾，無論順境、逆境，都能夠促進我們成長，都是幫助我們成就行菩薩道的福慧資糧。

2月，接受臺北電台電話專訪指出，每個人當下的心念及言語行為，都將對此刻乃至未來的疫情產生影響；發好願、說好話、做好事，就是在創造因緣，透過大家共同的願力，一定可以轉好運。

3月，接受法國「法新社」（L'Agence France-Presse, AFP）採訪，方丈和尚向全球人士建言，慈悲心能化解人與人之間的對立，智慧心增進互敬互重、共同合作。同月，臺大晨曦社學生來訪法鼓山園區拜會，則分享以「現在」為起點的安心法，放下對過去與未來的牽掛，一心專注於「現在」，就能發現「現在」最新鮮、「現在」最美好。

4月，教育電台播出的《幸福密碼》節目，方丈和尚分享平安生活方程式：「少欲知足，減少浪費、殺生的行為，從病毒侵襲中，學習更大的慈悲與智慧。」5月，接受義大利「普世博愛運動」（Movimento dei Focolari）之數位媒體《全球電話通訊》（Collegamento CH）錄影專訪指出，面對恐慌，很多人都會祈禱，「從佛法而言，祈禱就是修行」，並以「心安就有平安」，祝福人人照顧好自己，就是間接照顧了他人。

除了受訪，4月於北投雲來寺舉辦的「防疫心生活講座」，邀請臺北仁濟院總院院長李龍騰與方丈和尚對談，主題為「正面解『毒』的心靈處方」。方丈和尚有感而發指出，疫情為全人類帶來重大陰影，卻也讓我們有更多因緣，練習向內觀照、自省，啟發人人本有的同理心、慈悲心。

9月，人基會於臺北中油國光廳舉辦關懷生命論壇，以「逆光‧遇見自己」為題，邀請舞蹈藝術工作者許芳宜、音樂工作者張正傑與方丈和尚座談。方丈和尚於座談中分享：突破逆境的安心之道，可學習默照禪法，開啟「省電模式」，時時回到身心清淨；追尋夢想時，則應如火箭升空，節節放下，才能節節高升。

結語

2020年，新冠肺炎疫情蔓延全球，攪亂了世人以為恆常的生活步調，卻也經此促使人們重新審視平安健康的意義與價值。在力行阻隔病毒傳播鏈的防疫新生活中，佛法提供另一種身心安康的控管視角。即方丈和尚於這一年每每與眾的共勉：以「現在」為因，從「學習」著力，坦然面對、接受現實，安心安身；進則深探慈悲和智慧的日常修行，以慈悲心安人，以智慧心安己，人人善盡本分、共創善因緣，祈願疫情早日解除，世界轉危為安。

法鼓山僧團

隨順因緣　佛法永續菩薩道

2020年對人類而言，是極不平安的一年。年初，新冠肺炎（COVID-19）疫情爆發，迅速擴展到全球，直至12月，已造成七千萬人感染，超過一百五十萬人死亡。法鼓山僧團因應嚴峻情勢，疫情方始即刻展開各項防護與關懷措施，迅速決議暫停實體大型的傳燈、菩薩戒等法會活動，轉換為網路直播共修，減少群聚接觸的機會；並透過各項線上課程，讓大眾於居家期間也能在線上聽聞佛法；各分寺院僧眾更隨順防疫因緣，運用時間調和身心，深入修行，並迴向社會大眾身心安定，世界和平安樂。

面對疫情嚴峻的考驗，僧團利益眾生的初心與腳步並未停歇，以下由法務推廣、僧眾教育、道場建設及國際參與四個面向，概述2020年僧團重要的弘化踐履。

法務推廣

在防疫優先的前提下，法務推廣主要有佛學教育、禪修、法會共修等，持續與海內外各分寺院道場、分會共同推動，期能在不安的時期，以佛法安定人心。

佛學教育部分，為配合全民防疫，截至8月底，暫停體系所有課程，普化中心信眾教育院規畫的聖嚴書院課程及經典共修均配合停課，受到影響的計有九千多名學員；9月復課後，包括禪學班、佛學班、福田班、快樂學佛人，共逾六千名學員精進學習。

停課期間，信眾教育院五個數位頻道密集上線多項課程，接引大眾學佛不放逸。其中，「法鼓講堂」更於2月至5月，開辦安心防疫特別講座，由方丈和尚果暉法師及多位僧團法師擔任講師，傳授安心法門，期許學員以明晰的思維面對變動的情勢，讓心不隨外境起舞。

禪修方面，本年僧團首度製作網路禪修系列影片「禪堂在我家——網路禪修」，帶領大眾依循引導與示範，練習法鼓八式動禪、上座前運動、打坐、下座按摩，以及聆聽法師禪法的開示，踏實用功。9月疫情趨緩後，禪一、禪二、禪七等課程也陸續開辦，接引新學或老參，在正確安全的修學環境中，持續精進。

另一方面，副住持果醒法師亦主持多個線上讀書會，帶領東、西方信眾研討佛法、分

享禪修心得,提昇大眾對於漢傳禪修理論、境界的理解,從中建立正知見,也解決身心的煩惱。

於大型法會相關共修上,多以網路連線方式進行現場直播,如2月的「大悲心起‧願願相續——法鼓傳燈暨祈福法會」,於傳燈儀式後,由方丈和尚帶領近百位僧團法師、僧大學僧及全球四眾弟子,共同持誦〈大悲咒〉及觀世音菩薩聖號,迴向疫情早日平息,共願疫區平安。

3月起,每週日於法鼓山園區祈願觀音殿舉辦「心安平安祈福法會」,並於5月母親節當日,舉辦三時繫念祈福超度法會,全球信眾同步精進共修,共同以感恩報恩的心念,為全人類祈福;4月起,開發手機線上持咒介面,推廣「大悲咒LINE起來」,鼓勵大眾藉持咒祈福,拉近彼此心的距離,匯聚慈悲祝福的心願,為世界帶來安定。

11月底的第十四屆「大悲心水陸法會」,雖將實體壇場壇位減半,但藉由網路將法會實況傳送到各分院道場乃至全世界,累計全球有二萬五千人次參與,更有來自四十八個國家、近五十萬人次利用雲端共修;借助現代化科技設施,隨時隨處是壇場,皆能與法相會。

於慈善關懷方面,有鑑於疫情引發人心不安,2月1日起,僧團於每日早晚課後,持誦「南無觀世音菩薩」聖號五分鐘,祈願觀音菩薩護念法界眾生,也為全世界遭逢疫病、戰爭、天災人禍而受苦受難的地區與民眾迴向祈福;2月底推動「關懷弱勢守護計畫」,透過慈基會與各地分寺院,由法師帶領僧大學僧、慰訪義工,造訪弱勢家庭,並宣導防疫訊息。同時,全年度的關懷活動,如歲末關懷、百年樹人獎學金頒發、佛化聯合祝壽等,皆有僧團法師出席關懷,為大眾帶來佛法的祝福。

僧眾培育

體系活動因防疫而暫停,僧眾隨緣精進不放逸。為讓僧眾對禪修的實修方法、教理依據與歷史脈絡,有更深入的學習及體驗,僧團於3至5月間,開辦禪修研習系列課程,包括於僧大開設「禪七內護要領研討」、「話頭禪研討」、「棒喝、話頭與經教——臨濟宗三峰派祖師的生命故事與教學實踐」、「《楞嚴經》的耳根圓通法門」等,並規畫「與禪相遇——初級禪訓班師資培訓」禪修研習營,除進階培訓禪修師資,也深入禪學法義,讓方法更透徹。

4至5月,於園區法華書苑舉辦為期四十日的精進用功禪期,包括四梯次禪七、一梯次禪十二,僧眾沉澱用功,體驗以平等心看待一切境,以空觀心練習無我的智慧,也深化修行,蓄備未來弘化關懷的資糧。

一年一度的結夏安居於6月展開,有近一百八十位僧眾參加。課程按次第規畫,行解並重,從佛法的基礎觀念,到止觀、默照、話頭的進階學習;內護監香的安排,由常

字輩法師帶領演字輩法師，在禪期進行時，學習禪堂運作與照顧禪眾，不僅全方位學習，更是經驗傳承。30日的「祈福總迴向」，在〈叩鐘偈〉中，方丈和尚帶領僧眾，以一句一拜，齊聲唱誦出對眾生最深切的祝福。

8月舉行剃度大典，共有九位求度者批剃，發願上求佛道，下化眾生，學習成為漢傳佛教宗教師，開展「新僧命」。

另一方面，三學院亦舉辦「讀書會帶領人培訓」、「僧大畢結業生領執培訓」、「梵唄培訓——網路監香及水陸法會祈願壇」等課程，提昇僧眾弘化、執事、梵唄教學，以及禪修的帶領能力。其中，10月的「梵唄培訓」課程，包括行門的唱誦、法器教學，與解門的概說、數位弘法趨勢、監香執事的意義與功能，以及面對鏡頭的對話訓練等，帶領僧眾學習引領全球信眾雲端共修，在後疫情時代展開弘法新局。

道場建設

2020年，於國內新增一處道場動土及兩處分會新址啟用。臺南雲集寺於5月舉辦擴建開工動土典禮，由男眾部寺院管理副都監果器法師、建築師李文勝、護法總會副總會長鄭泗滄、雲集寺原址捐地人黃福昌等六人共同執鏟，女眾部寺院管理副都監果理法師與多位護法悅眾觀禮祝福。擴建完成後，將提供更完善設施，成為法鼓山南部地區的禪修中心。

護法總會林口分會、文山分會，分別於8月、10月舉辦新會址啟用典禮，隨後即以多元的修行課程，接引社區民眾學佛成長。

國際參與及交流

在國際參與方面，3月中旬起，北美地區疫情全面爆發，確診人數激增，造成醫療物資嚴重短缺，為支援第一線保護大眾的醫護人員，法鼓山北美分支道場發起「佛法救濟」（Dharma Relief）專案，捐贈醫療口罩給當地醫療院所及弱勢機構；慈基會與護法總會亦從臺灣寄贈逾七萬份布口罩，以實際行動，共度疫情難關。「佛法救濟」專案獲得北美許多知名佛教團體及出版社的響應贊助，共逾一百七十家醫院、機構受益，也彰顯佛教利益普世大眾的入世精神。

在亞洲，泰國護法會與駐泰國臺北經濟文化辦事處共同成立「泰國臺僑胞疫情聯合應變小組」，5月前往曼谷僧人醫院（Priest Hospital），捐贈醫療及民生物資；6月，法鼓山捐助善款援助印度人道救援組織摩訶菩提國際禪修中心（Mahabodhi International Meditation Center, MIMC），以利中心的人道救援工作可以積極運作，緩解印度人民因疫情造成的不安與苦痛。

國際交流方面，1月香港大覺福行中心暨美國舊金山大覺蓮社住持衍璇法師，帶領九

僧團結夏「祈福總迴向」，由方丈和尚帶領近一百八十位僧眾，齊聲唱誦出對眾生深切的祝福。

位法師、十二位義工參訪美國舊金山道場，由監院常惺法師和常源法師接待，進行交流；加拿大羅德健康學院（Rhodes Wellness College）二十位師生，2月由授課教師亞歷山德拉‧戈德韋爾（Alexandra Goldwell）帶領參訪溫哥華道場，由監院常悟法師接待，並介紹佛教的基本觀念、佛法的生命觀，以及禪修對身心的照護。果增法師也於2月在美國西雅圖樂敘之家（Aegis Gardens Retirement Community）帶領觀音祈福法會，祈願疫情早日消除。

11月溫哥華道場監院常悟法師，應英國劍橋大學佛學社（Cambridge University Buddhist Society, CUBS）之邀，透過網路視訊舉行演講，講題為「發現和感受喜悅」（Finding and Feeling Joy），包括倫敦共修處七位成員，共有四十五人參加；當月底應溫哥華海岸衛生局（Vancouver Coastal Health）、列治文整體善終照護小組（Richmond Integrated Hospice Palliative Care Team）之邀，於其透過網路視訊進行的「跨宗教臨終關懷座談會」，與聯合基督教會（United Church）牧師馬奇‧瓦特哈蒙（Rev. Maggie Watts-Hammond）、羅馬天主教神父羅伯特‧王（Fr. Robert K. Wong）進行對談，分享佛教的善終關懷。

結語

僧團本年度的出版盛事，是一百零八冊《法鼓全集》2020紀念版於10月出版，提供現代人安身立業、學佛修行的指引。《法鼓全集》2020紀念版歷經十年編校，也是僧眾接下續佛慧命任務的第一個十年，僧俗弟子在這一場實境的歷史場域中學習成長，見證四眾弟子的傳承與願力。

面對重大災難，聖嚴師父曾說：「心裡要有準備，因為這個世間，任何現象都是無常的，生離死別、成住壞空，是自然的現象。災難來的時候，恐懼、憂慮、悲傷，已沒有用，唯有藉前車之鑑的經驗來加強心的穩定力，亦由平常的防災措施和準備並行。」2020年新冠肺炎疫情席捲全球，人們戴起口罩，拉開彼此的距離，疾病、死亡、無常變化，近在眼前，法鼓山全體僧眾承師教法，秉持理念與度眾悲願，隨順因緣，祈願世人領受佛法的清涼與祝福，共行菩薩道。

法鼓山體系組織概況

　　2020年，法鼓山因應新型冠狀病毒引發嚴重特殊傳染性肺炎（COVID-19）的嚴峻疫情，暫停2至8月份所有活動，同時於全球展開「安心與防疫」同步並進的防護及關懷措施，除積極配合中央防疫政策，各項具體作為引領海內外四眾弟子安住身心，於社會間更具示範、標竿意義。

　　年初在「培福有福」年度主題的開示中，方丈和尚果暉法師即指出：「只要回歸心靈環保，心不受外在環境影響，我們就可以成為社會的中流砥柱；只要有願心、信心、有奉獻助人的心，我們就不會在大時代的變局中感到徬徨。」法鼓山以「護念彼此、心安平安」為主軸，防疫期間弘法不輟，面對驟變的世界局勢，籲請實踐心靈環保，集結眾人智慧、資源與力量，祈願世界安度疫情。

　　以下分別就運作、發展、教育、支援四大體系，於2020年的主要工作及活動內容，進行重點概述。

一、運作體系

　　運作體系包括園區中心、全球寺院、護法總會三部分，立足臺灣，協力於全球弘傳漢傳禪佛教，回應時代脈動、接軌國際，開創跨越時空、多元弘化新面貌。

（一）園區中心

　　法鼓山世界佛教教育園區簡稱「園區中心」，位於新北市金山區，其下有百丈院及弘化院。自開山以來，為各項大型法會、禪修、文化、教育及關懷活動的舉辦場所。2020年1月初，如期展開「邁向2020培福有福 —— 歲末感恩分享會」，並於24至29日春節期間，舉辦除夕撞鐘、彌陀法會及普佛等新春系列活動。原訂2月1日舉辦的法鼓傳燈法會，首度以連線方式現場直播，並加入祈福儀式，由方丈和尚果暉法師帶領僧眾與線上信眾，共同祈願迴向疫區平安。

　　為顧及大眾健康，雖然取消實體群聚的共修，自3月1日起，僧團每週日於園區舉辦「心安平安祈福法會」網路共修，籲請大眾為遭逢疫病等天災人禍的地區與民眾迴

向；5月並舉辦三時繫念法會，為十場的心安平安祈福法會進行總迴向，透過網路直播，向全世界提供佛法祝福與安心的力量。

同時，僧眾則隨順防疫因緣，於園區精進修行、儲備資糧，3至5月間舉辦禪修及研習系列課程；6月，展開一年一度結夏安居，方丈和尚果暉法師於圓滿日「祈福總迴向」帶領僧眾將修行功德迴向眾生平安健康。7月的大悲懺法會，則將「大悲咒LINE起來」手機祈福活動中，凝聚眾人悲心祝禱的持咒功德，迴向世間與眾生。

9月後，剃度大典、清洗祈願觀音池、大悲心水陸法會等活動，在落實政府防疫政策：保持適當距離、戴口罩、實名登記等制度下，如期於園區展開，圓滿大眾奉獻與修行的願心。

（二）全球寺院

法鼓山全球寺院弘化據點，包括國內各分寺院，及歐美、亞太、大中華等三區當地道場與護法會。

於臺灣，有十三處分寺院：北投中華佛教文化館、農禪寺、雲來寺、臺北安和分院、三峽天南寺、蘭陽分院、桃園齋明寺、臺中寶雲寺、南投德華寺、臺南分院、雲集寺、高雄紫雲寺、臺東信行寺。三處別苑：北投雲來別苑、桃園齋明別苑、臺中寶雲別苑。四處精舍：臺北中山精舍、基隆精舍、新竹精舍、高雄三民精舍。

於海外，歐美區有五處道場：美國紐約東初禪寺、象岡道場、加州洛杉磯道場、舊金山道場，及加拿大溫哥華道場。一處精舍：美國麻薩諸塞州波士頓普賢講堂。七個分會：美國紐約州、新澤西州、伊利諾州芝加哥、德克薩斯州達拉斯、佛羅里達州塔城、華盛頓州西雅圖，與加拿大安省多倫多。另外，北美部分有十個聯絡處、九個聯絡點；歐洲部分，則有盧森堡、英國倫敦兩處聯絡處，以及里茲聯絡點。

亞太區設有馬來西亞道場，另有泰國、新加坡護法會，及澳洲雪梨、墨爾本分會。大中華區則有香港道場專案。

1.國內各分寺院

國內各分寺院為普及佛法對人心及風俗的淨化，除定期舉辦念佛、禪坐共修，也結合文化潮流、時代趨勢，推動講座、營隊、課程、禪藝生活等活動，賦予佛法教育的功能，具體實踐在法會、禪修、文化、教育及關懷工作的推動上，推廣法鼓

水陸法會是法鼓山規模最大的法會共修。圖為在總壇共修的信眾，依循儀軌專注用功。

山的理念，接引大眾安頓身心。

2020年，各分寺院在1月元旦新年、農曆春節法會與系列活動舉辦後，配合體系組織因應新冠疫情的決議，8月底前暫停各項活動、課程及共修，同時也取消餐飲服務，並籲請來寺參訪的民眾，配合戴口罩、先洗手、再進入的原則，保護自己也保護大眾。

往年於2至8月期間，常態舉行的法會、禪修、講座、營隊、禪藝生活等活動，雖然停止舉辦，但分寺院除同步執行數位學習課程及網路共修活動，也分別藉由直播弘法，提供大眾透過網路聽聞修學，防疫期間精進不退轉。

其中，安和分院於2月連續展開二十八天的《地藏經》精進共修，籲請信眾為疫區民眾祈福迴向；清明時節，寶雲寺的梁皇寶懺法會，除調整以網路共修方式進行，並提供大眾填寫雲端祈福及超薦迴向。5月，浴佛暨母親節活動改於線上進行，寶雲寺於線上浴佛活動中，特別邀請子女製作電子祝福卡，向母親表達感恩。

8月中元期間，文化館、農禪寺分別舉辦地藏、梁皇寶懺法會，法師帶領線上信眾共同為歷代先亡眷屬超薦祈福。紫雲寺於8月30日至9月5日舉辦的中元報恩地藏暨三時繫念法會，除了鼓勵大眾在家共修，9月1日起也開放現場參加，入寺量額溫、實名簽到、全程戴口罩，在法會熏習中，心安平安。

9月起，各分寺院陸續恢復常態念佛、禪坐、經典等共修活動，包括農禪寺的《心經》、《金剛經》，齋明寺的《維摩詰所說經》、新竹精舍的《無量壽經》，內容包括靜坐、誦經、聆聽聖嚴師父的影音開示，引導大眾於日常生活中，活用經典的智慧。

另一方面，安和分院「楞嚴禪心」、齋明別苑「《梁皇寶懺》修行法要」、蘭陽分院「《法華經》概要」等佛學講座，皆由僧團法師深入淺出講授經典奧義，引領學員落實經典的生活智慧。

延伸關懷面向，蘭陽分院三場「培福有福」講座，分別以健康、溝通、快樂為主題，探討身心新課題；寶雲寺舉辦「有備無懼迎面生死——傳統智慧的生死關懷」對談，由退居方丈果東法師、員榮醫院副總院長吳怡昌、臺中榮民總醫院志工隊長張寶方，探討善生好死的正向生死觀；臺南分院生命長河座談會，則以「說世間情談生死關懷——聖嚴法師的情感倫理與生死關懷」為主題，關注、省思生死大事。

寶雲寺於寶雲別苑的自然環境中舉辦戶外禪，體驗動禪心法。

配合密閉空間不群聚、保

持社交距離的防疫政策,臺南分院、農禪寺、寶雲寺、蘭陽分院本年皆舉辦多場戶外禪、參訪自然教室等方式,鼓勵大眾以禪修增健身心健康。

2.歐美區

法鼓山海外道場承持漢傳禪風,以推廣禪佛法、國際參與、研討交流、宗教對話等多元形式,步步踏實國際弘化的腳步,成就跨種族、宗教的人間淨土。

2020年伊始,北美各地道場如期於1月舉辦新春法會與慶典活動,包括東初禪寺聚集東、西方信眾一同拜懺迎新,並由象岡道場住持果元法師主講「培福有福」講座;洛杉磯道場以「精進拜願」揭開新春法會序幕,民眾於「迎春茶禪」中,體驗放鬆身心、一期一會的美好因緣;舊金山道場由常源法師帶領以半日禪迎接新的一年;溫哥華道場則以英文版鈔經、揮毫迎春等活動,讓西方眾也充滿法喜。

2月上旬,各地道場、分會,以禪修、法會、專題講座等方式緬懷師恩。東初禪寺舉辦「傳燈禪修週」,信眾共聚道場精進;舊金山道場舉行傳燈日專題講座,由僧大副院長常寬法師主講「聖嚴法師的宗教思想 —— 從《比較宗教學》到全球倫理」;洛杉磯道場展開傳燈法會及講座,由果廣法師講述「自家寶藏 —— 如來藏思想概說」,介紹聖嚴師父的如來藏思想。溫哥華道場的傳燈法會,監院常悟法師分享剃度前跪謝師恩的感動,鼓勵大眾學佛護法,就是報答師恩的最好方式。

另外,新澤西州分會由果元法師帶領,展開禪坐共修及傳燈儀式;西雅圖分會本年首度舉行傳燈法會,青年院監院常炬法師為信眾點燈,共願早日成就道場建設。

2月下旬,隨著新冠肺炎疫情漸次蔓延全球,洛杉磯、舊金山道場於15日共同舉辦「觀音祈福平安法會網路共修」,祈願用佛法的智慧助人助己,平安度過疫情。3月,因確診人數激增,造成北美地區醫療物資嚴重短缺,為支援第一線醫護人員,北美分支道場發起「佛法救濟」專案(Dharma Relief),籲請捐贈口罩給醫療院所及弱勢機構,當地知名佛教團體及出版社紛紛響應贊助,共援贈三十萬份醫療口罩。

同時,在各地強制居家避疫的政府行政命令陸續發出前,各道場及分會均已提前停止對外活動,例行的法會、禪坐、講經及佛學、講座等活動,皆透過網路進行。4月,位於美國疫情嚴峻地區的東初禪寺,舉辦三十日的清明地藏法會線上共修,由常住法師帶領超薦先亡,為世界祈福;8月,於象岡

溫哥華道場舉辦傳燈法會,信眾唱誦〈傳法偈〉,依序到佛前點燈。

道場舉行中元三時繫念法會，由果元法師主法，共有一千兩百多位信眾透過網路參與共修。

行之多年的週日佛學講座，2020年除由常住法師闡述《法華經》、《華嚴經》、《大乘起信論》等經典義理，象岡道場監院常護法師主講「祖師的故事」，介紹大慧宗杲、洞山良介、趙州從諗、無異元來、宏智正覺等禪師的行誼，以及「十牛圖」中十種修行歷程。

防疫期間，東初禪寺開辦多場週日網路英文佛學講座，包括邀請聖嚴師父西方法子吉伯・古帝亞茲（Gilbert Gutierrez）主講「禪」（Chan），西方弟子哈利・米勒（Harry Miller）、林晉城（Peter Lin）分別講授《法華經》（Lotus Sutra）、「五蘊」（Five Skandhas），擴大接引西方人士親近漢傳禪佛法。

西岸的洛杉磯道場自3月中旬起，週一至週五晚間由常住法師帶領線上持誦〈大悲咒〉共修及開示；6月開辦《六祖壇經》線上共學，內容包括禪坐、拜懺，並由監院常悅法師從祖師大德的公案中，引領學員領略安心之道。8月啟動「法青與兒少」線上共學，於居家防疫期間照護自我心理健康；10至12月，開辦四堂「心光講堂」，由四位當地企業經營者，同時也是資深悅眾及義工，於線上與青年朋友分享「Fun心・工作趣」。

舊金山道場於4月開辦網路甘露門，由僧大副院長常寬法師、道場監院常惺法師、常源法師等帶領禪修放鬆、梵音唱頌，大眾並可於線上向法師請益，充實安心的資糧。5月起的「安心石・平安湯」系列課程，則以音樂饗宴、茶道品茗、戲劇欣賞等禪藝活動，認識禪的意境與美學。

加拿大溫哥華道場配合防疫，亦透過網路展開共修共學，其中6月的「菩薩行願講座」，由監院常悟法師、常惠法師、常惟法師主講，協助學員以佛法安頓身心，也向社區傳播正向力量；9月，與普化中心同步開學的佛學班，課程改於網路進行，各地學員齊聚線上聽課，學習以佛法安定煩躁的身心。

11月，常悟法師首先應英國劍橋大學佛學社（Cambridge University Buddhist Society, CUBS）之邀，透過視訊主講「發現和感受喜悅」；也接受溫哥華海岸衛生局（Vancouver Coastal Health）、列治文整體善終照護小組（Richmond Integrated Hospice Palliative Care Team）的邀請，參與網路「跨宗教臨終關懷」座談，分享佛法於臨終關懷的應用與實踐。

3.亞太區

馬來西亞道場在2020年伊始，於1月舉辦新春普佛法會後，2月起當地社會因政局變動、內閣解散而動盪，月底爆發逾千人的大規模新冠肺炎感染事件，政府啟動全國行動管制令，道場即時因應公布「處處是道場，學習零距離」的線上學習行事曆，及「生活

的日常，步步皆是禪」專案，每日在臉書推廣禪修的生活實踐，協助大眾以禪法、動禪及心靈環保的觀念，設計每天的行動方針。

另一方面，監院常藻法師應馬來西亞佛教會青年總會之邀，分別於5月、11月參與「安頓身心」、「向前有路」座談會，勉勵青年學習以平常心面對每個因緣，接納當下的處境與安心的同時，成長自己。

新加坡護法會於2月初，隨著疫情擴展，停止所有實體參與活動，輔導法師常耀法師鼓勵信眾利用網路參與各地道場的網路共修，也在即時通訊軟體Telegram成立官方頻道，開辦如導讀《法鼓全集》、網路讀書會等課程。

泰國護法會與駐泰國臺北經濟文化辦事處，自新冠疫情在泰國爆發後，共同成立「泰國臺僑胞疫情聯合應變小組」，回饋當地社會，提供防護衣和隔離衣予曼谷比丘醫院等醫療單位。下半年當地疫情趨緩後，舉辦了三場禪一，皆由常空法師帶領體驗身心的自在與安定。

4.大中華區

大中華區主要是香港道場專案。本年，香港道場於1月24日除夕，首次舉辦跨年祈福法會，並透過網路連線總本山除夕撞鐘祈福活動；受疫情影響，27日大年初三「約咗佛陀拜年去」改以網路直播，由監院常展法師帶領持誦佛號，充實心靈安定的能量。

2月後啟動《藥師經》、〈藥師咒〉共修、藥師法門等佛學課程，邀請大眾線上參與，藉由誦經、持名、持咒，將修行力量延續到生活中；並首播由法青製播的布偶劇場「家家有座法鼓山」，生動的創意及內容，傳達佛法的正知見。

此外，每週六、日的網路禪修，內容包括禪坐、法鼓八式動禪、經行等，並將音聲法門契入禪修，動禪由果元法師聲音引導，禪坐則配合頌缽演奏家曾文通的聲音禪修，藉由敏銳的耳根，聆聽寧謐禪意的音聲，導引入禪。

（三）護法總會

護法總會包括護法會團、關懷院、青年發展院及服務處。年度大型活動首推1月的「邁向2020培福有福 —— 歲末感恩分享會」，全臺十個分寺院、分會同步展開，僧團法師、近萬名信眾，彼此互道祝福，凝聚弘法護法、培福有福的願心。

2月起，新冠肺炎疫情擴散全球，護法總會配送防疫物資如額溫槍、酒精消毒機、口罩、次氯酸水等至各分會，落實自護護人的防疫共識。3月，分別召開多場疫情關懷與安心服務工作說明會，協助分會及共修處的悅眾及護法鼓手加入安心服務行列；5月起更透過每月召委會議，籲請全臺鼓手加入「大悲咒LINE起來」活動，鼓勵信眾參與持咒修行，串起為世界祈福的悲心善願。

在臺灣疫情趨緩之後，7至10月間，展開八場勸募悅眾成長營，鼓手互勉在人心最需要時，分享佛法的慈悲與智慧；而因疫情而暫停的「方丈和尚抵溫叨 —— 地區巡迴關

勸募悅眾成長營中，由悅眾分享融入教育和關懷的活動規畫設計。

懷」，9月從屏東、潮州兩處分會再度啟動，於12月關懷宜蘭地區，方丈和尚果暉法師勉勵鼓手，用佛法感化自己，用行為感動他人，把佛法的好處傳布給更多人受用。

關懷勸募會員，也推廣信眾教育，2020年護法總會與文理學院首次合辦「勸募會員返校日」，廣邀全臺各地勸募會員到校園參觀、共修，10月展開的第一梯次校園巡禮，城中、海山分會的勸募會員，在文理學院師生、僧伽大學學僧與義工陪伴下，近九十人齊聚一堂，回顧過去護持的點滴，也深度感受知識殿堂的學習能量。

1. 護法會團

護法總會各會團主要由在家居士組成，現有榮譽董事會、法行會、法緣會、社會菁英禪修營共修會、教師聯誼會、禪坐會、義工團、合唱團、念佛會、助念團等，彼此支援、成就道業。

（1）各會團

法行會全年舉辦七場例會，其中6月例會，由僧大女眾副院長果幸法師講述「修學與修行」，回顧在美十二年的求學歷程；方丈和尚果暉法師在8月的例會中，分享中華禪法鼓宗的開展。中區法行會於10月舉辦會員大會，會中安排觀賞師父紀實電影《本來面目》，體驗師父實踐佛法的生命行旅。

義工團除於4月製作一千多份布口罩送往美國東初禪寺協助防疫，同時支援北美分支道場發起的「佛法救濟」專案，分批於雲來寺協助包裝援贈北美醫療口罩。本年亦舉辦三場成長課程，10月於雲來別苑舉辦的課程中，由弘化發展專案召集人果慨法師講授「安心法門」，並由資深悅眾分享義工經驗與行儀。

教聯會2020年三場「心靈環保教學研習營」，以《大智慧過生活》教學為主題，學員進行教案分享，建立校園幸福學；另有一場禪二、三場戶外禪，在禪修的安定與放鬆中，重拾教育的初心；念佛會的法器悅眾培訓課程，於9月舉行，由演柱法師帶領，內容包括「梵唄與修行」講座、法器演練等，學員學習以清淨莊嚴的梵音，與人廣結善緣，共有兩百多人參加。

榮譽董事會全年舉辦四場戶外禪，禪悅營於9月在法鼓文理學院展開，藉由豐富的課程，堅定奉獻與修行的願心。歲末，於農禪寺舉辦全球悅眾聯席會議，有近一百一十位悅眾參加，凝聚護法的恆常心。

（2）各地分會、共修處

因應時代趨勢與地區發展所需，護法總會各地辦事處自2020年1月1日起，正式更名為分會，部分地區也同步更改名稱及合併，原中正萬華合併為「城中」、大同士林合併為「圓山」、三芝石門合併為「三石」、金山萬里合併為「萬金」、中永和合併為「雙和」、三重蘆洲合併為「重陽」、中部海線更名為「海線」；本年林口分會、文山分會皆搬遷新址，提供大眾更全面及周全的服務。

上半年因應新冠肺炎防疫，各地分會雖暫停共修活動，但仍持續大事關懷與出坡服務，同時加強防疫關懷，成為社區中的安心服務站。

下半年，新店、新莊、中永和、松山與城中等分會，於9至12月期間，與法青會合作，共同舉辦悟寶兒童營，帶領孩童親近佛法、學習成長；雙和、林口分會的「做自己人生的GPS」系列課程，則由人基會心六倫宣講團以講座的模式，與學員互動，引導覺察自我，建立正確的自我定位與人生目標。

地區個別活動上，臺中分會舉辦「法鼓傳薪話寶雲」座談會，由多位悅眾分享長年堅定的護法行誼；桃園分會的禪繞畫課程，以禪繞藝術練習專注與安定。林口分會、文山分會啟用後，均舉辦「啟用系列講座」，接引不同世代的民眾走進法鼓山。

另一方面，文山分會的和興路舊址，於10月轉型為樂齡關懷據點，以社區為關懷單位，與慈基會共同舉辦長青專案「文山歡樂屋」活動，以園藝治療課程，為長者及長年護持法鼓山的老菩薩們，安頓身心。

2.關懷院

關懷院秉承「以關懷達成教育功能，以教育完成關懷任務」的精神，推廣佛事諮詢、臨終關懷、往生助念、佛化奠祭、環保自然葬等正向理念，傳遞生死教育的學習。2020年新冠疫情爆發之初，關懷院仍持續提供臨終關懷及往生助念服務，引導大眾以歡喜心、感恩心面對死亡。

下半年疫情趨緩後，關懷院「大事關懷列車」再度啟動，全年於地區舉辦十五場，由監院常哲法師帶領助念團悅眾關懷地區助念組義工，也交流運作模式。並於中山精舍，以及護法總會板橋、新莊、新店、城中、雙和等地分會、樹林共修處舉辦助念共修課程，以臨終關懷、往生助念、佛化奠祭為主題，引導學員建立正向的生死觀念。10

於中山精舍進行的大事關懷課程，學員練習執掌法器。

社青禪修營中，學員們與法師有約，聆聽法師出家的因緣。

月，於雲來別苑舉辦「大事關懷悅眾成長營」，期許悅眾承擔大事關懷執事的使命。

另一方面，法鼓山推廣的環保自然葬法，廣獲各界認同，本年桃園市民政局觀摩「新北市金山環保生命園區」，並交流植存理念及運作模式。

3.青年發展院

致力於接引十八至三十五歲青年認識、了解佛法與禪修的青年院，各項活動力求多元豐富。面對疫情，青年院於2月起開辦遠端教學線上社群，由法師帶領學員精進梵唄與共讀共修。由法青成員合作，完成編劇、導演和演出的《禪修心體驗》系列短片及〈日出〉佛曲，4月起陸續於「法鼓山FB粉絲專頁」及法鼓山全球資訊網「安心專區」播放，引領大眾運用禪修方法，隨時隨地感受放鬆與自在。

禪修活動方面，包括兩場禪一、一場禪二及社青禪修營等，10月及12月，並於臺北德貴學苑舉辦兩梯次的「生活禪工作坊」，由禪修中心副都監果醒法師帶領不同層次的禪修，學習在觀照間，讓身心保持寧靜與穩定。

關懷服務上，6月與輔仁大學合作的「樂齡服務學習計畫」，舉辦成果發表會，參與學子，歷經一年研發，設計五款樂齡友善產品，邀請新莊分會長者試用，展現樂齡服務學習成果；下半年前往新北市多處養護中心進行關懷，以念佛、藝文表演陪伴長者；10至12月開辦樂齡關懷工作坊，學習在服務與奉獻中成長。在兒少關懷方面，於各地展開的悟寶兒童營，法青學員藉由繪本話劇、團康等活動，帶領學童親近佛法。

法青會各地分會則不定期開辦禪味鈔經、梵唄、戶外禪等課程，接引青年學子學習各種修行方法。8月，近三十位高雄法青於中華文化館、雲來別苑參加「與心同行」活動，深入了解東初老人興辦教育的理念及聖嚴師父的行誼。

二、發展體系

發展體系包括普化中心、禪修中心、文化中心及相關基金會（慈基會、人基會、聖基會），致力於全球社會推動法鼓山弘法、修行、教育、文化、關懷等事業。

（一）普化中心

普化中心其下有信眾教育院、弘化發展專案，以佛法為本，整合研發適應社會局勢、結合科技與潮流的課程或活動，提供現代人具體可行、安頓身心的觀念與方法。

1. 信眾教育院

信眾教育院主要整合豐富的學佛資源，負責規畫、研發、推廣各式佛學課程，及培訓讀書會帶領人等工作，普及對信眾的佛法教育。

2020年2月起，聖嚴書院各地佛學班、福田班、禪學班、快樂學佛人、長青班及經典共修等課程，配合防疫政策

快樂學佛人課程，學員們即使戴上口罩，討論時仍充分分享。

停課至8月，但包括「聖嚴法師《大法鼓》」、「聖嚴法師經典講座」、「法鼓山經典講座」等五個頻道，提供聖嚴師父講經、佛學課程，鼓勵大眾藉由數位學習轉念、轉心、轉世界，讓學佛計畫不停擺。

行之有年的「法鼓講堂」仍持續開課，但不開放現場聽講，同時在心靈環保學習網進行線上直播，提供全球學員上網聽講，並參與課程討論。2020全年共八講，包括《大般涅槃經》、《普門品》、《華嚴經·華藏世界品》、《法句經》、《阿含經》等經典；2至5月期間，於每週四或五舉辦「法鼓講堂特別講座」，分別由方丈和尚果暉法師、禪修中心副都監果醒法師、僧大副院長常寬法師、常隨法師主講，為大眾提點如何在疫情變動中，安定身心，也安定他人。

疫情趨緩的下半年，聖嚴書院於9月開學，接引大眾掌握學佛入門和次第的「快樂學佛人」陸續於安和分院，以及護法總會林口、新店、板橋、重陽等四處分會展開；「福田班」義工培訓課程也在蘭陽分院、臺南分院、基隆精舍，及新店、林口分會開辦，共同學習開展自利利人的服務奉獻生涯。

為培育心靈環保讀書會帶領人，10月於農禪寺舉行心靈環保讀書會帶領人基礎培訓課程，共有一百一十六位學員參加，為帶領人注入新能量。

2. 弘化發展專案

弘化發展專案秉持聖嚴師父清淨、簡約、環保的指示，落實在水陸推廣研究、梵唄統一、傳戒等專案上，期許在推動法會佛事的每一過程、每一層面，都能具足福慧雙修的聽聞、行持與修證。

受疫情影響，年度大事「第二十五屆在家菩薩戒」延至2021年舉辦；「第十四屆大悲心水陸法會」則如期於11月啟建，實體壇場落實實名制，並以科技輔助分處共修、網路共修，在八天七夜的精進修行中，法鼓山園區每日有近二千人次參加，網路共修有來自四十八個國家、近五十萬人次同步連線。

另一方面，因應後疫情時代的弘法趨勢，10月為水陸法會各壇場悅眾法師，舉辦網路監香與梵唄培訓課程，學習帶領雲端共修更莊嚴。

（二）禪修中心

禪修中心其下設有禪堂、傳燈院，旨在推廣禪法、落實理念，研發推廣系統化、層次化的禪修課程，以生活化的漢傳禪法，協助現代人放鬆身心，開發自心智慧與慈悲。

1.禪堂

統籌辦理精進禪修活動的禪堂，2020年共舉辦八場，包含初階禪七、中階禪七、精進禪七，以及默照、話頭等進階法門，內容如下：

類別	初階禪七	精進禪七	中階禪七	默照禪七	話頭禪七
場次	2	1	3	1	1

初階禪七於10、12月，在園區、信行寺舉辦，分別由常諗法師、演醒法師帶領，共近一百五十人參加；精進禪七於1月在園區展開，邀請聖嚴師父法子繼程法師主七，傳授師父教法；三場中階禪七於1、10、12月舉辦，其中12月的禪期由方丈和尚果暉法師開示，強調師父教導的方法雖有多種，但沒有高低的分別，適合自己的就是好方法，提醒禪眾選擇與當下因緣最相應的方法，一門深入。

默照禪七、話頭禪七，皆由果醒法師主七，提點默照、話頭的禪修心法，讓修行更踏實。

2.傳燈院

2020年，因應疫情全球蔓延，傳燈院推動網路禪修活動，製作十七部「禪堂在我家」系列影片，廣邀禪眾在雲端踏實用功。影片內容由法師引導，配合動禪，上座引導入靜，上座前頸部運動、三次深呼吸、七支坐法，接著止靜打坐、出靜按摩，最後由法師開示禪修觀念，為疫情下浮動的人心，注入安定身心的清涼法音。

為培養禪修師資及種子人才，9月、12月於雲來別苑舉辦初級禪訓班輔導學長培訓課程、輔導學長成長營，近一百位學員學習以平常心面對無常，縮小自我，以服務他人來成長自己。

教材研發、理念推廣上，本年完成一支「生活禪動畫」影片，將關鍵的禪法練習與深度的知見，融入日用生活中。

國際禪坐會（International Meditation Group, IMG）本年於雲來寺舉辦禪一，全年共三場，接引在臺外籍人士體驗漢傳禪修方法。

（三）文化中心

文化中心為法鼓山主要文化出版、推廣單位，透過書籍出版、影視製作、文宣編

製、文史保存展覽等多元管道，為現代人提供全方位的心靈資糧。其下設有文化出版處、營運推廣處、史料處。其中，文化出版處下有叢書、雜誌、文宣編製、影視製作及產品開發部；營運推廣處下有行銷業務、通路服務及客服管理部；史料處下有文史資料、數位典藏、文物典藏及展覽組。對外出版單位為法鼓文化。

2020年叢書部共出版四十四項新品，包含套書《法鼓全集2020紀念版》及書籍三十八冊，鈔經本五項，2021年桌曆一項。

《法鼓全集》是聖嚴師父著作最完整而重要的集結，自1994年首次發行迄今（2020年），前後經歷四次的增補修訂，《法鼓全集2020紀念版》歷經重新編校，並進行書目及篇章補遺，新版共計九輯一〇八冊（含一冊目錄）。

除了套書《法鼓全集2020紀念版》，2020年尚有聖嚴師父著作二十一本，包括由編輯部選編的主題書《培福有福 —— 廣結善緣，大家來培福；感恩知足，人人有幸福。》，改版書六本：《48個願望 —— 無量壽經講記》、《歸程》、《心的經典 —— 心經新釋》、《聖嚴法師教淨土法門》、《聖嚴法師教禪坐》、《菩薩行願 —— 觀音、地藏、普賢菩薩法門講記》，大字版五本：《福慧自在 —— 金剛經講記與金剛經生活》、《聖嚴法師教話頭禪》、《學佛知津》、《禪的智慧 —— 與聖嚴法師心靈對話》、《48個願望 —— 無量壽經講記》，簡體版四本：《培福有福 —— 廣結善緣，大家來培福；感恩知足，人人有幸福。》、《48個願望 —— 無量壽經講記》、《幸福告別 —— 聖嚴法師談生死關懷》、《禪的體驗‧禪的開示》；另有五本新書：《佛法的知見與修行》、《禪的理論與實踐》、《學術論考》、《法鼓道風》、《人間淨土 —— 理論與實踐》，內容選文皆是公開發表過，但未集結出版，而依相關主題彙編成書出版。

針對學佛新手常遇到的各種問題，出版了《出家50問》、《佛陀50問》、《藥師佛50問》、《阿彌陀佛50問》共四本，介紹釋迦牟尼佛、藥師佛、阿彌陀佛的信仰特色、修行方法、願力成就的淨土，以及出家的意義、功課、考驗等，得以學習護持佛寶、法寶、僧寶，讓正法永住。

智慧人系列新書，本年有果醒法師的《楞嚴禪心》、寬謙法師的《解開生命的密碼 —— 八識規矩頌講記》，繼程法師的《拜佛禪》，及淨海長老傳記編輯小組編著的《老老

法鼓文化出版多種書籍及《人生》雜誌、《法鼓》雜誌，落實漢傳佛法的生活實踐。

實實的僧人本色──《淨海長老傳記》；般若方程式系列則有惠敏法師的《校長的十八般武藝》，法師們分享個人的修行心得，學佛習禪的生命智慧，協助探索身心，啟迪慧命。

佛學研究出版部分，有三本聖嚴師父相關研究著作，包括方丈和尚果暉法師所著《聖嚴法師中華禪法鼓宗禪法研究》，林其賢《迎向現實人間──聖嚴法師的倫理思想與實踐》，以及聖嚴思想論叢系列的《聖嚴研究第十三輯──聖嚴法師圓寂十週年國際研討會論文集》，探究聖嚴師父的思想源流與修行學理等。

另有針對日本佛教研究的《蓬勃發展的中世佛教：日本 II》，從不同角度探研修持的《《般舟三昧經》「除睡眠」之研究》、《從比較的觀點看念住的實修方法》、《華嚴與諸宗之對話》，以及兩本論文集：英文書《雜阿含研究論文集》（*Research on the Saṃyukta-āgama*）、《撞倒須彌──漢傳佛教青年學者論壇論文集》等書，則展現佛學研究的新視野。

同時，持續出版平安鈔經本系列《延命十句觀音經》、《普賢十大願王》、《八十八佛大懺悔文》，丹青妙法書法鈔經本系列並以改版風貌呈現，出版《延命十句觀音經》、《普賢十大願王》，邀請書法家陳一郎老師書寫經文，引導大眾鈔經練心，安定身心。

本年的法鼓山桌曆製作，主題為「觀山・聽雲・尋禪」，取景於法鼓山世界佛教教育園區，以優美富禪意的畫面，分享禪心生活，為世界帶來平安自在的祝福。

雜誌部2020年出版十二期《法鼓》雜誌（361～372）、十二期《人生》雜誌（437～448）。其中，《人生》雜誌全年專題，包括因應新冠肺炎疫情產生的新常態生活，規畫調整自心的安心、安身也安居之道，4月號（440期）「禪居──打造心靈空間」、5月號（441期）「勇氣 心的修練」，連續兩期在疫情嚴峻之際，引導讀者為自己打造獨處空間，當面對人生困境時，懷抱勇氣不放棄希望。

佛教修行法門與經典的現代運用，如1月號（437期）「培福，就有幸福」、2月號（438期）「聆聽吉祥 梵音之美」、3月號（439期）「魔來魔去」、7月號（443期）「當佛陀遇上現代青年」、8月號（444期）「地藏菩薩逆境學」、9月號（445期）「持戒，讓您更自在」、11月號（447期）「護生，從正念飲食開始」。

面對世界的天災人禍、社會不公，佛教徒該怎樣負起社會責任，支持社會公義？6月號（442期）「菩提道上的女性修行者」、10月號（446期）「化慈悲為行動」，則從經典、修行者的角度，探討佛法於入世與出世間的因應。

《法鼓全集》是聖嚴師父的法身舍利，也是留給世人的禮物，12月號（448期）「將佛法的美好獻給您──《法鼓全集》2020紀念版」傳達師父的智慧結晶，提供現代人安身立命、學佛修行的指引。

專欄方面，「疫外人生」是新冠疫情當事者的第一手分享，有受困於鑽石公主號郵輪的魔術師、因疫情失業的蛋糕師、照顧新冠患者的醫師在疫情中的心路歷程。新專欄「禪修正見」是聖嚴師父西方法子吉伯·古帝亞茲（Gilbert Gutierrez）來臺帶領默照禪七的修行指導；「廣角萬花鏡」由兼具佛教徒身分的廣告總監，笑談職場現形記；「佛教藝術維基解密」從佛教歷史溯源，為讀者解密佛教藝術。

「人生導師」聖嚴師父的開示、惠敏法師的「佛學新視界」、繼程法師書畫雙璧「爾然禪話」，以及「韓國佛寺之美」、「一種觀看」、「清心自在」、「電影不散場」（電影與人生）、「雙味好料理」、「人生戲中戲」、「世界佛教觀察」，持續從不同的面向探索佛法在修行與日常的活潑妙用。

「大覺智海」的「佛學線上」連載佛教學者的論文專著，國際佛學研究法發展的跨界趨勢。「佛法關鍵字」除延續「經中之王」《法華經》的關鍵字介紹，也介紹漢傳佛教常見的經典《藥師經》、《地藏經》等經題與內涵。

2020年的《法鼓》雜誌，新冠肺炎疫情席捲全球，法鼓山配合防疫，從1月底展開各項防護與關懷措施，《法鼓》雜誌同步報導各階段安定人心的行動，如成立疫情專案會議，於法鼓山全球資訊網設置「安心專區」（363期）；信眾教育院、各地分院執行數位學習課程及網路共修活動，並於各護法分會陸續成立安心服務站（363、364、365、370期）。

總本山、各地分院舉辦祈福法會（366、369期）、推動「大悲咒LINE起來」手機祈福，百日修持總迴向，為因疫情失去寶貴生命的菩薩以及全世界祝禱（368期）。北美方面，法鼓山美國佛教協會（DDMBA）也同步啟動佛法救濟援助機制，捐贈醫療物資給當地醫療院所及弱勢關懷機構（365、366期）。本年，《法鼓》雜誌因應疫情期間體系實體活動暫停，367至369期版面彈性調整，採併版方式從八版減至四版。

每年2月舉辦的法鼓傳燈日，因疫情當前，改以總本山祈福傳燈法會為主現場，各地分院連線直播；北美各地道場、分會則舉辦禪修週、法會、專題講座，以緬懷師恩（363期）。疫情期間，三學研修院與禪堂為僧眾聯合規畫為期四十天的精進用功禪期，於法華書苑展開（365期）。為開展後疫情時代數位弘法新局，在大悲心水陸法會前夕，僧團為各壇場悅眾法師舉行兩日網路監香與梵唄培訓（371期）。響應「疫後健康新生活運動」，衛生福利部國民健康署與法鼓山佛教基金會、人文社會基金會合辦「安心城市 —— 靜心、沉浸、慢行」活動，廣邀大眾走進綠意盎然的公園，透過科技與音樂、戲劇、舞蹈的沉浸式體驗，與自然環境深層互動，結合心靈環保及健走運動（368期）。

本年重要報導包括：聖嚴師父法身舍利《法鼓全集2020紀念版》10月出版，《法鼓》雜誌370、371期報導此出版盛事，及後續致贈國家圖書館及全球各圖書館及臺灣

漢學資源中心，利益全世界研究者與讀者之訊息（373期）。聖基會第五屆近現代漢傳佛教論壇以「剎境不隔──漢傳佛教的傳播」為主題，在桃園齋明別苑舉辦（361期）、聖嚴師父紀實電影《本來面目》全臺公益放映（370期）、2020法鼓山關懷生命獎頒獎典禮暨論壇（370期）。

為接引大眾、深化護法信眾關懷，護法總會轄下各地辦事處自1月起更名為分會，新店分會率先啟用新會址（361期），林口分會、文山分會也接續喬遷至新會址，開啟接眾化眾新頁（369、371期）。有「法鼓山智庫」之稱法行會成立二十週年，將持續深化佛法學習及更全面的互助關懷，法行會，更加稱法行、如法行（361期）。

其他焦點報導包括：「方丈和尚抵溫叨──地區巡迴關懷」本年度陸續至內湖（362期）、屏東、潮州（370期）、羅東、宜蘭等地關懷護法鼓手（373期）；護法總會關懷院為增長助念團悅眾的護法願行及向心力，舉辦「大事關懷悅眾成長營」，分享大事關懷教育理念及實務經驗（372期）；護法總會、慈基會規畫長青專案，試辦「文山歡樂屋」，以社區為關懷單位，為長者及長年護持法鼓山的老菩薩，提供安頓身心的系列課程（371期）；以及青年院舉辦生活禪工作坊、樂齡關懷工作坊，培養青年學員自我覺照及陪伴長者關懷力（371期）、法鼓山社區大學成立18週年《乍回頭 那燈火闌珊處》新書發表會（371期）等，均有翔實深入的報導。

關懷勸募會員的《護法》季刊，本年發行第21至24期。於22、23期頭版報導總會疫情關懷與安心服務工作說明會，以及展開安心服務的各地分會運作現況；也介紹各地分會響應法鼓山「大悲咒LINE起來」的發心。

承擔領航護法總會二十一年的名譽總會長陳嘉男，於3月3日安詳捨報，22期二、三版以「一念法鼓山 一生法鼓山」專題，緬懷名譽總會長陳嘉男一生的懿德善行；23、24期報導各地鼓手、助念悅眾以病為師、以法為藥，以佛法面對病苦與死亡，自安安人、冥陽兩利的菩薩心行。

專欄部分，四版「處處好讚」本年介紹中壢、士林、桃園三個分會成立沿革與護法故事；「鼓手心行」、「讀書分享會」持續選錄聖嚴師父開示、介紹新結緣書，分享佛法智慧及學習資訊。

文宣編製部受體系各單位委託製作文宣、結緣品，2020年主要出版品包括《2019法鼓山年鑑》、法鼓山《行事曆》等，以及《家有小菩薩》、《心自在，身自在》、《逆境，讓我們學習》等三本中文結緣書籍，前書彙編聖嚴師父的開示，探討父母以身教和言教教養孩子的重要性，引導孩子建立正向的價值觀；後二書分享聖嚴師父轉危為安的智慧，在全民防疫時刻，引導大眾轉化負面的情緒，放下無用的擔憂和不安，讓身心安然自在。而廣受歡迎的《大智慧過生活》校園版套書，全臺有近一百三十五所學校提出申請，總發行量近五萬冊。

連結法鼓山與北海岸四區鄉親情感的《金山有情》季刊，出版第71至74期，分別於1、4、7、10月出刊。頭版「本期焦點」以在地關懷或即時新聞為焦點，如銀髮族（71期「畫出美好晚年」）、新冠疫情（73期「安心防疫學習不打烊」），以及弱勢族群（74期「慢飛天使逆風高飛」）等。二、三版為「專題特寫」，每期規畫不同主題，深入探索人文采風，如北海岸校園推動節能減碳（71期），友善環境同時結合遊憩、教育再造景觀生態（72期），校園小農夫推動在地食農教育（73期），農村生態復育（74期）。四版「北海鄉情」，挖掘在地趣味的人、事、物，包括植物也要看醫生（71期）、老梅溪封溪護漁有成（73期）、百歲人瑞終身學習（74期）；另有地方短波及法鼓山園區相關資訊，邀請鄉親參與課程、體驗修行活動。

影視製作部於2020年自製影片，包括《護法總會文山分會簡介》、《護法總會林口分會簡介》、《2020法鼓山大事記》、《法鼓山2020關懷生命獎》等十餘部；教學類影片，共完成《方丈和尚精神講話之聖嚴師父開示》四集、《菩薩戒開示》（英文版）、《網路禪修》（英文版）等影片的字幕製作；另有傳燈法會、安心城市、大悲心水陸法會送聖等多項活動錄影。

以開發涵容心靈環保理念的各式用品、飾品、修行用品為主的商品開發部，2020年共開發六十一項新品，包括隨身佛盒、聖嚴師父墨寶桌飾、主題年用品吊飾文具、隨身聽好修行、棉麻提袋等，廣與社會大眾分享禪修與環保在日常生活的實用，友善地球環境。

史料部於2月新春在農禪寺安排「南宗禪師的急先鋒 —— 神會禪師」、齋明寺「齋明徧照 —— 齋明寺建寺一八〇週年」特展、齋明別苑「培福有福」以及文山分會、林口分會啟用等七項展覽，分享法鼓山相關發展歷程與對社會的祝福。

（四）相關基金會

慈基會、人基會、聖基會，為法鼓山深耕大關懷、大普化、大學院三大教育理念的重要推手。

1.慈基會

慈基會致力於社會間落實大關懷教育的目標，以人間化的佛法，普遍而平等地關懷大眾。例行活動上，延續2019年歲末關懷，2020年1月接續於分寺院及護法總會各地分會展開，總計關懷三千八百戶家庭；4月及9月起展開端午、中秋關懷，攜帶應景素粽、月餅前往關懷家庭表達祝福外，慰訪義工並分別至各地社福機關、安養機構，與院民歡度佳節，共計關懷近兩千一百戶家庭。

2月起，有鑑於疫情造成人心不安，慈基會展開各項關懷，印贈超過七萬本《心安平安》隨身手冊，提供政府部門、機關學校，也藉由全聯福利中心協助結緣，期以聖嚴師父的開示助益大眾安身安心；同時於護法總會地區分會設置安心服務站，以佛法的關懷

慈基會安排獎助學金受助學子參訪法鼓山園區，體驗境教。

及心靈環保的安心觀念，協助民眾防疫。

此外，也號召獎助學金學子、參與「服務學習」的青年及義工，製作逾一萬個布口罩，致贈長期關懷機構及弱勢家庭，減少醫療口罩的消耗。

為落實對學子的關懷，除頒發第三十六、三十七期「百年樹人獎助學金」，全年共嘉惠兩千四百多位學子；慈基會也於新北市新莊區辦理國小學童學習輔導，陪伴孩童快樂成長、用心學習。

教育訓練是慈基會的重點工作項目，2020年的教育訓練課程，包括6月的專題講座，邀請關渡醫院醫師黃斌、護理師許瓊茹介紹「長照2.0」計畫；7至8月，全臺舉辦四場「救災總指揮、慰訪組長聯繫會報」，由專職及悅眾分享配合政府防疫措施、活動及會議數位化、社區長者關懷等實務經驗。

另一方面，1月受邀參與新北市政府消防局舉辦的「厚植防災・安居新北——119消防節誌慶暨新北市災害防救志工大會師」，傳達心安平安及自助觀念；3月，應新北市政府社會局之邀，於北海岸社福中心舉辦關懷活動，為第一線社工人員提供心靈喘息服務；9月受邀參與行政院原子委員會「核安第26號演習——災民收容安置演練」活動，共有二十多位重陽分會緊急救援義工參加。

2. 人基會

以「人文社會化、社會人文化」為願景的人基會，2020年持續與教育廣播電台合作製播《幸福密碼》節目，邀請各界人士及專家學者，分享生命故事及人生經歷，傳遞幸福；其中，前副總統陳建仁於7月受訪，分享推動政務、學術研究、宗教信仰與家庭教育的生命歷程。

本年的心靈講座，於9至12月展開四場，首場邀請衛生福利部國民健康署副署長賈淑麗主講「公門與初心」，分享融合護理人員的初心與公務人員的工作表現，發揮最大的救人、利人力量。「心藍海策略——企業社會責任」系列課程，則於8月、11月舉辦兩場，以「領導創新・跨域創生」為主題，邀請行政院政務委員唐鳳、PChome Online網路家庭董事長詹宏志，解析社會創新趨勢，鼓勵跨界整合，促進社會共好。

在「心六倫」的推展上，本年正式啟動為期兩年的「家長陪伴成長課程」，主要目標是陪伴家有學齡前兒童家長的自我照顧，協助家長安助身心，再由內而外地帶領孩童

練習自我照顧。10月的「幸福體驗親子營」，以「怪獸來了」為主題，近五十位親子透過戲劇、教案及多元課程，認識心靈環保與自然環保的重要。

結合校園倫理與自然倫理，人基會持續於臺南市龍潭國小、東陽國小等小學，透過觀察植物的生長、枯萎，引導學童從做中學、學中覺，懂得向生命學習，感恩大地。

人基會舉辦「幸福體驗親子營」，以地球暖化為主題，帶領孩童攜手保護北極熊。

兩年一度的「法鼓山關懷生命獎」於9月頒獎，本屆得獎者為「團體大願獎」孩子的書屋文教基金會、「個人慈悲獎」王嘉納、「個人智慧獎」謝智謀，獲獎者均是長期推動尊重、珍惜生命，與活出生命價值的個人或團體，為社會樹立正面價值與楷模。頒獎前並舉辦「關懷生命論壇」，由舞蹈藝術工作者許芳宜、音樂工作者張正傑與方丈和尚果暉法師，以「逆光‧遇見自己」為題，分享面對逆境的轉心之道。

3.聖基會

聖基會以推廣、弘傳聖嚴師父思想與理念為主要工作，2020年度重要大事，為聖嚴師父紀實電影《本來面目》正式放映，全片刻畫師父在無路中找出路、在困頓中見悲願，在磨難中展現智慧的弘化經歷。於9月起展開全臺公益播放後，也於海外十三個國家進行線上播放。

另外，「第六屆近現代漢傳佛教論壇」於12月展開，以「漢傳佛教在臺灣」為主題，共有二十三位學者及教界代表參與，首度以跨國視訊會議、線上直播，讓國內外學者及聽眾即時與談及交流。

國際學術合作上，包括與美國夏威夷大學出版社（University of Hawaii Press）合作出版于君方教授《漢傳佛教 —— 主題史》（*Chinese Buddhism: A Thematic History*）；也持續於政治大學，以及美國哥倫比亞大學（Columbia University）、加州大學柏克萊分校（University of California, Berkeley）、佛羅里達州立大學（Florida State University），加拿大英屬哥倫比亞大學（The University of British Columbia）、法國多學科佛教研究中心（Centre d'Études Interdisciplinaires sur le Bouddhisme），提供成立講座教授、博士後研究員，推動西方學界對漢傳佛教的研究。

三、教育體系

教育體系包括法鼓文理學院、中華佛學研究所、僧伽大學、法鼓山社會大學及三學研

修院，透過學校、推廣、社區教育的落實，培養跨領域學科素養、關懷生命、奉獻社會的各項專業人才。

（一）法鼓文理學院

法鼓文理學院其下有佛教學系學、碩、博士班，與人文社會學群之生命教育、社區再造、社會企業與創新、環境與發展等四個碩士學位學程，以創育內修外化的書苑生活、建構涵養從容生命與激盪智性的場域自期。

於學校教育，除各系所的專業學習，為新生開設的必修學分「心靈環保講座」，2020年以「高齡社會之自心觀照與人文關懷」為主題，由方丈和尚果暉法師、佛教學系主任鄧偉仁、生命教育學程主任楊蓓共同主持，課程含括演講、分組討論，演講廣邀學者、專家進行分享，觸發學生構思學習與研究計畫，分組討論的團體學習規畫，引領修習者熟悉文獻探討與論文引用格式，為日後的論文撰寫奠基，也培養理解他人與溝通協調的能力。

為拓展師生視野與研究面向，寒假期間，「藏醫文獻專題」課程教授梅靜軒帶領學子，前往印度達蘭薩拉（Dharamsala）藏醫院實習，了解藏醫行醫過程，並參訪藏醫院學校、藥廠、草藥園等。本年邀請各領域專家學者展開的專題講座，包括曾任達賴喇嘛華語翻譯的蔣揚仁欽主講「如何以般若而波羅蜜多？」，傳授幸福心靈的般若智慧；中央研究院研究員丁仁傑、單德興，分別以「由公共佛教到公民佛教」、「訪談的技藝」為題，分享佛法的社會關懷與實踐。

在校園活動上，1月舉辦佛教學系招生說明會，由校長惠敏法師率同各組老師、博碩學士班代表，介紹創校理念與特色。4月校慶，舉辦「行住坐臥，DILA日常之美」攝影展，並同步於學校網頁設置數位展，在領略校園風光之際，也從視覺的觸動體驗聖嚴師父教導的「即景觀心」。

6月的畢結業典禮，首度透過網路直播，邀請親友線上觀禮，祝福五十位畢結業生，邁向淨化人心、淨化社會的新旅程。年底的「圖書館週」，以「正念樂活」為主題，活動有五分鐘書評、中西參大賽、電影欣賞等，鼓勵師生善用圖書館資源。

本年，文理學院也將學習資源、研究成果與大眾共享，首先於1月，在安和分院舉辦專題講座，邀請繼程法師主講「是非曲直總是禪」，引領大眾思考如何以禪法內觀自省，為社會帶來安定的力量。7、10月分別於寶雲寺、農禪寺舉辦「終身學習菩薩行」工作坊，由人文社會學群長陳定銘率同碩士學程、佛教學系師長，探索疫情下的種種反思，並帶領規畫終身學習的地圖。

社會參與方面，9月底，由文理學院師生共創的「臺灣社會創新永續發展協會」，邀請前副總統陳建仁於德貴學苑揭牌，期許以博雅教育培育社創人才。

此外，校長惠敏法師於4、10月分別應金門大學、南臺科技大學之邀，主講「為何要

睡覺？睡眠與禪定」，講授「睡眠科學」的正確觀念與知識，勉勵學子養成良好作息與健康的生活習慣，提高免疫力，專注學習；並與金門大學校長陳建民簽署兩校學生短期交換研修及學術交流合作協議。

文理學院畢結業典禮，方丈和尚果暉法師（右一）、校長惠敏法師（左二）歡喜祝福畢結業生圓滿學業。

（二）中華佛學研究所

以推動漢傳佛教學術研究與國際接軌的中華佛學研究所，6月與中央研究院中國文哲研究所合辦「漢傳佛教在東亞座談會」，鼓勵青年佛學研究，持續帶動漢傳佛教研究走向跨域合作交流的新模式。與文理學院共同舉辦的三場「雲端上的神聖場域」工作坊，於11月起舉行，邀請學者分享「中國佛寺志數位典藏系統」的運用與開展。

7月，國家圖書館舉辦「109年臺灣學術資源影響力發布會」，中華佛研所發行的《中華佛學學報》榮獲「人社最具影響力學術期刊：哲學／宗教研究學門」獎項，肯定學報提供學界發表與研究的平台。

2020年佛研所出版兩本專著，《蓬勃發展的中世佛教 ── 日本II》、《撞倒須彌》，前書呈現日本十一世紀院政期至十六世紀戰國時代的中世佛教，傳統與創新並進的發展，後者集結「第二屆漢傳佛教青年學者論壇」發表的七篇論文。

（三）僧伽大學

僧伽大學以培育解行並重、德學兼備，具前瞻性、涵容性及國際宏觀的青年僧才為宗旨，學制有佛學、禪學兩系。首先是接引青年體驗出家清淨生活、覺醒生命價值的「生命自覺營」，於1月1日舉辦第十七屆籌備說明會；因疫情爆發停辦後，分別於1月底及2月舉辦「自覺營善後暨祈福法會」圓滿營隊、「自覺營感恩分享會」，師生以隨順因緣面對無常，並持誦〈大悲咒〉為疫情祝禱。

課綱方面，除了解門、行門課程，本年舉辦多場專題講座，如「棒喝、話頭與經教 ── 臨濟宗三峰派祖師的禪學思想與實踐」、「禪悅為食 ── 舌尖上的禪宗公案義蘊探析」、「佛教的讚偈」、「聖嚴師父的禪淨思想及其體證 ── 以『淨念相繼』的詮釋為核心」，學僧領略禪法源流、禪師的味覺饗宴、佛曲讚偈之美，以及分享聖嚴師父的思想，拓展學習視野。

另一方面，原定於自覺營後續工作坊開辦的「高僧行誼」課程，受到疫情影響停辦，應舊金山道場之邀，將課程改為四堂線上教學，並透過臉書直播，接引更多人了解

歷代高僧悲願度眾的菩薩道路。

3月，以「TO BE．Start from Here（成為．當下）」為主題，進行網路招生說明會，包括澳洲、香港、中國大陸，以及東南亞多國的有心出家青年，一同在線參與，多位僧大師長鼓勵青年發願行願。4月舉辦講經交流會，二十二位學僧分享心的對話；6月舉辦的「畢業製作暨禪修專題發表」，共有六位學僧運用多元媒材，展現學習成果。

畢結業典禮於7月舉行，有七位畢業僧圓滿學業，以步步踏實的精神，進入僧團領執奉獻；9月的剃度大典，有九位求度者剃度，開展新僧命。

（四）法鼓山社會大學

帶領與地方鄉親成為生命共同體，提供終身學習管道的法鼓山社會大學，設有金山、新莊及北投三校區。2020年共開辦逾百門生活技能、心靈成長、藝術陶冶、自然環保、樂齡等課程，從學童、主婦、上班族到長者，大小朋友都在多元學習中，讓心靈更富足。

社會大學「銀齡樂活．共學安老」成果展中，長者們展現樂活人生。

2至6月，社大陪伴學員安心防疫，雖停課但不停學，共規畫創意料理、手縫布口罩、植物攝影美感學、宅學習──線上讀書會等十二門，共二十七集的線上教學影片；另一方面，也安排居家花藝、舊物彩繪創新、安心鈔經等五門遠距上課課程，讓學員在家充實學習。每月並發送兩次電子郵件，內容包括對師生的關懷、法鼓山安心訊息及祝福語，藉此陪伴師生學員，在生活中安定身心。

疫情趨緩的下半年，慶祝社大成立十八週年，10月舉辦《乍回頭　那燈火闌珊處──法鼓山社會大學的光合作用》新書發表會，回顧辦學歷程，方丈和尚果暉法師特別為新書作序，肯定社大體現終身學習與社會關懷的多重功能。

12月，於臺北德貴學苑舉辦「悅眾成長營」，內容包括主題演講、禪修體驗、成果分享等，曾濟群校長期勉以感恩心發願種福、培福，在生活中深化心靈環保。

本年社大於德貴學苑、臺大醫院金山分院，共舉辦「彩繪班師生成果聯展」、「彩繪癒見幸福展」、「銀齡樂活．共學安老」等三項展覽，展出學員學習成果，其中「彩繪班師生成果聯展」，除彩繪各類生活小物，也將聖嚴師父「108自在語」做成別具特色的畫作，廣獲回響。

（五）三學研修院

三學研修院其下有僧才培育院及僧眾服務院，不具學院形式，以養成戒定慧三學並重

之佛教青年人才為宗旨。1月，於園區舉行歲末圍爐禮祖，共有兩百多位僧團法師及僧大學僧參加。

體系活動因防疫暫停之際，僧眾猶不懈怠把握當下用功，3月至5月間，三學研修院與禪堂於園區舉行「與禪相遇」禪修研習營、默照禪四十，以禪修提昇心靈防疫力，進而安己安人。6月展開結夏安居，上百位僧眾共同精進充實，深化漢傳禪法的生活化與人間化。

四、支援體系

支援體系是法鼓山主要行政中心，其下有人力資源處、文宣處、活動處、資訊處、總務處、財會處等，配合體系組織各單位舉辦活動、運作的需求，提供整合性協助及服務。

因應疫情，行政中心於3至4月，於雲來寺舉辦三場「防疫心生活講座」，臺北榮民總醫院大腸直腸外科主治醫師陳維熊、臺大醫院金山分院感染科醫師林冠吟、臺北仁濟院總院院長李龍騰傳授防疫知識，建立面對病毒的正確心態；5月的戶外禪，專職與義工繞行雲來寺後方綠地公園和湖畔，以慢步經行的方式，體驗「身在哪裡，心在哪裡」。

承辦體系內大型活動的活動處，於10至11月間，協助全臺分支道場舉辦的八場「第二十七屆佛化聯合祝壽」，內容包括法師關懷、祈福法會、感恩奉茶等，祝福近一千五百位長者。

結語

2020年，新型冠狀病毒全球蔓延，疫情險峻，面對無常的苦難，法鼓山秉持聖嚴師父「隨時安心，隨念安心，隨遇安心」，籲請大眾照顧好自己的心，各地道場同步以數位學習課程及網路共修活動，引領大眾聽聞修學佛法不斷線，隨時和諸佛菩薩的悲智連線，讓心不受外境所擾；也以「培福有福」的年度主題，勸請發揚自安安人、自利利人的菩薩精神，持續帶給人間光明與希望。

佛化聯合祝壽活動中，寶雲寺法師、義工前往長者家中致贈「福氣盒」及結緣禮。

心安起步　照護自他

運用佛法安度 2020 年新冠肺炎疫情

2019 年底起，由新型冠狀病毒引發的嚴重特殊傳染性肺炎（COVID-19）於全球蔓延，2020 年 1 月臺灣開始建立防疫策略後，法鼓山即刻展開各項防護與關懷措施。隨著 21 日出現第一例確診個案，國家中央流行疫情指揮中心於 23 日由三級提昇至二級，因應疫情，僧團於 27 日迅速決議，為顧及大眾健康安全，先暫停 2 月份所有活動。

同時，也邀集醫衛等領域專家成立疫情策略小組，取消大規模聚眾，避免群聚感染的明確決議及落實，為社會帶來示範效果；此外，在中央流行疫情指揮中心於 2 月 27 日提昇為一級開設時，法鼓山針對疫情全球蔓延、醫療與民生用品因恐慌性消費導致供應不足、不同族裔的種族歧視、全球政經情勢動盪、人心普遍浮動不安等現象，除暫緩體系內活動至 8 月底，並實行多項因應方案，致力以佛法安定人心。

「心安就有平安」是聖嚴師父於 2003 年「嚴重急性呼吸道症候群」（SARS）疫情爆發時，對大眾的開示與期勉。新冠疫情發酵期間，法鼓山以安定人心為主軸，除於全球資訊網設置「安心專區」，信眾教育院、各地分院同步執行數位學習課程及網路共修活動，減少群聚接觸；並於各護法分會陸續成立安心服務站，展開各種安定人心的行動。防疫期間學佛也不斷線，鼓勵大眾透過網路聽聞修學佛法，僧眾隨順防疫因緣，運用時間調和身心，深入修行。

串連善願　大悲心起

首先是 2 月 1 日舉辦的傳燈法會，即以連線方式現場直播，並首度加入祈福儀式，由方丈和尚果暉法師帶領僧眾與全球線上信眾，共同誦念〈大悲咒〉、持誦觀音聖號，迴向正受疫情影響的城市與病患及第一線醫護、防疫人員，祈願人人平安健康；也以聖嚴師父從禪法提出的「逆向思考」、「順勢而為」兩個觀念，開示將疫情危機視為考驗和成長的契機，集結眾人智慧、資源與力量，隨時心安，隨遇平安。

3 月起，每週日舉辦「心安平安祈福法會」網路共修，每場參與民眾達數千位，齊心為全球祈福；4 月起，透過手機通訊軟體，推動「大悲咒 LINE 起來」線上持咒，不僅提供相互關懷的媒介，同時喚起悲心，進而關懷親友、醫護人員、新冠肺炎隔離者及患者等，於無形中將社會人心聯繫成緊密的關懷網絡，讓眾人能彼此祝福、加油，也引導大眾在相互關懷中，反思生命的價值，並且更加珍惜生命。

於 5 月感恩母親及紀念佛陀誕生的季節，疫情已造成全球近五百萬人確診之際，在法鼓山園區舉辦三時繫念法會，為累計已十場的「心安平安祈福法會」進行總迴向，近萬人透過網路參加共修。

7 月則為全球各地信眾經過近百日修持，共同持誦〈大悲咒〉逾六百萬遍，以及二億七千多萬聲佛號的「大悲咒 LINE 起來」手機祈福，舉行總迴向的大悲懺法會，方丈和尚說明，向觀音祈願不只能保護個人的身心，最重要的功用是開發自己的慈悲，透過修行學習自助助人，期許四眾弟子承擔使命、運用佛法，為社會帶來安全、安定、安心的力量。

一年一度的僧團結夏安居精進用功，於 6 月 30 日的圓滿日，方丈和尚帶領一百八十位僧眾，集結修行功德與懇切願力，在〈叩鐘偈〉中，以一句一拜，齊聲唱誦出對眾生深切的祝福，祈願早日消災免難，回歸和平安樂的生活。

護念彼此　落實整體關懷

因應疫情，護法總會、慈基會於各地分會共設安心服務站，提供佛法、平安米、《心安平安》手冊，運用佛法的關懷，讓安心的力量延伸落實於社區鄰里；也發動義工製作布口罩，以減少醫療口罩的消耗，啟動關懷列車，致贈長期關懷家庭及社福機構防疫物資。

此外，百年樹人獎助學金發放、端午及中秋關懷、關懷家庭與機構的慰訪等例行活動，並未因疫情停下腳步，在積極配合政府相關防疫政策下，戴口罩、保持社交距離，走入學校、社區及社會各角落，協助大眾安住身心。

於國外，除慈基會接續發起布口罩捐贈，逾七萬份布口罩，透過美國紐約收容所（NYC Department of Homeless Services），分送至該單位的工作人員及所服務的民眾。法鼓山海內外體系，也透過不同管道協助防疫，包括 3 月底由北美分支道場發起的「佛法救濟」（Dharma Relief）專案，援贈醫用口罩與物資予美國、加拿大醫療院所與弱勢機構；法鼓文理學院的師生，也響應國際性組織「普世博愛運動」（Focolare Movement），捐助善款，挹注義大利當地發送口罩的公益活動，期許以實際行動及祝福，協助世界各地民眾安度疫情難關。

另一方面，對於體系內護法信眾的關懷亦不間斷，自 2 月底起，於北投雲來別苑召開三梯

慈基會義工製作布口罩，捐贈關懷家庭。

走過 2020 年上半年新冠肺炎疫情，7 月 25 日舉辦的「安心城市」活動，鼓勵大眾走出戶外，放鬆身心，回歸疫後新生活。

次疫情關懷會議，及安心服務說明會，邀請新竹以北各區轄召、召委及各會團悅眾，並視訊連線，了解信眾與義工的情況，以及各地需求；勸募會員除持續以電話、通訊軟體關懷護持會員，以便及時提供所需協助，同時也擴及周邊親友，分享法鼓山的各種修行方法，如線上法會、講座、共修等，幫助彼此安定身心，不僅可接引初學佛的人，也能實踐「家家蓮社，戶戶禪堂」的精神。

線上弘法　雲端共學

在隔離、保持社交距離的全球性防疫政策下，疫情加速大眾對網路使用的深度和廣度，法鼓山全球分支道場以僧團為中心，打造多元豐富的雲端學佛園地，涵蓋法會、禪修、佛學及生活佛法等各項課程，超越驟變的局勢及有形的時空障礙，創造了無時差、新世代共修佛法的新形態，鼓勵隨處、隨緣修行，隨時與諸佛菩薩的悲智連線，自心即道場，自然能遠離愁悲苦憂惱，得到佛法的護佑。

普化中心佛學班、福田班、禪學班、快樂學佛人、長青班及經典共修課程，均因疫情持續而停課，但「心靈環保學習網」五頻道，運用既有的數位學習平台，提供聖嚴師父講經、佛學經典講座，每週並有法鼓講堂直播課程，全球近萬名學員，藉由數位學習，轉化心念，努力修行增上。禪修中心則特別規畫「禪堂在我家 —— 網路禪修」，內容除禪坐外，每週並安排禪修帶領經驗豐富的法師開示，是課程最大特色。

青年院進行遠端教學線上社群，包括《法鼓全集》線上讀書會、「青年初階梵唄」等課程，引導學員精進梵唄與共讀；海內外法青也運用專長與創意，發想創作《禪修心體驗》系列短片、〈日出〉佛曲、「家家有座法鼓山」布偶劇場等，以多元的弘法方式，推廣生活佛法，指引在疫情期間，學習清楚、放鬆，安定自心。護法總會也首度於全臺接力展開「暑期線上悟寶兒童營」，透過數位科技體驗，讓老中幼三輩同堂共學，學習模式的轉換，引發親子熱烈迴響。

海外道場亦同時規畫持咒共修、讀書會、中英雙語完整的禪修及課程為主的網路共修，引導大眾在變動中體驗無常，持續精進；美國舊金山道場、加拿大溫哥華道場更由常住法師們錄製不同語言，表達對美、加人民的祝福。

自心清淨　火宅成淨土

法鼓山各項「安心與防疫」同步並進的具體作為，於國內外都有標竿意義，法國新聞通訊社（L'Agence France-Presse, AFP）於 3 月專訪方丈和尚，了解防疫因

應措施與具體作為；方丈和尚果暉法師並表示可以佛法的慈悲與智慧面對疫情，提昇身心防疫力，平安度過疫情的威脅。

相對於全球新冠肺炎疫情險峻，7月，臺灣疫情趨於穩定，獲得控制；於後疫情時代，回應疫後新生活，法鼓山與衛生福利部國民健康署共同推動「安心城市計畫」，於臺北花博公園展開「安心城市 —— 靜心、沉浸、慢行」活動，結合環境劇場概念，透過音樂療癒、聲音方法的引導，民眾於戶外打開感官、放鬆身心，回到呼吸的美好，體驗走路的自在，讓身心回歸平安，進而帶動人心的淨化與安定。

疫中精進　我願無窮

「第十四屆大悲心水陸法會」於11月底如期啟建，從法鼓山園區實體壇場、海內外四十五個分處共修，到遍布全球四十八國家、首次逾五十萬人次的網路共修，串連起全世界各地精進修行的善心願力。送聖時，更透過主題影片《閱讀自己閱讀心》提醒大眾「心安，一切安；心淨，淨土近。」，當心安定了，眼裡看到的，都是風景；腳下走出的，都是淨土。把自己的心照顧好，就能為浮動不安的社會，注入美善與安定的力量。

菩薩以安人為安己的著力點，以莊嚴國土、成熟眾生為生命的志向。面對2020年新冠肺炎疫情的嚴峻考驗，法鼓山以心靈環保為本，引領展開「無緣大慈，同體大悲」的佛法救濟，更籲請海內外四眾弟子雲端共學共修安心法門，持續於後疫情時代，以佛法為舟，互助互惠，在娑婆世界建設清涼淨土。

11月底，大悲心水陸法會如期啟建，疫中精進，心淨淨土近。

實踐

大 普 化 教 育
雲端共修學　佛法轉心轉世界

大 關 懷 教 育
佛法接力　善念挹注安心力量

大 學 院 教 育
博雅教育　自利利人防疫之道

國 際 弘 化
世界一家　疫中精進無時差

壹【大普化教育】

大普化教育是啟蒙心靈的舵手，
引領眾生從自心清淨做起，
培養學法、弘法、護法的菩薩，
敲響慈悲和智慧的法鼓，
建設人間為一片淨土。

雲端共修學
佛法轉心轉世界

2020年，大普化教育結合數位科技，打造雲端學佛、共修園地，
多元內容涵蓋法會、禪修，以及佛學經典、生活佛法等課程，
於新冠肺炎疫情全球蔓延，防疫拉開人際新距離時，
以雲端共學、線上弘法新形態，
籲請大眾藉由數位學習，以佛法安心；
面對國際政經情勢動盪、人心普遍浮動不安的局勢，
轉念、轉心、轉世界，給予自他安定的力量。

本年因應新冠肺炎疫情，人們戴起口罩、拉開彼此的距離，同時也開啟了宗教弘化活動的新思維與新轉變，雲端世界成為實體活動的延伸。在政府呼籲暫緩聚眾活動前，法鼓山率先於1月29日布達取消聚眾、避免群聚感染的決議，並陸續實施多項因應的方案，除於全球資訊網設置「安心專區」，內容包括聖嚴師父開示影片、方丈和尚果暉法師關懷影音，以及線上持誦、線上鈔經、早晚課等數位互動，大普化教育同步推展的網路共修活動及學習課程，引領大眾「防疫不放逸」，持續修學精進，道心不退轉。

法會共修

具足教育與修行意義的法會共修，配合防疫政策，雖於2至8月暫停實體活動，但藉由網路科技，鼓勵大眾透過Wi-Fi，連結諸佛菩薩的悲智，學習調整自心並實踐慈悲，建立自心道場。

其中，一年一度緬懷師恩的傳燈法會，首度以網路連線進行現場直播，並加入祈福儀式，由方丈和尚果暉法師帶領，全球信眾以誦念〈大悲咒〉、持誦觀音菩薩聖號，迴向疫區平安。2月，臺北安和分院展開為期二十八天的《地藏經》網路共修，引導大眾安定身心。

3月起，每週日於法鼓山園區舉辦的「心安平安祈福法會」網路共修，參與民眾均逾千人；4月「大悲咒LINE起來」線上持咒，鼓勵大眾藉由持咒匯聚慈悲祝福的力量，為世界帶來安定。5月母親節當日舉行的線上「三時繫念祈福超度法會」，為十場「心安平安祈福法會」進行總迴向，為時六小時的法會，凝聚了全球信眾的共願，將感恩報恩的心念，落實為身口意的祝福；「大

「悲咒LINE起來」手機平台祈福活動，則於7月進行百日修持總迴向，大眾專注一心，在悅眾法師帶領下，隨著儀文禮敬、發願、懺悔、持咒、迴向，祝願疫情平息，世界安樂。

另一方面，清明、中元時節，例行舉辦的報恩法會，如北投農禪寺、臺中寶雲寺的梁皇寶懺法會，北投中華佛教文化館、高雄紫雲寺的地藏法會、地藏懺法會等，大眾在各地透過雲端參與精進修行，除超薦先亡眷屬及在疫情中往生者，也祈福安心。

11月底，第十四屆「大悲心水陸法會」於法鼓山園區展開，結合環保、藝術、人文、科技等領域，不離佛陀平等普施的本懷，契合時代需求，本年的水陸法會，落實防疫措施，將壇場的壇位減半，保持安全距離，鼓勵大眾參與分院、分會共修，或網路共修，更讓祝福的心願、慈悲的力量，無遠弗屆。

佛學教育

2020年，疫情的無常，加速大眾對網路使用的深度和廣度，大普化教育於佛學教育推廣上，隨順因緣以雲端共學創造無時差、新世代共修佛法的新形態，超越有形時空障礙，進一步實踐聖嚴師父對道場的期許：法鼓山不在地名，也不是一座建築，而是在有人學習與實踐法鼓山理念的地方。

2月起，普化中心以「心靈環保學習網」的五個數位頻道，提供聖嚴師父講經、佛學經典講座，鼓勵大眾藉由數位學習，轉化心念，持續修行增上；行之有年的「法鼓講堂」，調整型態不開放現場，以線上直播提供全球學員上網聽講並參與討論，全年共八講，含括《大般涅槃經》、《普門品》、《華嚴經‧華藏世界品》、《法句經》、《阿含經》等，分別由法師及學者帶領領略經藏義理，學習聞慧、思慧與修慧。

同時，2至5月並舉辦四講「法鼓講堂特別講座」，分別由方丈和尚果暉法師講「安定身心之道」、僧大副院長常寬法師講「安心方程式」、常隨法師講「通往禪的《金剛經》」、禪修中心副都監果醒法師講「楞嚴禪心」，引導學員在疫情變動中，學習以佛法的智慧轉境、慈悲利他，減少不必要的追逐，感受知足的快樂。

疫情趨緩後，聖嚴書院於9月開學，接引大眾掌握學佛入門和次第的「快樂學佛人」、義工培訓課程「福田班」、佛學班陸續展開；推廣共讀共享的「心靈環保讀書會」帶領人基礎培訓課程，於11月舉行，由普化中心副都監果毅法師、常用法師、資深讀書會帶領人方隆彰帶領，深化學員帶領人技巧。

至於各分支道場舉辦的佛學課程或講座，包括安和分院「楞嚴禪心」、寶雲寺「與願同行──高僧傳」、齋明別苑「《梁皇寶懺》修行法要」等系列講座，以及紫雲寺「《四十二章經》的智慧」講座、蘭陽分院「《法華經》共修」，皆由僧團法師領眾漸次深入經典的大義。

生活佛法講座，主題扣合社會脈動，提供大眾探索、成長自我，也進一步學習安頓身心的管道，如蘭陽分院「培福有福」系列講座、紫雲寺「法鼓青年開講」；寶雲寺「有備無懼迎面生死——傳統智慧的生死關懷」對談、臺南分院的生命長河座談會，則分享探討生命的意義與生死的智慧。

另一方面，為深化「心六倫」的理念，人基會「家長陪伴成長」系列課程，邀請專家、學者解密親子關係，引導家長練習關照、檢視自我，親子同成長；「心藍海策略——企業社會責任」系列課程，以「領導創新・跨域創生」為主題，分別邀請行政院政務委員唐鳳、PChome Online網路家庭董事長詹宏志分享如何以心靈環保提昇企業倫理與社會責任，締造社會共好。

禪修推廣

推廣生活化的禪法、舉辦各類禪修活動，一直是法鼓山大普化教育的重要主軸之一。面對疫情，2020年首度製作網路禪修影片，以「禪坐」為核心，提供有禪修基礎的禪眾，透過外在的規範，收回注意力，向內觀照；影片內容兼顧從上坐前引導、運動、放鬆，到下坐後的引導和按摩，並安排「法師開示」，主題除與禪修相關，也針對疫情嚴峻及社會現象做開導。線上禪修跨越了時空的限制，讓大眾在疫情期間得以透過禪法放鬆、沉澱與充電，落實禪修日用的精神。

下半年臺灣疫情趨緩後，與衛生福利部國民健康署於7月底在臺北花博公園共同舉辦「安心城市——靜心、沉浸、慢行」，千餘人打開感官、放鬆身心慢行，回到呼吸的美好，體驗安心城市，以心靈環保守護身心。

另一方面，本年各分寺院皆於戶外舉辦多場禪修活動，帶領民眾以禪修強健身心，包括農禪寺、寶雲寺、臺南分院的戶外禪，在動禪中舒展身心，體驗放鬆；其中臺南分院的多場月光禪，由法師提點禪修心法，感受與大自然互動的安然自在。

而為培養更多禪修種子人才及師資，傳燈院持續開辦初級禪訓班輔導學長培訓課程、輔導學長成長營，育成禪修師資及種子人才，不僅提昇悅眾對禪修內涵的了解，也藉由學長帶領學員學習，共同為推廣禪修而努力。

文化出版與推廣

整合文字出版、影像音聲、修行用品的製作與開發，是大普化教育的另一重要範疇。年度重要大事，首先是聖嚴師父紀實電影《本來面目》，於8月底展開全臺公益放映，影片刻畫出師父在困頓中仍心繫佛教、利益眾生的宏願與悲心，適時提醒大眾反思生命的意義。完整集結聖嚴師父法身舍利的《法鼓全集》2020紀念版於10月正式發行，在世界政經秩序因疫情而動盪，師父字字珠璣更顯洞見與珍貴，不僅傳達佛法智慧，更提供現代人學佛修行的指引。

※配合政府防疫政策，勤洗手，落實社交距離，無

觀世音，南無佛，
與佛有因，與佛有緣，
佛法相縁，常樂我淨，
朝念觀世音，暮念觀世音，
念念從心起，念念不離心。

——《延命十句觀音經》

法鼓山創辦人聖嚴法師開示：心安就有平安

疫情期間，法鼓山在網路上設立「安心專區」，提供大量線上學佛資源。

在書籍、雜誌的文化出版品，法鼓文化全年出版四十六項新品，涵蓋佛法義理、禪修指導等多元內容；各十二期的《人生》及《法鼓》雜誌、四期《金山有情》季刊，針對疫情帶來的改變及影響，提供隨緣應化、隨處度眾的佛法理念，期許透過無遠弗屆的文化傳播力量，契入不同族群世代的需求，提供心安平安的心靈資糧。

除此之外，也透過網路、展覽等多元管道，傳達佛法對社會議題的關懷。網路電視臺「主題影片」單元，共製播四部「心安」的主題，引導大眾在行住坐臥間履踐佛法，獲得究竟可靠的平安；「南宗禪師的急先鋒——神會禪師」、「齋明徧照——齋明寺建寺一八〇週年」、「願願相續，培福有福——天南寺十週年回顧展」多項特展，則展說寺院歷史及禪宗祖師故事。

結語

7月，「大悲咒LINE起來」手機祈福平台上，已匯聚逾六百萬遍〈大悲咒〉，及逾兩億句佛號，方丈和尚果暉法師於「大悲懺法會」總迴向時，指出修持觀音法門，就是開發自己慈悲和智慧的寶山，祈願全世界人心向善，人人存好心、說好話、做好事，藉由修行淨化身心、淨化社會，願心愈純真，護持力量也會愈大。

2020年，面臨疫情無常考驗，大普化教育積極因應、順勢而為，落實「護念彼此、心安平安」防疫主軸，集結體系資源與力量，成就「安心與防疫」同步並進的雲端共學、線上弘法具體作為，持續以佛法領航，帶領把握每一當下，隨時隨地和諸佛菩薩的悲智連線，藉著淨化自心，連成片片淨土。

● 01.01

元旦精進共修迎新年
清淨心開啟心光明

果理法師（左）、果廣法師（右）於寶雲寺領眾做早課。

　　跨入2020年的1月1日，海內外分支單位分別展開以共修迎接新年的活動，包括念佛、禪修等，在佛法的祝福中，揭開一年的序幕。

　　迎接新年第一天，北投農禪寺、臺中寶雲寺及臺南分院，皆邀請大眾到寺院做早課，以清淨精進的心，開啟新年新氣象。農禪寺自2014年起，結合彌陀佛七、跨年法會以及元旦早課，推動「元氣迎新三部曲」，其中的元旦早課，大眾藉由持誦〈大悲咒〉，祈願世界和平，人心安定無紛擾；寶雲寺的楞嚴早課，共有六百多位信眾及義工以持誦〈楞嚴咒〉迎接自心第一道曙光，早課圓滿後，由果廣法師分享《大乘起信論》的修行要點：正念、樂修諸善行、欲拔眾生苦，提點大眾日常生活要培養柔軟心，如法修行，便能開啟自心的如來寶藏。

　　臺北安和分院、臺南分院則分別安排禪修活動，安和分院的念佛禪一，由禪堂監院常乘法師帶領高聲念佛、慢行、快步或安坐，將自在安定融入佛號聲中，有近一百六十人參加。桃園齋明別苑於1至5日舉辦「書畫迎新」書法班師生作品展，提供參訪者體驗書法與禪結合的美感與智慧，現場並有春聯結緣。

　　海外的加拿大溫哥華道場自2019年12月28日起，舉辦跨年禪五；多倫多分會也於元旦當日展開念佛共修，以清淨的心，開啟心光明。

● 01.02

朝元寺慧定長老尼示寂
果祥法師代表四眾緬懷致悼

　　聖嚴師父早年閉關的高雄美濃朝元寺慧定長老尼，於2019年12月20日捨報，世壽九十二歲。1月2日的追思會上，副住持果祥法師代表方丈和尚果暉法師上香。紫雲寺監院常參法師及多位僧團法師代表前往朝元寺，表示誠摯敬悼；並有近六十位義工支援引禮、交通、香積、環保、助念等，協助現場莊嚴佛事。

　　慧定長老尼出生於1929年，十五歲於朝元寺出家，並留學日本東京，取得立

正大學文學研究所碩士學位；在朝元寺當家期間，聖嚴師父兩度於寺中閉關修行，並在師父經濟困頓時，表達全力護持供養之意。長老尼當年略早於聖嚴師父赴日，因此，亦曾與美國德州玉佛寺創辦人之一淨海法師共同協助師父安頓生活。

聖嚴師父創建法鼓山後，曾兩度返回朝元寺，對於寺方及長老尼護持修行，多次表達感恩與感念。

● 01.03～12.25期間

人基會、教育電台製播《幸福密碼》節目
分享幸福能量

1月3日至12月25日，人基會與教育廣播電台合作製播《幸福密碼》節目，邀請各界人士及專家學者，分享生命故事及人生經歷，分季由劇團導演蔡旻霓、《點燈》節目製作人張光斗、人基會顧問張麗君、資深媒體工作者石怡潔擔任主持人，節目於每週五上午十時至十一時在該台各地頻道播出。

藝文界方面，布雕塑藝術家李安榮回顧父親水墨大師李奇茂將水墨傳統筆法，融合西洋速寫技巧，以靈動墨色筆觸捕捉萬變物象，賦予傳統水墨繪畫新時代的意義，希望可以承繼父親對藝術不忘初衷的熱愛，全心投入藝術創作；音樂工作者張正傑分享以東方傳統戲曲如布袋戲、京戲與古典音樂做結合演出，讓音樂以創意、輕鬆與歡樂的形式，出現在民眾的生活中；紀錄片工作者黃嘉俊表示在創作中與自己的生命對話，並看見「人」及「人生」重要的生命議題，以鏡頭尋找生命感動的力量。

教育界人士，包括佛光大學總校長楊朝祥分享在高等教育的紅海競爭中，鼓勵教師提昇教學及學術研究的品質，讓學生所學的知識與技能，更貼近社會與企業的需求；臺北藝術大學藝術與人文教育研究所所長容淑華介紹推動另類教育——教育劇場的理念，以演／教員為主軸，著重以學生的體驗學習，透過教學互動裡的生命經驗，以藝術為核心，展開社會參與及對話的意義，並發展出更具創新學習的價值。

另一方面，好人會館執行長黃榮墩暢談推行「好人運動」的心路歷程，以及希望社會共善的願景；佛教蓮花基金會執行長陳惠文說明串連整合社區長者資

好人會館執行長黃榮墩（右）接受主持人張麗君（左）專訪，暢談推行「好人運動」的心路歷程。

源服務，建構資訊平台，讓獨居長者能夠熟悉運用，為生命找到出口；中華鯨豚協會專員郭祥廈分享投入鯨豚擱淺救援工作、生態保育的心路歷程。

人基會期盼藉由《幸福密碼》節目，分享幸福能量，建構美善社會。

● 01.06

社大「四福工作坊」
學員進一步認識法鼓山的理念

社大舉辦講師共識營，除凝聚共識，也深入認識法鼓山的精神理念。

1月6日，法鼓山社大於臺北德貴學苑舉辦「2020講師共識營——『培福有福』四福工作坊」，有近五十位北海、新莊、北投三校區講師及義工參加。

校長曾濟群以「推動全人教育，落實人文社會化的理念」為題，分享教學指標和教學方向，表示社大推動全人教育，即在落實聖嚴師父倡導的社會人文化的理念，以達到推動「提昇人的品質，建設人間淨土」的目標。

由人基會心六倫宣講團種子教師帶領的課程，包括「靜心‧淨心」，以聖嚴師父法語「工作要趕不要急」和法鼓八式動禪心法「身在哪裡，心在哪裡，清楚放鬆，全身放鬆」，讓學員領略安住當下的禪修精神；「四福人生」，分享知福、惜福、培福、種福的意義和重要性，並透過四福和四它認識、肯定、成長及消融自我。

工作坊並安排法鼓山園區參學服務員導覽園區，介紹山徽石、三尊觀世音菩薩、法華鐘樓、開山紀念館和大殿等建築，了解開山的意義在於「開啟心中的寶山，學習成就智慧和慈悲心」，引導學員學習感恩和發願的精神，帶動社會向善向上的力量。

● 01.08

僧團圍爐、辭歲禮祖
感恩報恩利眾生

1月8日，僧團於法鼓山園區舉辦歲末圍爐，也於開山紀念館辭歲禮祖。終年各自於一方弘化、精進的法師們，齊聚總本山，除了聆聽聖嚴師父的影音開

示，也接受方丈和尚果暉法師的祝福及鼓勵，共有兩百多位僧團法師及僧大學僧參加。

影音中，聖嚴師父勉勵弟子們，出家人應以懺悔作為過去一年的總結，確實檢討一年來所做的善業與惡業，以求日後改進。

方丈和尚則以祖堂前聖嚴師父墨迹「懷恩報恩恩相續，飲水思

僧團舉辦辭歲禮祖，期許僧眾生起感恩心、提起道心、發起願心。

源源不絕」，開示禮祖的意涵，並表示從佛法中所領受的恩惠，唯有廣度眾生，才能報答三寶恩。同時提及年節期間，在家菩薩都會到寺院禮拜供養、參加活動，期許僧眾們把握因緣，接引大眾與三寶結緣。

法鼓山僧團於1979年成立，每年除夕都舉辦圍爐及辭歲禮祖，期許僧眾藉此生起感恩心、提起道心、發起願心，為弘法利生再向前。

● 01.15～03.31

法鼓文化2020國際書展線上展
以閱讀體驗生活的幸福美好

法鼓文化舉辦2020國際書展線上展，藉由閱讀體驗生活的幸福美好。

法鼓文化於1月15日至3月31日，於心靈網路書店舉辦「2020國際書展線上展」，以「行願，幸福的開始」為主題，精選書籍及禪坐墊、復刻小佛像等禪修及供佛用品，豐富佛法的生活日用。

書展共規畫五項閱讀的主題：「慈悲，讓別人做他自己」、「智慧，無私地處理一切問題」、「禪修，回歸自性如來的本質」、「行願，與佛菩薩同心同願」、「清淨心，做自己的微笑菩薩」，讓讀者輕鬆走入幸福的國度。

法鼓文化期盼透過優質好書及影音出版品，引導讀者藉由閱讀，把佛法當成實踐生命的方法，累積正向的能量，體驗生活當下的幸福美好。

● 01.16　07.16　10.15

方丈和尚全年三場精神講話
期勉大眾珍惜人身　修福修慧

第一季精神講話後，方丈和尚果暉法師、僧團法師與雲來寺專職、義工歡喜合影。

2020年，方丈和尚果暉法師分別在1月16日、7月16日及10月15日，於北投雲來寺對僧團法師、體系專職同仁與義工進行精神講話，全臺各分院道場同步視訊連線聆聽，每場有兩百二十多人參加。

1月16日第一場精神講話中，方丈和尚以「修福有福，農閒之福」為題，分享早年出家時的農禪生活，說明福報是由惜福、修福而來，身體是修福、修慧的道器，期勉大眾，善用擁有人身的福報，累積修行資糧。

第二場精神講話於7月16日舉行，主題是「觀音法門的修持方法」，介紹八種觀音法門的修持，包括耳根圓通的《楞嚴經》、五蘊皆空的《心經》、持名法門的《普門品》，以及〈六字大明咒〉、〈白衣大士神咒〉、〈延命十句觀音經〉、〈大悲咒〉、〈準提神咒〉等，勉勵眾人一起「念觀音、求觀音、學觀音、做觀音」，化身觀音，隨緣助人。

10月15日的精神講話中，「去貪行慈」，提醒以不淨觀對治貪欲，以慈悲觀對治瞋恚，學佛就是學習佛法，依佛陀的教示去實踐，不只要完全相信，最重要的是要確實實行。

每場方丈和尚精神講話之前，均會先播放一段聖嚴師父的開示影片，主題分別為「發起大悲心」、「暴風眼中有平安」、「感恩知足」，讓所有專職、義工更深入認識法鼓山的理念，淨化自己的身、口、意，為社會大眾提供優質的服務。

● 01.22～02.20

天南寺十週年回顧展
匯聚善願善行　培福願成

1月22日至2月20日，三峽天南寺於法堂舉辦新春「願願相續，培福有福——法鼓山天南寺十週年」回顧展，適逢天南寺啟用十週年，透過老照片、剪影插畫、3D影像裝置，展演寺院的建造歷史、禪修教育及義工身影。

展場入口，動態的地圖導覽上，呈現一片荒蕪的綠地，慢慢長出了寺院，開鑿出親山步道；展場中央，禪眾專注、凝神、放鬆的身影，傳遞出「禪在日用中」的氛圍。現場也安排茶禪體驗，在品飲間，領受茶禪一味。

展覽並藉由巨幅展板及動態影像，呈現義工從大寮、知客處、參學到景觀等諸般「萬行」奉獻、接引信眾的身影，傳達當

天南寺十週年展運用多媒體，帶領大眾走入聖嚴師父與捐贈人邱氏家族的善願與善行。

義工就是藉事鍊心，把修行帶回生活周遭的意涵。

天南寺首任監院、現任僧團都監常遠法師分享，除了僧團同心同願的努力，地方的義工扮演著寺院建設的持續力，舉凡整地護樹、修築步道、鑿路架橋、鋪設石板等，義工不辭勞苦，以願導行，讓寺院裡的一草一木、一磚一瓦，皆能示現佛法的深義。

● 01.24

法鼓山園區撞鐘祈願
共誦《法華經》祈願世界平安

法鼓山於1月24日農曆除夕晚間至25日大年初一凌晨，在園區舉辦「除夕撞鐘跨年祈福」活動，除了撞鐘儀式，增加持誦《法華經》共修，由僧團法師帶領恭誦《法華經》的四要品：〈方便品〉、〈安樂行品〉、〈如來壽量品〉、〈普門品〉，祈願以平等普施的法華精神，為全世界祝福。

現場由方丈和尚果暉法師、首座和尚惠敏法師、總統蔡英文、前總統馬英九、國

方丈和尚果暉法師揭示年度主題「培福有福」，祈願國家、社會及全世界平安。

策顧問李伸一等共同敲響最後一○六至一○八響法華鐘聲，迎接新年；方丈和尚隨即揭示年度主題「培福有福」，與現場三千餘位民眾共勉，並開示指出：「貫穿《法華經》的核心精神，是包容心、平等心、大悲心，是現代人都需要的福報。」期許人人發起大悲心，以尊重關懷、平等包容的心，開創個人、家庭與社會，乃至整體人類的福報。

　　第三度參與除夕撞鐘的蔡總統，致詞時提及聖嚴師父曾言，每個人的心中都有一座慈悲智慧的寶山，開發這座寶山不僅個人受用，也能讓家人、朋友、同事受益，只要把心中的慈悲與智慧散播出去，就有助促進社會良善力量的循環；呼籲全民和政府一起努力防疫，從個人做起，度過新冠肺炎的挑戰。前總統馬英九，祈願國泰民安；首座和尚惠敏法師則以「叩洪鐘廣結善緣，互相培福；擊法鼓感恩知足，人間有福」表達祝福。

● 01.25～28

全臺分寺院迎新春
大眾祈福有平安

法鼓山園區新春祈福法會圓滿後，方丈和尚為大眾開示祝福。

　　1月25日大年初一起，全臺各分寺院分別舉辦新春系列活動，廣邀民眾闔家參與，以禪悅法喜過團圓好年。大眾隨著僧團法師的帶領，在普佛、千佛懺、大悲懺、慈悲三昧水懺等法會中，虔誠禮敬，體驗清淨安定的法味。大年初一至初三，方丈和尚果暉法師分別前往法鼓山園區、北投農禪寺、臺北安和分院、三峽天南寺、桃園齋明寺等地關懷祝福，提醒民眾照顧好身心，也領眾為受到新冠病毒疫情影響的地區祈福。

　　園區於春節期間展出竹藝裝置藝術，一入山即見到六公尺高的竹編作品「合十」立於來迎觀音像前方，民眾上山便隨著合掌禮敬；另有供燈、茶禪、創意手作等活動，提供大眾在專注體驗中，感受身心放鬆的愉悅。

　　農禪寺以「五福臨門」為主題，安排豐富又多元的活動，無論是室內的遊戲禪、桌遊、大地遊戲、故事屋及鈔經，或是戶外的大地遊戲、快閃高蹺巡遊、法青彈唱表演，都讓大小朋友感受在寺院過年的平安與幸福。臺北安和分院除以莊嚴清淨的梵音喜迎新春，也安排禪藝活動接引體驗生活禪味，並由法師「開講」，期勉大眾新的一年時時處處提起善念。

　　桃園齋明寺除舉行慈悲三昧水懺法會，同時也展開「禪修心樂園」，包括「紅龜粿」捏陶樂、創意人像、乒乓球、如如不動、繪心禪畫等生活禪體驗；

蘭陽分院則充滿「樂不思鼠」的新春法喜，民眾透過春聯DIY、再生藝術手作、合力鈔《法華經》等，體驗惜福、培福的真義。

臺中寶雲寺於初一至初三，分別舉辦普佛、大悲懺、慈悲三昧水懺法會，主法常智法師發送「信、戒、慚、愧、聞、施、慧」七聖財紅包，以《法句經》裡提到的七種成佛資糧，勉勵大眾親近佛法及善知識。臺南分院法會主法果本法師、監院常宗法師在「與法師有約」茶禪中，分享出家因緣、念佛方法及做定課的堅持，提醒將修行當作生命中最重要的事。

高雄紫雲寺於初一起展開三日的千佛懺法會，大眾隨主法常應法師禮拜《三劫三千佛名經》，頂禮過去、現在、未來千佛聖號，以至誠懇切的心「除舊布新」，帶著清淨的身心懺悔改過、發願向善。啟用十五週年的臺東信行寺，特別以竹筷、竹竿創作小型信行寺，Q版小老鼠背著法鼓山各主題年的小書包，象徵各行各業信眾發心護持，別具意義。

2020 全臺分院道場新春主要活動一覽

地區	地點	日期	活動名稱／內容
北部	法鼓山園區	1月25至27日（初一～初三）	祈福法會、版畫拓印、茶禪等禪藝體驗
	北投農禪寺	1月25至27日（初一～初三）	祈福法會、桌遊、大地遊戲、鈔經等
	北投文化館	1月25至27日（初一～初三）	千佛懺法會
	臺北安和分院	1月25日（初一）	普佛法會
		1月27日（初三）	大悲懺法會
	三峽天南寺	1月25至27日（初一～初三）	祈福法會、禪修體驗、茶禪、鈔經
	蘭陽分院	1月25日（初一）	祈福法會
		1月25至27日（初一～初三）	春聯DIY、再生藝術手作、鈔經
	桃園齋明寺	1月25至27日（初一～初三）	慈悲三昧水懺法會
	桃園齋明別苑	1月25日（初一）	普佛法會
		1月25至27日（初一～初三）	點燈、茶禪、禪藝DIY
中部	臺中寶雲寺	1月25日（初一）	普佛法會
		1月26日（初二）	大悲懺法會
		1月27日（初三）	慈悲三昧水懺法會
	南投德華寺	1月25日（初一）	普佛法會
		1月27日（初三）	大悲懺法會

地區	地點	日期	活動名稱／內容
南部	臺南分院	1月25日（初一）	普佛法會、「與法師有約」茶禪
		1月26日（初二）	「與法師有約」茶禪
		1月27日（初三）	大悲懺法會
	臺南雲集寺	1月25日（初一）	普佛法會
		1月25至27日（初一～初三）	園遊會
	高雄紫雲寺	1月25至27日（初一～初三）	千佛懺法會、園遊會
	高雄三民精舍	1月28日（初四）	普佛法會
東部	臺東信行寺	1月25日（初一）	普佛法會
		1月26日（初二）	觀音法會
		1月27日（初三）	大悲懺法會

● 01.25～06.30

農禪寺新春特展
向神會禪師請法

神會禪師是六祖惠能大師十大弟子之一，確立南宗禪為中國禪宗的正統。

溯源禪宗法脈，繼2019年「一花開五葉──六祖惠能」特展之後，1月25日至6月30日，北投農禪寺於開山農舍以「南宗禪的急先鋒──神會禪師」特展，帶領大眾一窺神會禪師的傳奇故事。

展覽以水墨插畫渲染禪的境界，並描繪出神會禪師「行住坐臥，心不動搖」的姿態；生動的故事，則引領觀者一覽其弘法歷程，從親炙六祖、歷經南北頓漸的法統之爭，到創立荷澤宗，足見其作為禪宗史上承先啟後的角色，最後，更透過散佚的著作，領略其禪學思想。

農禪寺是法鼓山發源地，也是禪宗道場，「南宗禪的急先鋒──神會禪師」特展，以活潑有趣的故事，突顯出禪宗的內涵，引導觀者對禪宗法脈、源流演變的認識與了解。

● 01.25～06.30

齋明寺一八〇週年特展
融古鑄今　齋明徧照

創建於清朝道光年間的桃園齋明寺，
2020年屆滿一百八十年，1月25日起，
特於古寺外圍紅磚牆上，以展板方式展
示古蹟禪寺悠久的歷史、法鼓山的承先
啟後，以及齋明寺之美，引領參訪者一
窺古剎百年風華。

故事展板回顧齋明寺的沿革，清朝時
原名「福份宮」，隨著齋教信仰逐步盛
行，更名為「齋明堂」，日治時期再易
名「齋明寺」。二十餘年前，當時的住

古剎齋明寺在傳承與創新中，開展新局。

持江張仁居士（法號會觀）有感年事已高，體認到齋明寺亟需妥善安排，便積
極尋覓適合的宗教團體接續法務，最終認同法鼓山的理念，禮請聖嚴師父於
1999年承接第七任住持，成就了齋明寺回歸正信佛教的因緣。

法鼓山承接法務後，堅持齋明寺原工法、原建材的古蹟修復，完整保持原有
的閩南式三合院建築；2009年起，因應弘化需要而新建禪堂，新建築運用減
法、單純、低調的設計風格，更加凸顯古剎之美。人文與建築藝術，在傳承與
創新間，展開古寺的新生命。

● 01.25起

「培福有福」主題展
以展覽啟發生命的善循環

迎接新春，北投農禪寺、臺北德貴學苑、桃園齋明別苑自1月25日起，分別
展開「培福有福」主題展，接引大眾開啟生命的善循環。

農禪寺在行願館陳設立體插畫牆，內容包括大殿佛像、眉目慈祥的法師、潛
心打坐的禪眾、連廊嬉戲的孩童、水月池與夜晚倒影等，透過插畫家的筆觸和
技法，記錄農禪寺的日常；同時，圖畫與法語映襯，點撥大眾以「暖關懷」、
「盡心力」、「多分享」，實踐「布施的人有福，行善的人快樂」的方法。

德貴學苑則在鄰街的櫥窗布景上，以影像畫面展現「知福惜福，日日好
日」、「布施培福，廣結善緣」、「種福有福，人人幸福」的意象，包羅農禪

寺水月境象、結穗的稻田、青年奉獻的笑容等，帶給來往觀者五層次布施的精神。

齋明別苑於藝廊空間展出以知福、惜福、培福、種福為主題的看板，運用《智慧掌中書》系列插畫詮釋其義涵及具體行動方法，展場擺放多張個人沙發椅、兒童小木屋，營造活潑、舒適的氣氛，親子共同觀賞朗讀一幅幅的圖文，在心中種下實踐「四福」的種子。

親子於齋明別苑共同觀賞圖文，在心中種下實踐「四福」的種子。

● 01.29起

「心靈環保學習網」五頻道
數位學習修行增上

配合全民防疫，1月29日至8月31日，法鼓山體系內所有課程暫停，聖嚴書院各地佛學班、福田班、禪學班、快樂學佛人、長青班及經典共修均配合停課，計有九千多名學員受到影響。

雖然暫時停課，信眾教育院監院常用法師鼓勵學員，於停課期間讀經、複習課程內容，藉由數位學習，繼續用功，每天閱讀一點佛法，在生活中養成依止佛法的習慣；也鼓勵學員「鈔經」，並建議鈔《心經》與《大悲懺》的〈發願文〉迴向眾生。

有每日於線上聆聽2019年大悲心水陸法會各壇開示的學員表示，當境界現前，在火宅中的身心必然跟著紛亂，深刻體會到佛法真的要應用於生活中，才能發揮力量。

信眾教育院數位頻道總覽

中文頻道	英文頻道	內容
聖嚴法師《大法鼓》	DDMTV 01	《大法鼓》節目錄影，共千餘集
聖嚴法師經典講座	DDMTV 02	聖嚴師父講經實況錄影，包括《維摩經》、《金剛經》、《楞嚴經》等重要經典
法鼓講堂	DDMTV 03	每週三法鼓講堂歷來重要直播課程，包括各種經典、懺法及禪宗典籍等
法鼓山經典講座	DDMTV 04	收錄海內外分支道場主辦的課程錄影，如中國佛教史、水陸法會講座、禪宗祖師語錄等
Great Dharma Drum	DDMTV 05	《大法鼓》節目英文字幕版

傳燈法會緬懷師恩
首度線上傳燈祈福共修〈大悲咒〉

聖嚴師父圓寂十一週年，法鼓山配合政府防疫政策，於2月1日在園區大殿舉辦的「大悲心起‧願願相續──法鼓傳燈暨祈福法會」，首度以網路連線方式進行現場直播，並由方丈和尚果暉法師帶領近百位僧團法師、僧大學僧

方丈和尚帶領近百位僧眾傳燈，同步線上直播，全球共願祈福迴向疫區平安。

及全球四眾弟子，共同持誦〈大悲咒〉及「觀世音菩薩聖號」，迴向疫情早日平息，共願疫區平安。

傳燈法會於報恩念佛聲中展開，「對於福報，能夠保全、保持，乃至於增長，才是有福。人的福報有限，容易享盡，所以，有福的人要惜福。」「沒有特定對象的給予，誰需要就幫助誰，即是無盡的功德，即是無盡藏。」聖嚴師父的影音開示，揭櫫「人人可種廣大福田」，期許四眾弟子從對身邊的人付出開始，進而不分親疏，種廣大福田。

傳燈儀式後的祈福法會，首先播放2003年SARS疫情爆發時，聖嚴師父對大眾「心安就有平安」的關懷開示，師父指出，釋迦牟尼佛明示國土危脆，若能在「火宅」中修行慈悲心、智慧心，就有安全，若能擁有面對、接受生命和環境不可能永恆不變的智慧，便能遠離苦難，無有恐怖。

接著，方丈和尚帶領誦念十四遍〈大悲咒〉，並持誦觀音聖號，祈願世人平安健康。方丈和尚並開示勉勵大眾逆向思考，將疫情防治當作共同任務，將危機視為考驗和成長的契機，集合眾人之力減緩危機，共同照顧整體社會健康；也籲請大眾臨睡前與起床後各誦念十聲「南無觀世音菩薩」，迴向祝福受疫情影響的地區與民眾。

有每年藉由參加傳燈法會憶念師恩的信眾分享，感恩聖嚴師父提出心靈環保理念，以「四要」和「四它」做為生活方向指引，不只讓自己，也讓周圍的人擁有平安的身心。

隨時心安　隨遇平安
2月1日講於法鼓山園區「法鼓傳燈暨祈福法會」

◎果暉法師

法鼓山創辦人聖嚴師父曾說：「任何狀況下，都要照顧好自己的心，保持內心的平穩與安定，就是心靈環保。」這段時期，做好心靈環保，格外重要。

現在，全球都在關注新型冠狀病毒疫情。在疫情中，受苦受難的患者，他們是大菩薩，讓我們為他們祈禱迴向；救苦救難的醫護人員，他們是菩薩，讓我們向他們支持致敬。而社會大眾非常關心自己與家人的身體健康，請大家彼此護念，配合政府公共衛生宣導，避免受感染，保護自己，就是保護他人。

除了身體平安，請用「心靈環保」，來照顧心理健康。心理健康，可支持身體健康；假使身體生病，只要心態平衡、心理健康，仍可平安健康過生活。

我們很關心目前受到疫情影響的患者及其家屬，希望他們都能得到及時的醫療照顧與社會大眾的護持。勸請正在接受治療的民眾，把醫療的問題，交給醫護人員把關；把人生中的難關，交給各自的信仰。正在隔離中的民眾，都能安心自處，並獲得社會大眾的支持與尊重。俗語說：「自助而後天助」，也請自己幫助自己，在任何狀況下，都保持內心的安定、穩定，永遠抱持希望。相信雨後即是天晴，難關之後，一定會有光明遠大的未來。

重大事件發生時，只要我們心平氣和地面對、接受，就能避免無謂的恐慌，而集合大眾的智慧，積極處理，相互護持，度過難關。

面對它、接受它、處理它、放下它。如何處理很重要。聖嚴師父從禪法提出兩個觀念：一個是「逆向思考」，一個是「順勢而為」。所謂逆向思考，是將疫情當成是大家共同的「任務」去接受，將危機視為考驗和成長的契機。所謂順勢而為，是隨順因緣，集結眾人的智慧、資源與力量，共同成就，順勢減緩危機。

用「四它」來處理當下的危機，集合眾人之力改善未來，人人都可以成為中流砥柱，共同照顧整體社會的健康。

能夠生而為人，都是很有福報的。布施的人有福，行善的人快樂。布施是人人可以做到的，為人真誠祝福也是布施。懇請大眾自即日起，每天晨起及臨睡前，虔誠稱念十聲「南無觀世音菩薩」聖號，為疫情影響地區、民眾及第一線醫護人員祝禱迴向，祈願諸佛菩薩慈光加被，使疫情早日消退。進而勸請大家養成每日祝禱的習慣，在聖號中開啟希望的一日，在聖號中感恩踏實的一天，隨念心安，隨時心安，隨遇平安。

心安才有平安，祝福人人平安健康。

（節錄）

● 02.01

《佛法的知見與修行》出版
引領認識佛法的正知見

　　法鼓文化2月1日出版的新書《佛法的知見與修行》，收錄聖嚴師父刊登於《人生》與《法鼓》雜誌的文章，是繼《正信的佛教》、《學佛群疑》及《學佛入門》之後的全方位學佛指引，讓學佛新手不迷惘。

　　為方便讀者掌握學佛次第，全書內容依觀念與實踐，分為兩大單元。第一單元「佛法的正知見」，收錄十四篇文章，從佛法的根本教理，詳細釐清佛教與其他信仰的區別，幫助讀者認識佛、法、僧三寶和因果、因緣等佛法重要觀念，認知修行必須落實於日常生活當中。

　　第二單元「日常生活的修行」，收錄二十一篇文章，從多重實用面向，進一步分享佛法的日常實踐。附錄並收錄四則常見學佛問答。

法鼓文化出版《佛法的知見與修行》，提供讀者認識佛法正知見的修行地圖。

　　《佛法的知見與修行》猶如修行地圖，引導讀者更正確地認識佛法的正知見，不被迷惑，老實修行。

● 02.05～11.18期間

「法鼓講堂」佛學課程全年八講
心靈環保學習網線上直播

　　普化中心於2月5日至11月18日，週三晚間於北投農禪寺開辦「法鼓講堂」佛學課程，因應新冠肺炎疫情影響，不開放現場聽講，課程同時在「法鼓山心靈環保學習網」進行線上直播，提供全球學員上網聽講，並參與課程討論。

　　2020年的法鼓講堂，包括《大般涅槃經》、《普門品》、《華嚴經・華藏世界品》、《法句經》、《阿含經》等，分別由僧團法師、專家學者主講，帶領學員認識經藏義理，如2月的課程，由法鼓文理學院佛教學系主任鄧偉仁從經典文獻歷史、佛陀教化精神、根本教義、佛法的現代意義四大面向來解讀《大般涅槃經》，探討佛教對現代社會的啟發與社會責任。

　　3月的「地藏懺悔法門」，由常諦法師講授，指出漢傳佛教自隋朝智者大師

以降，即將「懺悔」當作禪修基礎功，修行次第依序為懺罪清淨、修習止觀、證得三昧；地藏法門同樣不離信、願、行三大要旨，若能堅定恆持，必能消除業障，更能廣度苦難眾生，最後將得智慧慈悲，並自一切苦難中解脫。

常諦法師指出，若能堅定修持地藏懺法，必能消除業障、廣度苦難眾生。

果見法師於5月主講的「認識娑婆所在之華藏莊嚴世界海」，介紹華嚴的法界安立，並說明全經前後呼應的脈絡及內容梗概，以提供作為學習華嚴的入手方便；9月由常慶法師主講「憨山德清示人的修行法門」，以《憨山老人夢遊集》為內容，擇其相關參禪看話頭、念佛、持咒的開示小品文，分享憨山大師指導僧俗如何用方法，以及禪淨雙修思想。

2020「法鼓講堂」佛學課程一覽

時間	主題	主講人
2月5至26日	佛陀最後的教化——《大般涅槃經》	鄧偉仁（法鼓文理學院佛教學系主任）
3月4至25日	「地藏懺法」守護身心的寶蓋	常諦法師（百丈院義工室主）
4月8至22日	《普門品》的修行法門	常法法師（蘭陽分院監院）
5月6至27日	認識娑婆所在之華藏莊嚴世界海——《華嚴經·華藏世界品》略解	果見法師（僧團法師）
7月8至29日	遇見高僧，遇見自己	果慨法師（弘化發展專案召集人）
8月5至19日	讀《法句經》體三生有幸	辜琮瑜（法鼓文理學院助理教授）
9月2至30日	憨山德清示人的修行法門	常慶法師（僧團法師）
10月14日至11月18日	法雨潤心田——《阿含經》略解	果廣法師（僧團法師）

● 02.06起

社大配合防疫政策
以教學影片提供在家線上學習

配合防疫政策，顧及師生健康與安全，法鼓山社大自2月6日至8月12日期間，以教學影片提供學員居家學習，包括「居家親子手搖飲」、「小撇步過好生活」、「植物攝影美感學」、「小菜輕鬆做」等十二門課程，共二十七集

影片。

　　2月6日首先於社大臉書直播的「開箱校長室——與曾濟群校長有約」教學示範影片，由曾濟群校長介紹社大的歷史。影片中細數校長室內許多「寶藏」，包括創辦人聖嚴師父書寫的「常以種種形遊諸國土，恆施大無畏普濟群生」，還有《法鼓全集》；曾校長同時與觀看直播的學員互動，說明社大的課程特色，討論過程生動有趣。

曾濟群校長（右）於直播影片中，介紹法鼓山社大歷史。

　　十二門課程精彩實用，讓學員落實安心防疫，又能學習不間斷。

● 02.06起　03.09起

法青線上共修
誦經與梵唄　精進零距離

　　新冠肺炎疫情逐漸升溫，青年院自2月起暫停實體課程，進行包括持誦《藥師經》、「青年初階梵唄」等遠端教學，引導各地法青持續精進不退轉。

　　2月6日起，由演無法師輔導的「桃竹高@精進用功心安平安月」，每週二、四上

各地法青學員跨越時空，於線上隨法師共修。

線，帶領桃園、新竹、高雄地區的學員誦念《藥師經》，以縣市分組，每次輪流推派一位擔任主講人誦念經文，其他學員於各地聆聽，法師也鼓勵學員上傳完成的各項用功，用積極的學習氛圍「洗版」。

　　「青年初階梵唄」課程，於3月9日至5月21日週一展開，由演信法師以音訊梵唄，其他學員在各地跟隨，引導學員了解梵唄不是要唱得很完美，而是過程中，是否能彼此傾聽和調整自己，相互增上。

　　有上班族分享，從梵唄中體會到和合，「自我」便會慢慢消融，包括許多不

易覺察的自然反應、從小到大自以為是的思考模式，也認知從「有我」的發現，慢慢到「無我」的心境，是相當微細的。

● 02.07～05.29期間

「法鼓講堂」安心防疫特別講座
提供變動世界中的安定身心之道

常寬法師指出疫情訊息紛雜，擁有明晰的思惟，心才能不隨之起舞。

因應新冠肺炎疫情影響，普化中心於2月7日至5月29日，週四或週五於北投農禪寺開辦線上「法鼓講堂」安心防疫特別講座，課程同時在「法鼓山心靈環保學習網」進行直播，提供全球學員上網聆聽。

2月份首先由方丈和尚果暉法師主講「安定身心之道」，講述《佛說八大人覺經》以及《普門品》。方丈和尚從苦因、苦集、苦滅、滅苦之道等面向，闡釋八大覺知的佛法內涵和修行實踐，並指出對治苦因，唯有透過聞思修證，得到智慧，方能體會諸行無常、諸法無我、涅槃寂靜。勉勵大眾，先從生活中練習少欲知足，以聖嚴師父的「四要」作揀擇，感受知足的快樂；也分享觀音法門的修持，鼓勵大家從「念觀音、求觀音」做起，相信觀音菩薩能尋聲救苦，先求自己的安心，進而「學觀音、做觀音」，做觀音菩薩的化身，用平等的慈悲心隨緣助人。

3月「安心方程式」講座，常寬法師指出疫情訊息紛雜，擁有明晰的思惟，心才能不隨之起舞；提醒思考生命的價值，不在於壽命長短，而在於圓滿與否。常隨法師在4月講座中，表示生活中總習慣用二分法，不是好、就是壞，不喜歡、就是討厭，這些執著讓我們迷失自性，見不到真相，勉勵眾人發成佛願心，學習現觀當下，體悟凡所有相皆是虛妄，當身心與方法融合，與般若智慧相應，生命將得以轉化超越，淨土自然湧現。

2020「法鼓講堂」安心防疫特別講座一覽

時間	講題	主講人
2月7至27日	安定身心之道	果暉法師（方丈和尚）
3月6至27日	安心方程式	常寬法師（僧大男眾副院長）
4月3至24日	通往「禪」的《金剛經》	常隨法師（僧團法師）
5月1至29日	楞嚴禪心	果醒法師（禪修中心副都監）

● 02.16　03.14　03.15

教界導師淨心長老示寂
方丈和尚果暉法師領眾追思

　　中國佛教會前任理事長淨心長老，2月15日於高雄光德寺示寂，世壽九十一歲，退居方丈果東法師於16日代表僧團及方丈和尚果暉法師前往致悼。

　　方丈和尚、副住持果品法師於3月14日，率同南部地區僧俗信眾在老和尚圓寂讚頌會前，前往光德寺向本靜長老、修懿法師等法眷同參致意，祈盼長老乘願再來，廣度有情。退居方丈亦出席15日的追思讚頌會，高雄、屏東地區信眾也分擔引禮、交通等義工工作，協助讚頌會圓滿。

　　淨心長老為白聖長老法子，現任光德寺住持，曾任世界佛教華僧會會長、中國佛教會理事長，熱心於僧伽教育及社會教化，是聖嚴師父受戒時的「四師父」，也是方丈和尚在元亨寺受戒時的「大師父」，長年關懷、提攜海內外華人佛教界後輩，也護持法鼓山多年來的成長，為法鼓山三大教育布施無量的功德。

● 03.01～05.03期間

心安平安祈福法會　法鼓山園區展開
提供佛法祝福與安心力量

　　因應新冠肺炎疫情持續發展，僧團自3月1日起，每週日於法鼓山園區祈願觀音殿舉辦「心安平安祈福法會」，由常住法師帶領，並透過網路直播，邀請大眾持誦《普門品》，為世界正遭逢疫病等天災人禍的地區與民眾迴向，為社會提供佛法祝福與安心的力量。

　　3月1日的法會，由方丈和尚果暉法師主法，方丈和尚籲請社會各界「大悲心起」，指出有的人認為這次疫情爆發像

方丈和尚帶領法師恭誦《普門品》及《心經》，祝禱疫情早日平息。

世界末日，但其實惶恐的感覺是人製造出來的；並表示真正的免疫力是「慈悲心」，勸請大眾共同念觀音、求觀音，相信菩薩救苦救難的慈悲願力，彼此護念，共度疫情。

　　另一方面，防疫期間，法鼓山藉由官網及臉書，提供早晚課、禪修、佛號等

影片，作為大眾安心的錦囊；同時，海內外分寺院也陸續開設線上法會、禪修及佛學課程，期許全球信眾在防疫期間，共修共學腳步不停歇。

● 03.01　05.15

聖嚴師父結緣隨身書出版
學習以智慧轉危為安

全民防疫時刻，文化中心於3月1日、5月15日出版智慧隨身書《心自在，身自在》、《逆境，讓我們學習》，選輯聖嚴師父開示，引領讀者在面對困境時，安頓身心，進而將困境轉化為人生成長動力。

《心自在，身自在》彙編「什麼是苦？什麼是樂？」、「身安心安，擁有平安」、「慈悲別人，慈悲自己」三個篇章，探討如何將外在環境的變化與心念的波動，轉變成對種種覺受

《心自在，身自在》、《逆境，讓我們學習》兩本結緣書，分享聖嚴師父轉危為安的智慧。

的認知，開啟心的光明希望，提供大眾轉化負面的情緒，放下無謂的擔憂和不安，讓身心安然自在。

5月出版的《逆境，讓我們學習》，全書分為「你可以不恐懼」、「化危機為轉機」、「在災難中成長」三個主題，探討面對逆境時，如何運用智慧化解內心的恐懼；學習以感恩的心面對考驗，只要心能安定，就能轉危為安。

● 03.06

方丈和尚《幸福密碼》節目專訪
籲請以慈悲心防疫

方丈和尚果暉法師於3月6日，應人基會與國立教育廣播電台共同製播的《幸福密碼》節目之邀，分享佛法的防疫之道，訪談內容並於4月2日播出。

新冠肺炎疫情影響整體國家社會，乃至世界全體的平安。方丈和尚表示，大眾除了戴口罩防止外在病毒入侵，同時更要防止心靈病毒侵害。佛法中鼓勵說愛語、柔軟語、誠實語，也就是多說善良、有用、安慰、慈悲、關懷與智慧的話，「罩」住口業，也要「造」就善業。

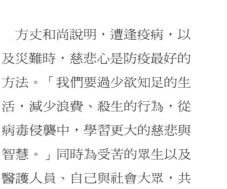

方丈和尚（右）接受《幸福密碼》節目專訪，左為主持人張光斗。

方丈和尚說明，遭逢疫病，以及災難時，慈悲心是防疫最好的方法。「我們要過少欲知足的生活，減少浪費、殺生的行為，從病毒侵襲中，學習更大的慈悲與智慧。」同時為受苦的眾生以及醫護人員、自己與社會大眾，共同祈願、祝福、迴向，共同安度艱難的時刻。

● 03.08～11.22期間

人基會舉辦家長陪伴成長課程
心安身安親子共成長

3月8日至11月22日，人基會每月週日於臺北德貴學苑舉辦「家長陪伴成長」系列課程，邀請專家學者主講，引導家長安住身心，讓親子關係緊密。

由於新冠肺炎疫情持續延燒，3、4月的課程，在原設定「家長自我照護」的架構下，以安心安身及防疫保健為課題。3月8日展開的第一堂課，由心理師陳怡婷主講「增進家庭親密與歸屬感——引導孩子面對害怕，看見自身勇敢」。陳怡婷心理師從人類的大腦發展歷程，分析孩童身、心的發展，引導家長思考如何帶領孩子從身安到心安。在面對恐懼經驗時，先同理孩子的情緒，引導其面對，降低恐懼情緒；同時透過正向對話，協助孩童儲備勇敢的能量，透過鼓勵，激發孩子的信心。

4月19日的課程改以網路直播方式，邀請森林小時光咖啡館負責人劉柳樺主講「成為最棒的你——快樂手防疫保健」，說明調理情緒與身體臟腑的關係，不僅可達到穩定情緒與保健的功效，進而能放鬆地回應生活中的緊張與壓力。

參與課程的家長表示，不單只學習如何教養，更透過課程引導，練習自我檢視，且從觀照自己的過程中再次成長。

人基會「家長陪伴成長課程」4月起改以網路直播，協助家長安住身心，讓親子關係更緊密。

● 03.11～13

「進階禪修帶領培訓」園區展開兩梯次
師資交流 提昇教學

法師們分享帶領禪修的心得，在交流討論中，更能掌握以禪法助人安心的方法。

3月11日至12日、12日至13日，僧團於法鼓山園區禪堂、曹源書苑舉辦兩梯次「與禪相遇」禪修研習營，課程以初級禪訓班課程架構為基礎，由禪堂監院常乘法師、傳燈院監院常襄法師，以及僧伽大學教務長常啟法師帶領，共有九十三人參加。

第一天課程包括放鬆、七支坐法、三時調三事、自我覺照；第二天為動禪、體驗呼吸、數息、經行等。方丈和尚果暉法師兩度前往關懷，並以自己在日常生活中調飲食、調睡眠、調身、調息、調心的實際作法，與僧眾共勉。

在七支坐法、三時調三事課程中，常啟法師為僧眾已熟練的禪修步驟，加入更細膩的觀察及微調，讓用功更能得力。帶領自我覺照課程的常襄法師，分享如何透過身、口的表現，覺照心念，進而透過身與口，逐漸影響內心，成為持戒與禪定的基礎，並提醒在日常事項上，專注之餘，也要保留部分對身心的覺照。常乘法師也強調，在每個當下的舉手投足，乃至眼神，都呈現了自己的身心狀態，他人都能感受得到，共勉在持續精進的禪修中，展現安定的力量。

● 03.11　03.13　04.17

「防疫心生活講座」雲來寺舉行
建立面對病毒的正確知識與心態

行政中心於3至4月間，於北投雲來寺舉辦三場線上「防疫心生活講座」，增進僧眾、體系專職正確防疫知識，以及建立面對病毒的正確心態。

3月11日首場邀請臺北榮民總醫院大腸直腸外科主治醫師陳維熊主講「善護念‧安眾生」。陳維熊醫師從轉念的方法談起，說明科學家牛頓正是因為瘟疫，善用在劍橋大學停課期間，獲得重要的物理發現；鼓勵大眾重新建立良好衛生生活習慣，相互尊重、關懷，平安度過疫情。

第二場於3月13日進行，邀請臺大醫院金山分院感染科主治醫師林冠吟主講「彼此護念・人生健康」。林醫師以自身專業說明全球疫情的分布發展，解析冠狀病毒的特色及臨床症狀、傳染途徑，講述包含口罩選擇、洗手清潔等居家防疫措施的重要性。強調重症疫情多好發於年長且患有慢性病的民眾，增強自身免疫力就是最好的保健方式。

林冠吟醫師講述居家防疫的重要性。

有專職分享，兩場講座從醫護與病患、民眾自身心靈、人與人之間、人類與環境等面向切入，有助了解如何彼此護念與關懷，開展防疫心生活。

4月17日進行的第三場，則由方丈和尚果暉法師與臺北仁濟院總院院長李龍騰對談「正面解『毒』的心靈處方」，分享面對病毒與疾病的安心方法。

● 03.12

方丈和尚出席彌陀寺陞座典禮
佛研所校友堅如法師接任住持

3月12日，方丈和尚果暉法師應邀出席北投彌陀寺新任住持堅如法師陞座典禮。

彌陀寺由淨良長老於1953年創建，長老住持期間擔任中國佛教會許多重要執事，也協助當時主席白聖長老成立「世界佛教華僧會」，故與東南亞佛教界多有深刻法緣。長老並於2005年應邀於法鼓山落成開山典禮上，為祈願觀音開光主法。

方丈和尚代表法鼓山致祝賀詞時提及，堅如法師為中華佛學研究所校友，學問與願心兼具，相信能承接淨良長老的志業，共勉一同將弘揚佛法的菩提悲願往下傳承。

● 03.13

法新社專訪法鼓山防疫因應措施
拍攝「法鼓講堂」線上課程運作

鑑於新冠肺炎進入全球大流行，世界各大宗教團體配合防疫，取消大規模聚會活動，避免群聚感染，法國新聞通訊社（L'Agence France-Presse, AFP）於3

法新社於農禪寺訪問方丈和尚果暉法師，了解疫情期間的弘化作為。

月13日，在北投農禪寺採訪方丈和尚果暉法師，了解法鼓山的因應作為及共修方式的改變，並全程拍攝「法鼓講堂」線上課程的運作。

法新社記者提問，法鼓山基於何種考量，在政府呼籲暫緩聚眾活動前即做出明確反應，以及相關防疫作業。方丈和尚說明，因有過SARS的經驗，僧團提高對傳染病的警覺心，所以疫情爆發之初，立即採取防疫行動，包括1月28日即宣布暫停舉辦大小型活動，課程全面於線上進行：3月起每週日舉行「心安平安祈福法會」網路共修，以佛法安定自己與他人，上網參與民眾達數千位。

方丈和尚表示可以「慈悲心」化解人與人間的對立，畢竟病毒不因族群而有差異，更要用「智慧心」重新認識病毒與人類之間的關係，此時全人類應思考如何相互合作，共度疫情的威脅。

法新社記者也前往資深悅眾家中，採訪線上共修的情形。原本每週都到農禪寺參與課程的悅眾分享，起初不太習慣利用電腦觀看直播，多次熟習後，已漸進入狀況，也更珍惜往後可以團聚學習的機會。

● 03.18～04.17期間

僧團話頭法門研討課程
深入禪學 方法更透徹

佛研所助理研究員許淑雅介紹話頭的起源與發展。

3月18日至4月17日，僧團於僧大舉辦「話頭禪研討」課程，共六堂，由中華佛學研究所助理研究員許淑雅主講，內容包括話頭禪的起源與發展、教理依據、實修方法，共有二十多位僧眾參與交流和討論。

首堂課主題，以大慧宗杲

的教學法作為討論核心。大慧禪師最早教導以參究「話頭」作為明心見性的方法，後代稱為「看話禪」。許淑雅比對古籍文本，分析大慧禪師所說的「話頭」意旨。

討論過程中，常正法師分析，禪法是因應時代所產生，從唐朝參究公案的背景，到宋朝有了文字禪，乃至明清因為戰亂，以一句「念佛是誰？」來參究生命或自性。

聖嚴師父於西方弘法，為了適應不同的文化，師父引導禪眾參「我是誰？」回到臺灣，早期師父給禪眾不同的話頭，後來演變成四種話頭，最後統一參「什麼是無？」協助禪眾斬斷煩惱葛藤，在生命的來去處起疑情。

常格法師表示，許淑雅老師分享多年的研究心得，更能針對彼此的見解提問與研討，對自身與未來深入禪法，都是增上因緣。

● 03.23～04.30

清明報恩祈福網路共修法會
廣邀大眾禮懺誦經迴向全世界

3月23日至4月30日，法鼓山海內外各分支道場相繼舉辦清明報恩法會，因應新冠肺炎防疫需求，各地法會皆採取線上共修方式，超薦先亡、追思孝親，也為遭逢疫病苦難的世間祈福。

於臺灣，臺北安和分院首先於3月23日至4月5日，舉辦為期兩週的地藏法會，每天有兩千多人次上網共修。除了悅眾

寶雲寺瑜伽焰口法會，法師帶領大眾以至誠心為先亡超薦，為遭逢疫病的世間祈福。

法師帶領誦持《地藏經》，法會前並由常持法師、果舟法師、果傳法師、果見法師，分別就「相信地藏願力無邊」、「認識地藏無盡寶藏」、「學習地藏有方法」、「地藏好願在人間」四大主題，開示修持地藏法門的殊勝。

臺中寶雲寺自3月28日起，啟建一連七天的梁皇寶懺法會，全球近二十個國家地區、超過二十萬人次在世界各地同步上網共修。

總監香果慨法師每天引領大眾發願，並講述《梁皇寶懺》十卷的懺法架構及自覺覺他的修行次第，強調學佛重在實踐，勉勵眾人遇到狀況時，要與信仰結

合，佛法才能與生命連結，內化為智慧；首度直播共修廣獲回響，信眾留言及提問踴躍，法師也及時為前一日於網站上提問的信眾回應釋疑，教導正信的修行觀念。

4月4日瑜伽焰口法會前，方丈和尚果暉法師現場關懷，透過網路直播，對共修大眾勉勵與祝福。「將目前生活上的不方便或困境，當作逆增上緣，來成就我們修福修慧。」方丈和尚也進一步籲請大眾在日常生活中負責、盡責，更期勉「學觀眾生是我觀音」，在眾生中學做觀音，幫助自己，也幫助他人離苦得樂。

海外的美國東初禪寺，則於4月1至30日，舉辦「清明地藏三十法會」，由常住法師帶領大眾共同為面臨嚴峻疫情的世界祝禱，監院常華法師期勉，凡事要正向思考，保持心的正念，才能安住於當下，免於陷入恐慌。

● 04.06起

青年院製播「禪修心體驗」短片
隨時隨處運用禪法　體驗放鬆自在

法青以活力洋溢的音聲合唱〈日出〉，鼓舞人心。

4月6日起，青年院在法鼓山全球資訊網「安心專區」、臉書粉絲專頁陸續播放五部「禪修心體驗」系列短片，以及佛曲創作〈日出〉，分享年輕世代運用專長及創意，為社會注入安心的祝福與安定的力量。

「禪修心體驗」的系列短片，包括《幹嘛動來動去》、《不跌倒的美學》、《在咳與不咳之間》、《你在坐什麼》、《地心引力抓得住你》等五部，由演柔法師與二十多位法青成員共同完成編劇、導演和演出。每部近兩分鐘的影片，以上班族的生活日常，如等車、開會、用餐、加班、失眠等情境為故事主軸，主角從立禪、行禪、吃飯禪、坐姿放鬆及大休息的體驗中，開始懂得放慢、放鬆、專注的方法，輕鬆、幽默又有趣的劇情，讓大眾習得隨時隨地可運用的禪法。

〈日出〉詞曲由「心潮悅音佛曲班」多位法青擔任填詞、編曲及鋼琴、吉

他、大小提琴等樂器演奏，由青春洋溢的男女聲合唱，以充滿光明、活潑氣息的詞曲影片，鼓舞人心。

演柔法師表示，「獨處」是重要的學習，希望透過系列短片，因應現代人快速學習的需求，也為大眾開啟放鬆的好心情；演信法師鼓勵法青創作音樂，以祝福的心創作，佛曲就如同梵唄有力量，也邀請眾人一同聆聽，感受年輕世代對社會的祝福與關懷。

● 04.10起

推廣手機線上持咒
串連善願為世界祈福

4月10日起，法鼓山透過手機通訊軟體LINE平台，推動「大悲咒LINE起來」線上持咒活動。鼓勵民眾藉由持咒祈福，拉近彼此心的距離，匯聚慈悲祝福的力量，為世界帶來安定。

「大悲咒LINE起來」活動中，「L」代表「Learn」開始學習：學習持誦，繼續持誦；「I」代表「Insist」堅持學習：持之以恆，寧少勿斷；

透過手機隨時隨地參與「大悲咒LINE起來」，並可藉由「影音陪讀」功能一起持誦。

「N」代表「Nurture」增長學習：悲心發起，福慧增長；「E」代表「Empower」學習助人：聞聲救苦，行菩薩道。這四種利益，皆能從持誦〈大悲咒〉中得到，持咒不但能安住自己的身心，更能時時提勉自己學習、奉行觀音的慈悲，在生活中實踐菩薩道，饒益眾生、自利利人。

僧團都監常遠法師表示，希望藉此平台，串連大眾的慈悲和願力，同心祈願世界和平，疫情早日消退；也廣邀大眾參與，學習觀音的慈悲，消除人我界線，盡可能地付出和關懷，即便只是發揮小小願力，也能夠點滴累積，成就美好善業。

線上持咒操作方便，以智慧手機掃描「大悲咒LINE起來」的QR Code，即可參加持咒活動，可自動累計個人持咒與念佛次數，不會背誦者可藉由「影音陪讀」功能，跟著影片一起持誦。

● 04.17

方丈和尚與李龍騰院長對談
分享疫情下的安心之道

方丈和尚果暉法師（中）與李龍騰醫師（左）對談，右為主持人臺北醫學大學教授張育嘉。

4月17日於北投雲來寺舉辦的第三場「防疫心生活講座」，邀請臺北仁濟院總院院長李龍騰與方丈和尚果暉法師對談，主題是「正面解『毒』的心靈處方」，由臺北醫學大學臨床醫學研究所教授張育嘉主持，透過網路直播，與全球分支道場專職及義工分享。

李龍騰院長首先指出，新冠肺炎疫情在全球擴大蔓延，臺灣雖然相對平安，然而為阻斷病毒傳染，戴口罩、自主健康管理或居家隔離、保持社交距離等防疫措施，讓許多人難以適應，近月在門診中已陸續看到悲傷、憂鬱、焦慮、憤怒等臨床症狀的發生，大眾如何能心安確實是重要課題。李院長分享自身最常運用的觀念，即是聖嚴師父所說的「心安就有平安」以及「四它」；而除了科學與醫學專業之外，信仰也會帶來安心的力量。

方丈和尚則提醒，疫情為全人類帶來重大陰影，卻有更多因緣可以向內看，進行觀照、自省，同時也需向外看，啟發同理心、慈悲心；心不安時，可以試著以念佛號、觀呼吸的方式，讓念頭有對象可繫緣，如此，即能得到初步的安心。

「只要還有一口呼吸在，就有無限的希望，就是最大的財富。」最後，方丈和尚以聖嚴師父法語，與大眾共勉，珍惜生命的每一刻及每一個因緣。

● 04.21～05.31

僧眾禪四十精進禪期
深化修行的蓄備力量

結夏安居前，僧團於4月21日至5月31日，在法鼓山園區法華書苑舉辦僧眾默照禪四十，禪期分為五梯，包括四梯次禪七、一梯次禪十二，由禪堂監院常乘法師擔任總護，共有一百五十一人次參加。

禪期間全程聆聽聖嚴師父默照禪的開示，也安排禪修中心副都監果醒法師針對師父開示，以《楞嚴經》中的譬喻、佛性，或海水與波浪，進行善巧的提醒與引導。

禪四十期間，僧眾沉澱用功，深化修行，蓄備未來弘化關懷的資糧。

常乘法師表示，禪眾參加禪修，在心態引導、方法使用、進度安排上，都與短期的禪七不同，即便是僧眾，同樣也要回歸到基礎的方法，漸次用功，才能精進。

「現階段不是人人都能直接為社會做什麼，實質能做的是『準備自己』。」僧才培育院監院常藻法師分享，僧眾此時沉澱用功，深化修行，正是積極蓄備未來弘化關懷，成為穩定社會的力量。

● 04.22

響應世界地球日
大眾在線上以願植樹

響應世界地球日，法鼓山邀請大眾在線上以願植樹。

4月22日適逢「世界地球日」環保運動五十週年，法鼓山邀請社會大眾，透過手機、平板等智慧裝置，於線上將心願播種成樹，一同培福有福、分享幸福。

民眾可隨時操作數位智慧裝置，透過掃描QR Code或點選祈願樹的網址（https://wishingtree.ddm.org.tw/tree01），按下「開始祈願」按鈕，輸入姓名及心願後點選「祈願」；隨後並將心願種子上移至指定區域內，便可完成祈願播種。隨後即可至祈願樹直播頁面（https://youtu.be/tZAdGP-gWxs）瀏覽心願種子的成長，並能同時獲得專屬的「108自在語」圖卡回饋，回饋圖卡也提供下載儲存，在培福滿願之後，也能獲得滿滿的福慧歡喜。

法鼓山期望藉由眾人的滿滿願心，匯聚良善力量為世界祈福。

● 04.30

感念生命雙重恩
線上浴佛滿心願

寶雲寺邀請民眾製作電子祝福卡，向母親表達感恩。

4月30日適逢農曆4月8日佛誕日，法鼓山於全球資訊網推出線上浴佛，大眾透過網頁上的儀程引導，先持誦「南無本師釋迦牟尼佛」聖號、默念〈浴佛偈〉、浴佛，再發願、迴向，表達對佛陀的感恩，同時為父母祝福、為眾生祈福。

「不論浴佛節或母親節，在在都是感恩的日子；感恩母親給了我們今生的人身，感念佛陀給予你我智慧的法身，兩者都是佛教徒的根本父母。」創辦人聖嚴師父於2007年浴佛節開示中，期勉大眾藉由浴佛儀式，感念佛陀誕生，使世人能聞佛法；更勉勵眾人在平時生活中，依遵佛陀的教法，自利利人，修學菩薩道。

除線上浴佛，臺中寶雲寺還邀請子女為母親製作電子祝福卡、持誦觀音聖號，傳送代表「感恩久久，十分幸福」的康乃馨，上萬民眾並於祝福牆上寫下感恩：「謝謝您把青春奉獻這個家，您像桶箍把我們每個人抱在一起」、「雖不能陪您過節，可我們的心是永遠相連的」、「祝福您在西方極樂世界淨土，花開見佛」等，透過網路感念生命的二重恩，也將祝福的心念，無遠弗屆傳送出去。

● 05.08

「國際青年論壇」2021年舉辦
青年院培訓青年義工

為提昇2021年舉辦的「心靈環保法鼓山國際青年論壇——為全人類及地球開創出可持續的世界」（2021 DDM Global Youth Forum: Creating a Sustainable World - for People and for the Planet）活動品質，青年院展開「義工培訓籌備計畫」，5月8日於護法總會三鶯共修處召開第一次培訓會議，有近二十位法青悅

眾參加。

該項培訓由演無法師帶領，邀請臺北大學應用外語系副教授藍蕾授課，培訓重點有三：熟悉法鼓山及心靈環保理念、提昇雙語溝通及中英文導覽能力，預計召募四十位青年學員，於活動期間協助接待國內、外與會人士，以及導覽法鼓山園區。

培訓會議中，演無法師說明，2021年論壇以全球性環境保護議題為觀點，期望國內外大專院校學生齊心關切、討論並研擬人類共同的未來。

有法青悅眾表示，一個人的力量有限，但集合眾人就能創造無限希望，期許藉由培訓因緣，加強自身的英語能力，接引更多外籍人士認識法鼓山。

● 05.08

體系專職、義工戶外禪
常遠法師帶領慢步經行

配合中央防疫政策，法鼓山體系停辦2020年的浴佛節與母親節相關大型活動，行政中心於5月8日在北投雲來寺、雲來別苑綠地公園舉辦戶外禪，由僧團都監常遠法師、行政中心副執行長常順法師共同帶領五十位專職與義工，藉由「清楚放鬆，全身放鬆」的禪修活動，祝福大眾：「母親節快樂，浴佛節平安。」

常遠法師帶領專職與義工於雲來別苑綠地慢步經行。

當日下午，眾人頭戴斗笠，維持相隔一公尺的距離，隨著法師的帶領，由雲來寺出發，繞行後方的公館公園和池畔。

常遠法師提醒，經行時可以將七分注意力放在體驗走路時的身體動作，用三分的注意力觀照環境，隨時隨地保持放鬆身心、面帶笑容，將安定和諧的感恩氣氛，傳遞到鄰近的街坊、公園。

有專職分享，走一趟戶外禪，認識到雲來寺周遭環境的風光，非常感謝法師的用心；也有新進專職表示，原來散步也可以運用禪修方法，會邀集同事一起練習動禪，體驗身心融入環境的禪悅。

● 05.10

園區三時繫念祈福超度法會
同體大悲為全球人類祈福

「三時繫念祈福超度法會」於法鼓山園區大殿進行，透過直播與大眾共同祝禱新冠肺炎受難者往生淨土，疫情早日消除。

　　僧團於5月10日母親節當日，在法鼓山園區舉辦三時繫念祈福超度法會，由男眾部寺院管理副都監果器法師主法，並透過網路直播邀請全球信眾同步精進共修，共同將感恩報恩的心念，以精進共修的形式，為因疫情而失去性命者祝禱往生極樂淨土，也迴向生者平安。

　　方丈和尚果暉法師開示指出，這場法會具有四重意義：感恩、懺悔、發願及迴向；疫情會發生，是全人類的共業，由受難者承擔。期望透過法會的修持，讓大眾轉貪欲的心為布施的心，轉瞋恨的心為慈悲的心，轉愚癡的心為智慧的心，並將功德迴向給往生者，也迴向給眾生。

　　方丈和尚並帶領感恩無數第一線的醫護及防疫人員，為了守護全世界人類的生命，不眠不休地奉獻服務；感恩佛陀以其一生的修行，留下佛法，讓後世都能學習到慈悲智慧；並感恩全天下母親的無私奉獻。也勉勵大眾透過懺悔承擔責任、成長自己；透過發願發起菩提心，便能發揮更大的力量，協助減少疫情的傷害，讓疫情早日消除。

　　有全程參與共修的新竹信眾表示，雖然是線上共修，法會的安定攝受卻像在現場，六小時的法會完全沒有中斷，覺得很法喜；北美的信眾，更克服時差共同精進，也讚歎現場的莊嚴。

方丈和尚語

以信願行　利人利己

5月10日講於法鼓山園區「三時繫念法會」

◎果暉法師

每當海內外發生重大災難，法鼓山體系均舉辦三時繫念法會祈福迴向。三時繫念法會是透過精進稱念阿彌陀佛名號，祈願阿彌陀佛以其大慈悲、大願力，護佑眾生，消災拔苦，同時也在大眾虔誠共修的過程中，開啟我們內心的慈悲與智慧，成長自己、幫助他人。

佛法的修行，特別是淨土法門，有三個要則，也就是信、願、行。

什麼是信？《法句經》說：「莫輕小惡，以為無殃，水滴雖微，漸盈大器。莫輕小善，以為無福，水滴雖微，漸盈大器。」《華嚴經》也說：「信為道源功德母，長養一切諸善根。」身為佛弟子，一定要相信因緣法及因果法，無論是個人的修持或是整體世界環境，任何一言一行，雖是小惡，能如星星之火，足以燎原；雖是小善，能由一人的心清淨，影響多人心清淨，進而眾生、國土淨。修行的基礎，便是透過止惡行善，逐漸讓內心清淨、安定，開發智慧。如果有更多的人響應，整體社會人心就會跟著淨化。

什麼是願？願是「以利人達成利己」作為處世原則的大方向，也就是以利他為第一，而把個人的我放在其次，這是菩薩道最可貴的特質。我們愈是幫助他人，就愈能放下自己，得到真正的平安快樂。疫情期間，我們除了善盡個人的責任，把自己照顧好，也勸請每個人都能發利人利己的好願。每個小小的願，加起來就是共同的大願；再以共同的大願，改變整體人類共同的業力。因此，祈願全球能互相信任、合作，共同面對、處理疫情。

什麼是行？行是實踐與迴向。參加法會或念佛、禪修，做功德迴向當然是行，而更重要、更長遠的是每一天行菩薩道。日常生活中，我們每一個念頭、每一言、每一行，都能利益他人、利益眾生，這才是真正的行。

（節錄）

● 05.15

雲集寺擴建動土典禮
提供南部地區完善的禪修環境

雲集寺擴建工程,由果器法師(右三)等共同執鏟。

臺南雲集寺於5月15日舉辦擴建開工動土典禮,由男眾部寺院管理副都監果器法師、建築師李文勝、護法總會副總會長鄭泗滄、雲集寺原址捐地人黃福昌等六人共同執鏟,女眾部寺院管理副都監果理法師與多位護法悅眾觀禮祝福。

典禮前先進行灑淨儀式,眾人繞場誦持〈大悲咒〉及《心經》,祈願「工程順利、平安無事、國泰民安、法鼓常響、佛法常興」,果器法師感恩大眾共同參與觀音法門的修行,一起念觀音、求觀音、學觀音、做觀音。

監院常宗法師表示,雲集寺是雲、嘉、南地區大眾修學佛法的重要場所,擴建後會提供更完善設施,成為法鼓山南部地區的禪修中心,匯聚如雲集的眾人之力,共同建設人間淨土。

● 05.18～08.03期間

禪修中心規畫網路禪修
「禪堂在我家」持續精進

每週的網路禪修,邀請具有豐富禪修指導經驗的法師,就不同主題開示。圖為中華佛研所所長果鏡法師進行錄影。

5月18日至8月3日,禪修中心每週一舉辦「禪堂在我家——網路禪修」,內容包括法鼓八式動禪、上坐前運動、打坐、下坐按摩、聆聽法師開示,大眾依循引導與示範,踏實用功。

面對疫情和平常生活,如何用上禪修方法?5月18日首次的網路禪修課程,由僧伽大學教務長常啟法師分享「禪修與防疫力」。法師以虛雲老和尚弘講《楞嚴經》時提出主客、客塵關係的譬喻,強調禪修要關注的是客棧的主人,也就是不動的自

性，而非來往變動的客人，就像灰塵移動，不礙空間的存在。法師提醒，修行重點在於不動的自性，以及長養正念、正知的方法，而非來去的妄念，如同面對疫病，著力點應在於提昇自身免疫力、建構良好的身心環境，疾病自然不會入侵。

平日於北投農禪寺參與共修的禪眾表示，因防疫暫停活動後，自己自2月起便在家自修，但過程鬆散，有了網路禪修，按部就班跟隨引導，禪坐氛圍非常收攝，特別是法師的開示，不斷提醒放鬆，可訓練自己覺察、自主、安定三種能力，收穫很大。

● 06.01

《禪的理論與實踐》編集成書
選輯聖嚴師父禪修指引文稿

法鼓文化於6月1日出版《禪的理論與實踐》，將聖嚴師父曾發表於《人生》、《法鼓》雜誌，以及收錄於《法鼓山年鑑》、《我願無窮——美好的晚年開示集》等書刊中的禪修開示，集結成禪修入門指引新書。

《禪的理論與實踐》選輯聖嚴師父禪修指引文稿。

《禪的理論與實踐》內容分為兩部分，第一部分「禪的理論」收錄〈禪宗的頓漸法門〉、〈禪宗對俱解脫的看法〉、〈大乘禪定的修行〉等八篇文章，除了闡述禪的內涵，也為讀者建立正確的禪修觀念，以免落入盲修瞎練，以及追求神祕經驗的陷阱。

第二部分「禪的實踐」收錄〈用禪調心〉、〈無常與死〉、〈超越生命中的關卡〉等十五篇文章，帶領讀者將禪修落實在日常生活中，讓生命產生質變。

書末特別收錄三篇聖嚴師父接受媒體專訪的文稿，內容處處可見禪師的機鋒妙答。

● 06.01～30

僧團結夏安居儲備弘化力
修行功德迴向全球眾生

6月1至30日，僧團於法鼓山園區展開為期三十天的結夏安居，由方丈和尚果暉法師擔任主七和尚，有近一百八十位僧眾參加。

各地僧眾回總本山結夏安居，於大殿中精進用功，積蓄未來的弘化力。

結夏課程行解並重，包括禪五、禪七、禪十四，三梯次共二十六日；27至29日由果廣法師講授「漢傳禪佛教研習」；30日進行總迴向。第一梯次禪五由僧眾自行安排修行功課，每個人都是自己的監香；第二梯恢復禪七作息，安排聖嚴師父於2001年的禪七影音開示。師父強調「解行相應」，也就是觀念與方法實踐的搭配，並說明佛教思想的原則——生命的三種緣起觀：業感緣起、阿賴耶緣起與如來藏緣起，當身心與環境互動時，便會產生種種因果及煩惱，此時可運用禪修方法來觀照身心，面對現實生活。

第三梯的禪十四，第一週為中階禪七，聖嚴師父影音開示著重於止觀進入默照、話頭與直觀的方法指導；第二週為話頭禪七，播放2007年師父於總本山主持話頭禪七的叮嚀：「經過長時間的修行，不是得到什麼，而是放下了什麼，當我們放下愈多，修行愈有力。」

最後一日「祈福總迴向」，由方丈和尚帶領全體僧眾，將長時間精進修行的功德迴向，祈願全球疫情消退、眾生平安健康；也勉勵僧眾，回到執事崗位，與人我、環境互動時，練習放下自我中心，才是真正的修行人。

● 06.04

法行會舉辦例會及講座
果幸法師分享修學與修行

果幸法師分享留美求學心路，會眾彷彿聆聽到聖嚴師父的叮嚀。

法行會於6月4日，在臺北市國賓飯店舉辦例會及佛法講座，由僧大女眾副院長果幸法師分享「修學與修行」，共有一百多位會眾參加。

果幸法師表示，十二年的求學歷程，聖嚴師父的幾段話：「讀書，是為了成就僧團，不是為了成就你自己」、「道心第一，健康第二，學問第三」，以及堅定修行的方法及信念：「定課：持誦〈普門品〉與觀音聖號，以聖號取代妄念。求菩薩護佑：祈求觀

音菩薩陪伴度過難關。發願：祈請菩薩加持、發願過關。感恩：用感恩心看待所遇助緣及逆境。」這幾段話，帶給自己向前的力量。

面對考驗，法師領略到讀書不是只靠智力，而是靠智慧，也深入體會《入菩薩行論》書中「若事尚可為，云何不歡喜？若已不濟事，憂惱有何益？」因此把握眼前當下每件該做的事。

有會眾表示，深刻體會到果幸法師平實卻深刻的修學心路，也彷彿聆聽了一場聖嚴師父對四眾弟子的叮嚀與關懷。

● 06.30

前副總統陳建仁分享幸福密碼
敬天愛人　生命無限美好

前副總統陳建仁於6月30日，應人基會與國立教育廣播電台共同製播《幸福密碼》節目之邀，接受主持人張麗君提問，分享推動政務、學術研究、宗教信仰與家庭教育的生命歷程，訪談內容並於7月17日播出。

身為公衛專家，陳前副總統細數政府因應疫情當

前副總統陳建仁分享幸福密碼。方丈和尚果暉法師（左）贈與聖嚴師父墨迹掛軸。

前的關鍵時刻，結合智慧科技、跨部會協調、邊境管控、國際疫情調查及採用居家隔離、居家檢疫等措施，由於少數人犧牲自由，換取了臺灣二千三百多萬人的健康，讚歎臺灣人民的高素質與高配合是關鍵力量，每一個人都是默默無名的英雄。

回顧十七年前的SARS防治經驗，帶動傳染病醫療體系調整、院內管控、醫事人員訓練的進步，陳前副總統憶及當年疫情趨緩後，曾與聖嚴師父同台座談，討論如何安定浮動、恐慌的人心。「要有慈悲與智慧。」當時師父這句話，讓向來注重理性思考的陳前副總統深感震撼，因而學習到面臨任何嚴峻挑戰，只要發揮彼此互相幫助、相愛的精神，一定能度過難關。

陳前副總統表示，自己的幸福密碼是「敬天愛人」，因為要得到光明、希望，也要有所犧牲，當有所犧牲照亮別人，會發現人生旅途是無限美好。

● 07.04

蘭陽分院接待組義工培訓課程
學做眾生的來迎觀音

蘭陽分院接待組義工培訓課程，由悅眾示範演練。

蘭陽分院於7月4日舉辦接待組義工培訓課程，由義工團接待組組長陳麗瑾擔任講師，四位悅眾示範接待的威儀與勤務要點，監院常法法師也到場關懷，共有六十五位義工參加。

常法法師表示，接待組義工即是在接引眾生、修福修慧。法師分享擔任聖嚴師父隨行記錄時，從師父適切地照顧他人需要中，學到隨時觀照的重要，勉勵義工與人互動時，練習時時覺照，就是朝向無我的前行修練。

培訓內容包括：面對訪客的儀態、語言與服裝儀容要點，以及在不同地點和情境的禮儀演練，如操手、合掌、問訊、動線引導乃至用齋威儀等。陳麗瑾組長強調，接待組是訪客進入寺院接觸的第一個對象，代表寺院的形象，值勤時學習成為來迎觀音，以恭敬心迎接大眾，就能讓人有回到家的安心感。

陳麗瑾表示，接待服務隨時保持積極主動，處處留心、隨時應變，便能從中體驗「奉獻即是修行」，進而珍惜每個當下因緣，用平常心來面對不平常的事，增進人與人之間的和諧。

● 07.09～08.20期間

臺南分院舉辦月光禪
夏夜戶外共修

配合防疫措施，以及克服天氣炎熱的障礙，7月9日至8月20日期間，臺南分院隔週週四於都會公園、茄萣幸福海岸，舉辦四場月光禪，由果明法師擔任總護，每場均有三十多位義工參加。

茄萣幸福海岸為一條濱海步道，傍晚集合後，隨著夕陽西沉，路燈亮起，行禪開始，果明法師提點眾人放鬆、專注地走路，收攝五根，不要受外境影響。眾人在步道上安靜行走半小時，於一處階梯平台上靜坐，聽著海潮拍打沙灘，

感受涼涼的海風，不斷地放鬆、回到方法。

活動另一處地點都會公園，步道寬敞平坦，行禪前，法師先講解觀念和方法；行禪時，一路提醒眾人攝心、用方法，引導觀想自己走在獨木橋上，每個腳步都要清楚謹慎，步步踏實。一個小時後，大

臺南分院舉辦月光禪，凝聚道場義工及護法悅眾共修力量。

眾到草地上靜坐，月光灑落，微風習習，心也慢慢沉澱。

從道場走到戶外，從安靜的室內，走向吵雜的人群，環境的改變考驗個人的修行工夫。有義工分享，每次行禪都有不同因緣，不論好或不好，試著接受當下各種因緣，回到身心繼續用功，期許在行禪中，一步一步脫落執著，一步一步提起願力。

● 07.12

「大悲咒LINE起來」修持總迴向
串起全球大悲心　祝願疫情平息

僧團於7月12日在法鼓山園區大殿舉辦「大悲懺法會」，為疫情期間發起的「大悲咒LINE起來」手機祈福活動，進行總迴向，由方丈和尚果暉法師主法，將凝聚眾人悲心祝禱的持咒功德，迴向世間與眾生，共有三千多人參與線上共修。

大眾專注一心，隨著儀文禮敬、發願、懺悔、持咒、迴向，全場莊嚴攝心。

法會中，僧團法師及八十位信眾代表一心專注，全場莊嚴攝心。「祈願觀音菩薩護念法界眾生，於觀受苦難中悉得智慧、慈悲；復以慈悲、智慧，解脫一切苦難。」法會圓滿前，方丈和尚帶領共修信眾，將修行功德迴向受苦受難的地區與民眾，並開示修持

觀音法門的要領,在於學習慈悲心,從同情心、同理心開始,逐漸邁向無所求的奉獻。

方丈和尚表示,疫情是全人類的共業,全球確診及死亡人數持續攀升,雖然臺灣尚未有明顯衝擊,但我們應代替所有眾生懺悔、發願,人人做好事、種福田,淨化身心、淨化社會。

有學佛二十八年的義工,不論行住坐臥,隨時繫念佛號,每日誦讀一部《地藏經》,自疫情發生以來,念佛更加精進,表示個人的奉獻只是小小的功德,面對嚴峻的疫情,還是需要團結祈福;在衛生福利部疾病管制署疫情諮詢專線服務的信眾,經常接到居家隔離民眾的電話詢問,有些人擔心自己的健康,有些人則是擔心海外的家人,於是發願持誦一百萬遍觀世音菩薩聖號,為大眾祈福消災。

● 07.12

《迎向現實人間》臺中分享會
對談聖嚴師父菩薩戒精神

《迎向現實人間》新書分享會由果賢法師(右一)主持,林其賢(右二)、賴清祺(左二)、吳德棋(左一)共同與談。

7月12日,法鼓文化於臺中寶雲寺舉辦《迎向現實人間——聖嚴法師的倫理思想與實踐》新書分享會,由編輯總監果賢法師擔任主持人,邀請作者林其賢、臺北金融研究發展基金會董事賴清祺、客家文化發展中心副主任吳德棋,與一百四十位聽眾分享聖嚴師父的菩薩戒精神。

現代社會的因緣條件不同,如果多數人達不到持戒的標準,戒律能否引人向上?「聖嚴師父掌握的是戒律的核心和精神,而非法條。」林其賢老師表示,持戒從對自己的要求而來,師父以「十無盡戒」作為法鼓山菩薩戒的核心,求受菩薩戒者,各隨自己承擔的能力、對自我的要求,可做到幾分,就做幾分;師父將傳統的戒律彈性化,顯現理性、民主、多元、平等的現代精神,引領現代人往上提昇。

已受過菩薩戒的吳德棋,分享在公務領域持戒的心得。指出戒律就像指南針,讓人安心往前走,就像遵守交通規則,綠燈前行,紅燈就停,不依自己利害,而是往善的、好的方向走。

賴清祺表示，自己在生活、工作上實踐的菩薩行，便是多說好話、不口出惡言，力行五戒十善，在職場中無往不利。

● 07.25～26

法鼓山推動安心城市
與國健署合辦「靜心、沉浸、慢行」活動

7月25至26日，法鼓山、衛生福利部國民健康署於臺北花博公園，共同舉辦「安心城市——靜心、沉浸、慢行」活動，邀請大眾走進公園，放鬆身心，透過科技與音樂、戲劇、舞蹈的體驗，與自然環境深層互動；方丈和尚果暉法師25日到場關懷，並帶領大眾祈願祝禱，有近一千兩百人參加。

大眾從花博公園四個報到處啟程，戴上耳機，聆聽「安心城市」Web APP的引導，在自然景觀中享受呼吸，放鬆身

民眾體驗安心城市之旅，回到終站舞蝶館，由方丈和尚帶領祈願祝禱。

心。四條路線有小朋友帶著爸媽一起玩「一、二、三，木頭人」的童心之旅，穿越綠色隧道傾聽森林聲音的放鬆之旅，感受城市禮物的暖心之旅，以及撿拾花朵、樹葉的覺察之旅。

接著，所有參與者一起匯入舞蝶館前廣場流動的人群。陽光下，眾人一起慢行、舞動身體，隔空擁抱身邊伙伴或合十互道感恩，送上最溫暖的微笑，讓因疫情而疏離的人們，重新找回安心與信任。

舞蝶館內安排舞蹈戲劇引導大眾省思，疫情為人類生命帶來的影響，學習減少對立與批判，轉化痛苦與恐懼，找回愛與包容；並跟隨方丈和尚果暉法師為全球疫情祝禱：「祈願逝者安詳，生者無憂，同理心分擔他人的痛苦，慈悲心開創嶄新的未來，世界和平人安樂。」方丈和尚開示，臺灣在衛福部專家、醫護人員及社會大眾的合作下，疫情至今並不嚴重，期勉眾人，學習以心靈環保保護自己，進一步關懷需要幫助的民眾與地區。

國健署副署長賈淑麗強調，對政府的信任與人民的素養，是臺灣擁有最強的疫苗；衛福部心理與口腔健康司司長諶立中也指出，只有內心的平靜，才能讓世界更和平、更充滿愛。活動最後，由法青演唱〈日出〉，將安心城市之旅所帶來的安定力量，傳達給全世界。

● 07.31

《大智慧過生活》教學研習營
研討教學有妙方

教師們分組挑選並討論《大智慧過生活》書中的文章，了解文章中的良善力量。

教聯會於7月31日在北投雲來別苑，首度舉辦《大智慧過生活》教學研習營，共有二十多位教師學員參加。

研習營中，臺北市景興國中李翠芳老師簡介《大智慧過生活》內容，說明如何使用書中寶庫；新北市中山國中簡國樑老師則分享將這套書融入課程的教學方案，同時分組讓學員挑選文章，並將內容製成動畫，除了學習教學技能，也從中感受到故事的良善力量，達到潛移默化的效果。

「心靈咖啡館」課程，由三位教師分享使用《大智慧過生活》的心得。新北市中正國中林佳儒老師運用第二冊文章〈拒絕整型的少女演員〉，搭配公益影片，鼓勵學生對自己生起信心；新北市新莊國中邱佩玉老師將教材作為導師和學生的溝通媒介，學生每週挑選兩篇文章撰寫心得，進一步讓親師生互相交流；新北市鷺江國中高玉娟老師運用第三冊〈舞出不一樣的自己〉、〈自我安頓五部曲〉及〈我們都是畢業生〉，引導學生認識並肯定自己，照顧好自己的心，使自己更有智慧。

許多學員表示，期待能將《大智慧過生活》運用在教學上；也有學員分享自己將心靈環保融入專業課程的教學，學生更深入探索創作的初衷；還有一位中學教師在接觸心靈環保之後，體會指導學生時，應多站在學子立場思考，師生關係更和諧。

● 08.06

方丈和尚法行會講座
講述中華禪法鼓宗之開展

法行會於8月6日在臺北國賓飯店舉辦例會及佛法講座，由方丈和尚果暉法師主講「承先啟後——中華禪法鼓宗禪法之開展」，共一百多位會員出席聆聽。

　　方丈和尚導讀將於9月出版的學術研究專書《聖嚴法師中華禪法鼓宗禪法研究》，以書中的「聖嚴法師之中華禪法鼓宗禪法開展示意圖」，說明師父畢生以復興承自禪宗六祖惠能之漢傳禪佛教悲願，特別是根據「無我之如來藏」方便，開創簡樸、扼

方丈和尚說明「中華禪法鼓宗」所架構的脈絡體系，並導讀自己的研究專書《聖嚴法師中華禪法鼓宗禪法研究》。

要的「小我、大我、無我」，具有人間性、實用性、適應性的漢傳禪法，弘傳至東西方。

　　方丈和尚表示，「應無所住」是不將一切現象跟自我中心的利害得失連繫起來，「而生其心」是以無我的智慧心來應對處理一切的狀況。聖嚴師父以般若空慧與如來藏思想架構整個中華禪法鼓宗體系，並承繼漢傳禪法的臨濟與曹洞兩大宗，融會大小乘次第禪及頓悟禪，與話頭禪及默照禪會通。

　　方丈和尚勉勵大眾，學習禪法要從基礎數息或念佛入手，並在生活上運用，修持日久，能使煩惱和意識漸漸沉澱、澄淨，進而產生智慧。

● 08.07～09.06期間

中元報恩廣度有情
直播共修迴向十方眾生

　　配合政府防疫政策，8月7日至9月6日，農曆7月教孝月期間，法鼓山特舉辦中元報恩網路直播共修法會，迴向十方眾生。

　　北投中華佛教文化館首先於8月7至9日舉辦中元報恩地藏法會，上午恭誦《地藏經》，下午則禮拜《地藏寶懺》，監院果諦法師開示強調「一切唯心

文化館舉辦中元報恩地藏法會，圓滿日當天舉行瑜伽焰口法會。

造」，若能回歸自心，讓心修持清淨，身邊的災難一定會逐漸遞減。圓滿日的瑜伽焰口法會由禪修中心副都監果醒法師擔任金剛上師，大眾透過線上共修，為歷代先亡眷屬超薦祈福，感受法會的慈悲莊嚴與攝受。

高雄紫雲寺的中元法會於8月30日至9月5日舉辦地藏法會，主法常耀法師以「明珠指路──地藏菩薩的生命指南」為題開示，勉勵大眾以誠心、信心和恭敬心來參加法會，必能與諸佛菩薩的慈悲願力相契相通。6日進行三時繫念法會，主法果醒法師依儀軌內容開示，說明覺海即是佛性，虛空如覺海中的一片雲，覺海本無一物，因一念妄動不覺而生無明、能所，才有虛空、世界、眾生、業果，因此在娑婆世界中生死流轉。法師以「三輪體空」勉勵大眾破除自他、粉碎虛空，了解度自己就是在度所有眾生。

於海外，擴建中的美國東初禪寺則於8月30日，在象岡道場舉辦三時繫念法會，由住持果元法師主法，常源法師、常護法師等七位法師擔任悅眾，三個時段主要唱誦《佛說阿彌陀佛經》、〈往生咒〉、〈普賢十大願〉以及懺悔發願。法會透過Youtube網路直播與全球信眾共修，抗疫祈福安心。

● 08.09

護法總會林口分會啟用
接引社區民眾學佛成長

方丈和尚感恩護法悅眾們的堅定道心，盡心盡力奉獻，成就林口分會的啟用

8月9日，護法總會林口分會舉辦新會址啟用典禮，包括方丈和尚果暉法師、護法總會副都監常遠法師，與總會長張昌邦、副總會長周文進，共有五百多位地區轄召、召委及信眾觀禮祝福。

灑淨儀式由常遠法師主法，法師及悅眾代表出位繞壇，將甘露水遍灑在每一角落，祈請諸佛菩薩加持，將佛法帶入社區。「分會就是『分』享佛法，以法相『會』，扮演社區弘法重要的角色。」方丈和尚表示，佛陀與僧團多在森林裡說法，林口分會就像是森「林」的入「口」，為修行人必經之路，具殊勝的意義，鼓勵大眾時常親近，並樂於向人分享佛法，接引更多人做淨化人心的工作。

張昌邦總會長致詞時指出，過去林口地區信眾多是前往農禪寺聽聞佛法，如今新的共修空間交通便利、環境舒適，都是護法信眾共同願力成就，有願就有力，有願必成；鼓勵大眾持續發願。

林口分會空間寬敞，將接引更多當地居民親近佛法。

典禮上，方丈和尚頒發感謝狀及聖嚴師父墨寶，感恩歷年屋主提供學法寶地。影片回顧時，林口分會三十年遷徙流轉歷歷在目，透過眾人齊心發願，堅定求法初心，終覓得新址。新會址周遭新社區林立、鄰近公園與學區，期能接引在地居民及移居的新住民學佛，讓林口地區慧日遍照。

● 08.16

果醒法師分享《楞嚴禪心》
引領心的修行地圖

法鼓文化於8月16日在臺中寶雲寺舉辦《楞嚴禪心》首場新書分享會，以「尋找真心──認清海水與波浪」為主題，由作者禪修中心副都監果醒法師分享三十餘年的修行心得，引導大眾尋找、認識自己的真心與佛性，有近兩百三十人參加。

「修行如同開車，《楞嚴》就好比是GPS導航，而禪心好比車子，以《楞嚴》當眼、禪心為腳，才能暢行無阻。」果醒法師以書名破題，說明大眾都有與佛一樣的佛性，「佛性是指見聞覺知的能力，不生不滅、如來如去。」法師以海水與波浪為喻，表示佛性就像海水，可變現出各種波浪，凡我們所感知的都是波浪。

果醒法師分享新書《楞嚴禪心》，願大眾一起追隨《楞嚴經》的修行地圖。

談及禪心如何實踐，果醒法師教導可從知見、心

態、現象三個面向入手。遇到外境,先觀察眼前的現象及自己的心態,若能轉變心態去配合環境,則煩惱會減少很多;接著進一步會發現:沒有外境,都是夢境,是自己的心在自導自演。法師分享聖嚴師父曾在禪七中開示:「世界通通有,人我是非全都不見了」、「世界流動,通通是對的」,沒有一定的對錯,學習改變自己的心態,便能萬事如意了。

● 08.17～18

教聯會首度舉辦都市禪二
學員於都會中體驗禪修

教聯會首辦都市禪二,學員體驗戶外經行。

教聯會於8月17至18日在北投雲來別苑首度舉辦禪二,由演本法師擔任總護,帶領打坐、拜佛、立姿瑜伽等,體會禪修的身心法喜,共有四十多人參加。

禪期中觀看聖嚴師父「禪修的意義」開示影片,師父說明心不隨境,是禪定的工夫,心不離境,是智慧的作用;勉勵眾人多關懷整體的大環境、大問題,縮小個人利益,進而學習在生活中運用「四它」,隨時保持身心穩定。

除了室內的禪坐、拜佛,演本法師亦帶領學員前往新北投公園等地,體驗戶外經行。學員在熙來攘往的環境中,練習提起心力的方法,學習以安定的步伐,沉澱自己的腳步與身心。

演本法師說明,許多義工表示,在法鼓山領執,學到了感恩、慚愧、懺悔、關懷、尊重、同理心,勉勵學員透過「感恩」,讓心靈充實與豐足。

有學員分享,期盼能將安定身心的覺受,持續運用在教學中,在校園播下心靈環保的種子。

● 08.21 11.20

人基會舉辦「2020心藍海策略」課程
以「領導創新‧跨域創生」為主題

人基會於臺北德貴學苑開辦「心藍海策略——企業社會責任」系列課程,主題是「領導創新‧跨域創生」,於8月21日、11月20日分別邀請行政院政務委

員唐鳳、PChome Online網路家庭董事長詹宏志，主講「臺灣社會創新發展趨勢」、「從數位轉型找到創新的機會與力量」，共有兩百二十多人次參加。

唐鳳指出，臺灣被評選為世界四大創新國，民間的前瞻性高過產業部門、公部門，政府常採「打不贏，就加入他」的合作模式，與民間團體及企業一起完成倡議之事，在國際上非常罕見。

唐鳳暢談「領導創新・跨域創生」，與來自業界高階主管、經理人互動熱烈。

唐鳳並以「總統盃黑客松」獲獎團隊「臺灣好植地」、「奉茶行動」、「零時差隊」為例，說明民間團體如何透過表達需求，集結群眾智慧，促進公私協力共創，以加速公共服務的優化，並提昇政府服務創新效能。

詹宏志董事長在講座中，說明科技是社會的「備用系統」，功能愈成熟精良，愈能在緊急時刻派上用場；並舉新冠肺炎疫情為例，臺灣政府與社會大眾正因善用數位科技，在疫情控制、遠端教學、民生用品補給、飲食外送服務等都發揮極大作用，「如果沒有現代科技，當瘟疫來臨時，整個社會都會停止運轉。」他肯定科技發揮的正面力量，鼓勵大眾遭逢困境時，不是先向外攀緣，而是把心回到自己身上，只要將已具備的能力再提昇、改良，人生還是充滿希望。

● 08.22～23

高雄法青「與心同行」
引領青年發揮心的力量

法青會於8月22至23日，在北投中華文化館、雲來別苑舉辦「與心同行」活動，深入了解東初老人興辦教育的理念以及聖嚴師父的行誼，並透過禪修和遊戲，引導青年從心認識自己，僧團都監常遠法師、青年院監院常炬法師到場關懷，有近三十位高雄法青參加。

僧團副住持果祥法師於文化館分享許多聖嚴師父的智慧小故事，包括在日常起居生活中，對弟子言談與行儀的細膩

高雄法青與法師有約，為人生方向解惑。

調教,於國內外弘化時,應機教化、調柔眾生的善巧方便,以及續佛慧命的大悲願心。

在「與法師有約」單元,由九位法師解答青年針對家庭、學業、工作、人際關係、禪修等日常課題的提問,對於「生活一成不變,不是讀書再讀書,就是工作再工作,非常無聊」的煩惱,法師回應,今天吃的飯和昨天吃的飯,並不一樣,生活要從細節體會,就會發現成長學習的樂趣。

由演無法師帶領的「遊戲人生」,以拍賣會的情境,讓學員認識自己的想要與需要,也了解當無常來時,一切都不重要;而生命所遭遇的一切橫逆,都是值得感恩的逆增上緣。

有法青回饋,多位法師用心陪伴與分享,讓自己更能掌握方向與定位,也學會以坦然的態度面對任何因緣。

● 08.23～29

農禪寺啟建梁皇寶懺法會
大眾網路共修同精進

配合防疫措施,農禪寺梁皇寶懺法會首度不對外開放,全程透過網路直播。

北投農禪寺於8月23至29日啟建梁皇寶懺法會,因應疫情,首度不對外開放,全程透過網路直播。法會期間約有超過二十多萬人次參與線上精進共修。

首日下午,方丈和尚果暉法師到現場關懷,開示將拜懺之心實踐於日常與人對應的一言一行,修行身、口、意,杜絕惡性競爭,鼓勵大眾發大願,帶著利他之心,「願代眾生,受無量苦,令諸眾生,畢竟大樂」。

農禪寺監院果毅法師則強調「未來取決於現在」,指出佛法懺悔的功德,只要願意改往修來,不再造新殃,且確實去實踐,認真將「當下」可以努力的因緣做好,儘管未來有諸多無常的因緣,現在努力還是有希望改變未來。

法會期間,並安排三學研修院女眾部副都監果光法師說法,講說漢傳佛教的懺悔法門,包括漢傳佛教懺悔法門的源流、梁武帝與懺悔法門、天台宗與懺悔法門、禪宗禪師與懺悔法門、聖嚴師父與懺悔法門,提醒大眾,拜懺時應該收攝身心,時時覺察自己的起心動念,憶念過往的行為,才能真正發起至誠懇切的懺悔心。

考量海外疫情嚴峻，農禪寺特別將法會直播錄影多留存一天，讓不同時區的信眾同霑法喜。美國洛杉磯監院常悅法師表示，疫情期間透過網路參加梁皇寶懺法會共修，對海外信眾是一份珍貴的禮物。

儘管法會採線上共修，多年來於農禪寺禮拜《梁皇寶懺》的信眾，仍法喜充滿。有信眾表示，人類貪欲過重，這次疫病是一次轉機，藉此重新修正自己，拜懺則是修正心念的最好練習。也有民眾於臉書分享，透過網路直播法會，破除了時間與空間的限制，讓大眾能跨越國界、不分日夜，共同體驗法會的殊勝氛圍。

● 08.30

《本來面目》公益首映
聖基會監製聖嚴師父紀實電影

由聖基會監製、張釗維執導的聖嚴師父紀實電影《本來面目》，8月30日於臺北國賓影城舉辦首映會，包括方丈和尚果暉法師及表演工作者柯有倫、黃韻玲等，與七百多位民眾共同觀影。9月起，並於全臺公益放映。

方丈和尚致詞表示，聖嚴師父自寫下第一本書《正信的佛教》，即致力復興漢傳禪佛教，不斷透過教育、制

聖嚴師父紀實電影《本來面目》刻畫師父在困頓中仍心繫佛教、利益眾生的宏願與悲心。

度，落實佛教現代化；緬懷師恩、實踐師教，是這部影片最大的啟發。

全片以細膩、富禪意的手繪動畫揭開序幕，刻畫1979年寒冬紐約街頭，聖嚴師父與美國弟子相互照顧的情誼，年近「知天命」之年的師父，隨順時代因緣，成立東初禪寺，將禪法化為實用的教學，也播下日後成立僧團和開展中華禪法鼓宗的種子。

「聖嚴法師的生命歷程，就是一段段放下的過程。」片中透過口述旁白，引領觀影者深思，在不同的逆增上緣、與善知識的生命撞擊中，身為一位僧人，聖嚴師父如何開展利益佛教、眾生的生命方向。

聖基會董事長蔡清彥分享，《本來面目》看見聖嚴師父一生不斷學習成長，

放下自己，為佛教帶來創新，深受感動。

　　本片製作耗時兩年半，為了領略禪的境界，張釗維導演親自進禪堂打禪七，並在執導過程中觀照到堅持以紀錄片改變社會、改變世界的執著，明白「唯有放下，才能再提起」，也因此突破瓶頸往前持續邁進。

● 08.30～12.27期間

林口分會啟用系列講座
分享佛法的智慧妙用

常遠法師勉勵大眾學佛修行要及時，並強調廣結善緣的重要性。

林口分會新址8月啟用後，於8月30日至12月27日，每月週日舉辦「啟用系列講座」，共八場，接引大眾共同學習佛法的智慧日用。

　　其中，8月及9月的兩場講座，分別由僧團都監常遠法師、護法總會副總會長許仁壽主講。常遠法師以「廣結善緣，修學佛法」為主題，說明修學佛法的要義，勉勵大眾修行要及時且趁早。法師先以「須彌穿針」為喻，讓眾人體會「人身難得今已得，佛法難聞今已聞」，再以《雜阿含經》中的偈子：「明月汝莫出，待我斷其瓜，我持瓜去已，任汝現不現。」作為修行趁早的有趣啟示；法師提醒，宗教主要的功能，在於讓人增長智慧與慈悲，參與宗教活動時，應理智思考判斷，選擇與個人相應的團體。

　　許仁壽副總會長從「生活要快樂」、「生命有意義」、「生死皆自在」三個面向，主講「禪悅的人生」，分享自己生活的選擇，如同聖嚴師父開示的「需要的不多，想要的太多」，說明自己如何實踐「四要」，在職場時，每月布施收入的百分之二十，也沒有任何證券戶頭，只為了不給自己起貪心的機會。許副總會長期勉大眾，學佛即是理觀與事修，在職場與家庭中都可以運用佛法，不必等待退休再學佛。

　　有民眾表示，常遠法師、許仁壽副總會長生動有趣的分享，彷若心法的傳授，也更體會佛法的智慧與活用。

林口分會啟用系列講座一覽

時間	講題	主講人
8月30日	廣結善緣，修學佛法	常遠法師（法鼓山僧團都監）
9月13日	禪悅的人生	許仁壽（法鼓山護法總會副總會長）
9月20日	失智跟你想的不一樣	劉秀枝（失智症專科醫師）
10月11日	《維摩詰經》的智慧與生命實踐	常啟法師（法鼓山僧伽大學教務長）
10月25日	捕捉聖嚴師父的智慧行腳	張光斗（《點燈》節目製作人）
11月8日	轉個彎‧生命無限寬廣	陳月卿（資深媒體工作者）
12月13日	三生有幸‧生生平安	辜琮瑜（法鼓文理學院生命教育學程助理教授）
12月27日	慈悲喜捨種福田	果賢法師（法鼓山文化中心副都監）

● 09.05～06　09.12～13

祈願觀音池出坡禪
洗石洗心　心明淨

　　9月5日起連續兩個週末假日，百丈院進行法鼓山園區祈願觀音殿水池的出坡清洗活動，包括洗石、曬石、刷池壁、擦池底、鋪石等作業，共有六百三十多位民眾以及義工參與。

　　帶領義工出坡的果耀法師，勉勵大眾，莫忘洗石洗心的感受，時時保持心地明淨；法師也以池石的擺放必須視相鄰石頭的大小形狀來決定，相互和合，才能成就整體之美，提醒行事要多考慮周遭的因緣條件，才能讓事情圓滿。

　　來自不同背景、年齡大小不一的義工們一起出坡，沒有吵雜喧嘩，各司其職、合作無間地完成所分配的工作。一位參與洗石活動多年的義工表示，疫情期間上山洗石，分外珍惜這份機緣；希望藉由洗石出坡，讓上山參訪的民眾，來到明淨池水邊，能見水淨，心自淨，洗淨滿心塵埃。

清洗祈願觀音殿水池出坡，義工洗石洗心兩清淨。

● 09.05～12.26期間

「快樂學佛人」全年開辦五梯次
大眾輕鬆踏出學佛第一步

新店班的學員們，與法師面對面，歡喜來上「快樂學佛人」。

接引社會大眾掌握學佛入門和次第的「快樂學佛人」系列課程，9月5日起，陸續於護法總會林口、新店、板橋、重陽等四處分會，以及臺北安和分院展開，各地學員歡喜重回分寺院、分會，與法師面對面上課。

系列課程分為三堂，內容分別是：一、認識三寶──認識皈依三寶的意義、認識法會共修；二、認識法鼓山──走入法鼓山、認識禪修；三、踏上學佛之路──認識佛學課程等，含括學佛基礎、心靈成長、如何做一個佛教徒，以及實際參與學佛行儀演練、出坡禪等。

許多學員分享表示，透過「快樂學佛人」課程，才真正對佛法、佛門行儀有了基本的認識，進而學習到佛陀的慈悲與智慧。

● 09.06～2021.09.12期間

福田班2020年開辦五班次
學員開展服務奉獻的福慧人生

學員於福田班課堂上，分享學習心得。

普化中心於9月6日至2021年9月12日期間，在蘭陽分院、臺南分院、基隆精舍，以及護法總會新店、林口兩處分會，舉辦聖嚴書院「福田班」義工培訓課程，全年共開辦五個班次，接引大眾共同學習實踐服務奉獻的福慧人生。

「福田班」每個月上課一

次，共有十次課程，近五十門課程內容，系統而完整地介紹法鼓山的理念、組織、運作，以及禪修、法會、念佛等修行法門，並安排學員前往各分支道場觀摩或參與共修，帶領學員認識並實踐法鼓山理念，奠定學佛基礎。

課程設計結合義工的實際作業，不僅上課期間必須輪流出坡，協助齋清與善後，課後也要參與各會團活動，進而在奉獻服務的過程中，實踐自利利他的萬行菩薩精神。

● 09.12

寶雲寺生死關懷座談會
如何有備無懼迎面生死

9月12日，臺中寶雲寺舉辦專題講座，邀請員榮醫院副總院長吳怡昌、臺中榮民總醫院志工隊隊長張寶方，與退居方丈果東法師，座談「有備無懼迎面生死——傳統智慧的生死關懷」，由文化中心副都監果賢法師擔任主持人，共有兩百二十多人參加。

對於死亡，三位與談人都有深刻的體驗。出家後，長年擔任助念團輔導法師的退居方丈分享，想超越生死，需有佛法的因緣因果觀，「活著時候盡責活，走時才能灑脫道別。」退居方丈表示，很多年紀大或生重病的人，都會希望趕快離世，他都會給予「珍惜每一口氣，活在當下」的祝福勉勵。

退居方丈果東法師（左二）、吳怡昌醫師（右二）、張寶方（左一）對談善生好死的智慧。右一為主持人果賢法師。

吳怡昌醫師說明醫學是講求實證的科學，習醫時被訓練「斷念」，以避免影響下一位病患；學佛後，了解佛法以因果觀看待生命，也體會醫生無法掌握生死，只能盡己所能，學習更謙卑地面對生命。張寶方強調，幫助他人的時候，有正向的思惟、盡心投入，自己才會有力量；並分享許多個案在面對死亡時，都會對許多事深感遺憾，所以最好在往生前，做好交代及和解。

有近八十歲的聽眾分享，十餘年前罹患重病，走過了生死關頭，病癒後開始學佛、當義工，建立正知正見，讓他努力活下去，更了解培福修慧的意義，為未來儲存資糧。

● 09.12 11.07

法鼓青年開講
向社會傳遞善念夢想

林子竣（左）鼓勵每位追夢的人，持續以熱血、冒險的精神實現夢想，傳遞善念。

高雄紫雲寺於9月12日及11月7日舉辦「法鼓青年開講」，分別邀請SALU工作室創辦人林子竣、芒草心慈善協會社工李佳庭主講，鼓勵以行動力落實善念夢想，讓社會更美好。

林子竣於「在夢想能當飯前，我先吃麵」講座中，說明大學畢業前便決定創業，自稱是「吃麵青年」，創立工作室前，因大四畢業專題規畫了一系列公益議題，其中一項企畫是與兩位夥伴以「街友」身分環島，嘗試融入他人的生活，也在旅程中，與許多不同身分的人對話；之後以影像記錄親身體驗，以平等的視角與他人互動。林子竣強調，雖然沒有真正的感同身受，但仍應抱持慈悲與智慧的心念，同理他人、關心生活周遭微小的人、事、物，持續為社會注入正向的力量。

「你不知道的遊民生活」講座，李佳庭透過影片，介紹街友一日的生活，破除對街友的迷思；也講述社會結構、個人因素等原因，了解成為無家者的原因，指出在大眾擔憂的同時，連結社會資源，陪伴無家者脫離流浪走向自立之路的重要性。

有法青表示，兩場講座，鼓勵自己望向社會的幽微角落，關懷弱勢，傳遞善念與夢想。

● 09.12～26期間

果醒法師講《楞嚴經》
期勉實踐經典智慧

藉由出版《楞嚴禪心》一書的因緣，禪修中心副都監果醒法師分別於9月12日、13日、25日及26日，在臺南分院、高雄紫雲寺、桃園齋明別苑、臺東信行寺講授《楞嚴經》，分享多年研讀祖師大德註解，及禪修三十餘年的體悟。

果醒法師講《楞嚴經》。圖為於齋明別苑的分享。

果醒法師講析我們的「真心」與「佛性」完全一樣，具有見聞覺知的功能，一般人卻認為能見的是眼；能聽的是耳；能嗅的是鼻；能嘗的是舌。但這些都是心的功能，甚至能判斷、歸納、分析，堪稱是心的「河沙妙用」；「真心」也是「無位真人」，不在任何一個地方，但能思考辨別。

法師強調「見性無雜」與「見性不分」均講佛性不是物，也不離物，兩者是禪宗祖師的指南。提醒從觀念知見著手，認清顛倒見，再配合禪修，放下攀緣心，直到心不住相，能所雙亡，真正體驗到行解相應的實證知見。

果醒法師指出，修行力與業力，往往此消彼長，生處轉熟，熟處轉生，期勉大眾學佛要在實踐面運用經典的智慧，學習在生滅現象中廣度眾生。

● 09.16

2020剃度大典園區舉行
新戒法師誓擔如來家業

僧團於9月16日地藏菩薩誕辰日，在法鼓山園區大殿舉行剃度典禮，由方丈和尚果暉法師擔任得戒和尚、退居方丈果東法師擔任教授阿闍梨，與副住持果醒法師等七位執剃阿闍梨為九位求度者剃度，在三百多位家屬親眷及義工的觀禮祝福下，圓滿受沙彌、沙彌尼戒等出家儀式。

「進入如來之家，荷擔如來家業。」圓頂及受戒儀式之後，方丈和尚期許新戒法師，要將一切的眾生當作自己的親眷，並以「戒、定、慧」三學接引眾生；提醒新戒法師，時時提起「大悲願心」，付出耐心、苦心、毅力，做一位

盡心盡力弘法利生、自度度人的出家眾。

退居方丈則恭喜九位新戒法師開展「新僧命」，鼓勵新戒法師們勿忘「肉體的生命無常，應當珍惜生命，做有意義的事。精神的生活無限，重在安頓身心，健全圓滿人格。智慧的生命

方丈和尚果暉法師、退居方丈果東法師、果醒法師（左起依序）為求度者披剃。

無盡，學習六度萬行，福慧自在雙運」。

多位俗家親友們感受新戒法師的轉變，衷心表示讚歎，未來也將護持新戒法師在新僧命的道路上，住持正法、利益眾生。

16日剃度大典前，僧大先於14至15日於園區祈願觀音殿舉辦剃度大悲懺法會，邀請俗家親眷及社會大眾以法會共修，祝福新戒沙彌、沙彌尼。

● 09.18～20

青年院舉辦社青禪修營
學員學習以利他心快樂工作

青年院於9月18至20日，在北投雲來別苑舉辦社青禪修營，由演寶法師擔任總護，共有六十七位青年學員參加。

禪修課程從基礎調身開始，引導體驗禪坐、經行與鈔經，學員從緊繃、疲累和散亂中，逐漸轉為柔軟、放鬆且專注。演寶法師說明，練習全身放鬆，就是在使用方法，放鬆後呼吸自然而然會出現，無須刻意找尋；只要清楚知道各部位的細微變化，就是體驗活在當下，學習做心的主人。

課程特別規畫「快樂的成功者」講座，邀請悅眾張允雄和魔術師陳日昇跨領域交流，各自從生命故事與專業

青年學員聆聽魔術師陳日昇（右）、悅眾張允雄（左）分享帶著利他的初心，努力堅持就有好收穫。

知識，引導學員善用優勢天賦、以智慧面對困境，積極拓展人生方向，尋找利他的可能性，成為兼具快樂與成功的人。

陳日昇受邀登上鑽石公主號郵輪表演，未料因突來疫情被迫與三千多名旅客於船上隔離近二十天，但仍能盡最大的工作熱情，透過Youtube 頻道以每日一魔術表演，安定同船旅客的身心。陳日昇分享，魔術表演難有穩定收入，但若帶著「利他」的初心，加上努力堅持，往往會有意想不到的美好收穫。

張允雄也進一步指引青年，可以從「工作本身的意義」、「自身的優勢」、「快樂的獲得」三面向去尋求最大交集，針對不足處做調整，並熱切珍惜每個當下，把握因緣，最後一定會在步步努力中趨近成功。

禪修營圓滿前，寺院管理男眾副都監果器法師到場勉勵學員，把握青年的時光努力，隨時練習將順境、逆境視為學習的好因緣。

● 09.19～20

雲嘉南信眾園區朝山
果醒法師帶領體驗月光禪

臺南分院於9月19至20日，於法鼓山園區舉辦朝山活動，由監院常宗法師帶領，共有三百多位雲林、嘉義及臺南地區民眾參加。方丈和尚果暉法師關懷時，分享三三二二念佛心法，並以省電模式為喻，學習以默照禪應用於生活中，遇到任何人、事、物，不給形容、不給名字、不做比較，落實心靈環保。

19日晚間，由禪修中心副都監果醒法師帶領體驗月光禪，法師藉由「觀星」的取相，切入《楞嚴經》的「影」、「響」；從而指引修習忍辱波羅蜜，體會「沒有折磨我的外境，沒有被折磨的我」，期勉大眾不要「拔箭自射」，避免「用記憶修理自己」。

20日清晨朝山前，監院常宗法師提醒以感恩心、慚愧懺悔心、慈悲心、願心、菩提心朝山。常住法師們帶領大眾隨著「南無觀世音菩薩」聖號，三步一拜，眾人合十赤腳前行，以恭敬心頂禮大地，淚水、汗水，與雨水交織成安定的法喜。

早齋後，由退居方丈果東

雲嘉南信眾於法鼓山園區朝山，淚水、汗水，與雨水交織成安定的法喜。

法師開示「朝山禮拜觀音行」及「心靈環保六要領」，期勉大眾「在眾生中，學做觀音；學觀眾生，是我觀音」，將朝山精神應用在日常生活中，隨時修正自己身、口、意行為，心如止水、積極行願。

● 09.19～12.19期間

蘭陽分院心靈防疫講座
探索健康心課題

楊孟達醫師說明身體的疾病是警報器，潛意識透過疾病來提醒我們要超越對立。

9月19日至12月19日，蘭陽分院於週六舉辦三場「培福有福」系列講座，主題是「心靈防疫幸福三覺招」，計有五百人次參加。

首場邀請身心科醫師楊孟達主講「疾病的希望」，檢視疾病與內在性格的關係，進而從疾病中覺察和調整自我，舉出多種疾病的實例，引導認識各項常見疾病所傳達的心理訊息，譬如：無法解決衝突問題，向內攻擊便形成胃潰瘍；處於恐懼當中，就容易腹瀉；氣喘則顯現胸部緊繃，代表與世界隔離、對外界敏感的反應，若能拋開追求完美的心態，不渴求他人的讚美，不壓迫自己，才能遠離疾病；更可以透過症狀試著與疾病對話，找出疾病的源頭，覺察潛意識裡未被滿足的需求，藉由承認、接納、整合這些需求，疾病才能被轉化和療癒。

10月17日的講座，邀請臺灣師範大學特殊教育學系副教授劉秀丹主講「幸福，好好聽、好好說」，指出說話是幸福的重要來源，大家注重飲食健康，而說話就是心靈的食物，諷刺、謾罵都是有毒食物。講座中，劉老師分享有效溝通三要素：諦聽、愛語、真誠實在，透過好好聽、好好說，創造幸福和諧的人際互動。

中央大學認知神經科學研究所榮譽教授洪蘭在12月19日「快樂，自己製造」講座中，說明快樂與否取決於心態，學習用正向的想法取代負面思考，改變對事情的看法，快樂的掌控權就在自己手中。

有民眾回饋表示，講座引導大眾從健康、溝通、快樂三面向，學習調和自我身心，開啟內在的智慧。

● 09.26～12.26期間

果慨法師弘講高僧傳
學習高僧行儀與悲願

9月26日至12月26日，臺中寶雲寺週六舉辦「與願同行——高僧傳」系列講座，由弘化發展專案召集人果慨法師主講，介紹佛法人間化的佛陀、大乘化的龍樹大師、正信化的鳩摩羅什、本土化的智者大師、普及化的惠能大師

果慨法師於寶雲寺講「高僧傳」。

與現代化的太虛大師，以及實踐化的聖嚴師父之行儀，共七堂，每堂皆有逾三百人參加。

果慨法師首先說明課程緣起，當年剛出家時，聖嚴師父不希望僧眾讀太多經典，但是鼓勵閱讀高僧傳。法師分享閱讀高僧傳，就會找到相應的祖師大德，進而效法；而在閱讀的過程中，幾乎都可看到《法華經》的經文，因而找到自己的學習方向。期勉學員，學習佛陀的方向和方法，才能與佛走在同一條路上，人格才能圓滿。

首堂課程中，法師介紹佛法人間化的第一位高僧——佛陀，認識佛陀的家族背景、地理環境、婆羅門教信仰、聖典《奧義書》等；佛陀度化不同弟子的故事，更是佛法人間化的典範，「佛法在人間，對象以人為主」，佛陀晚年遭逢提婆達多背叛、釋迦族滅亡，仍展現出慈悲與智慧，啟發我們領會「淨土」的意義，不是什麼都沒發生，而是發生任何事，都能保有慈悲與智慧。

有學員分享，法師從高僧傳帶入，更能了解修行的法門及法脈；而與大眾共同聆聽課程、親近善知識，也加深了學佛的信心。

● 09.27

信行寺慶中秋
以禪一為團圓增添法喜

9月27日中秋節前夕，臺東信行寺舉辦禪修活動，接引大眾與法團圓。

白日的禪一，由常澂法師擔任總護，從動禪漸次安定身心，禪眾各自上坐，

信行寺舉行禪一，由果醒法師開示禪法心要。

身影安穩；引磬聲響，稍事按摩舒緩後，禪修中心副都監果醒法師開示禪法心要。果醒法師提醒，面對打坐時的疼痛，不討厭、不排斥；妄念來時，不抗拒、不隨往；打坐時的妄念及疼痛，其實都是修行。

果醒法師期許禪眾「解行並重」，持續「另一炷香」，即使在下坐的引磬聲後，依然保持攝心，猶如是打坐的第二炷香；若使不上方法時，可將聖嚴師父教授的「四它」，運用在修行，耐心用功，放鬆身心，就不會因一時的不得力，而感受挫折。

晚間進行中秋睦鄰晚會，邀請鄉親回到心靈的家團圓，活動內容包括猜謎、團康遊戲、剝柚子比賽，以及馬嗌部落和悅樂烏克麗麗樂團的音樂演奏。果醒法師也介紹佛法中的蘊樂、定樂和解脫樂；當樂聲停止，表演結束，聽到、看到、感受到的快樂，也隨之消失，若能學習運用佛法，就能得到最極致的快樂。因應秋節氛圍，法師也以「月光禪」領眾學習放鬆，體驗禪修心法。

● 09.27　10.01～02

蘭陽分院中秋共修《法華經》
月圓與佛菩薩團圓

中秋月圓人團圓，更要與法團圓，蘭陽分院10月1至2日舉辦《法華經》共修，由監院常法法師帶領，近九十位信眾齊聚共誦，為親人眷屬祈福超薦，也淨化自己的心靈。

兩天的法會，包括靜態的誦經、講經，也有動態的繞

蘭陽分院於中秋節共修《法華經》，與佛菩薩團圓。

壇。法師勉勵大眾，不論是否了解經文，只要放鬆身心，專注誦經，自然喚出本具的覺性，進而帶動生命逐漸「覺醒」；並以洗米煮飯來比喻，只要將米洗

好放在電鍋裡，插上電源，不需在旁邊喊「米要趕快熟」，生米自然慢慢變成熟飯。

法會前，蘭陽分院先於9月27日舉辦「《法華經》概說」講座，由常法法師講解「經中之王」所傳遞的大乘佛法精神，法師開示「十如是」的義理，點出佛與眾生之所以覺、迷殊異，就在於是否了解諸法如是「相、性、體、力、作、因、緣、果、報、本末究竟」等。「十如是」即「世間的現象就是這樣」，但眾生常加入自己的偏見，以致如同瞎子摸象，只能看到部分，無法如佛看到完整的大象。如能試著淡化自我，練習穿透外在表象，多了解整體脈絡、前因後果，自然比較能夠「面對、接受、處理、放下」。

● 09.30～12.30期間

人基會舉辦培福有福心靈講座
講析照護自他之道

9月30日至12月30日，人基會每月最後一週週三於臺北德貴學苑舉辦2020「培福有福心靈講座」，引導大眾認識自他照護之道，共有三百五十多人次參加。

首場邀請衛生福利部國民健康署副署長賈淑麗，

賈淑麗副署長以聖嚴師父「身在公門好修行」的開示自我勉勵，為便民利民著想。

演講「公門與初心」，說明以聖嚴師父「身在公門好修行」的開示自我勉勵，只要盡心盡力，洞察民心，常為便民利民著想，身為公務員仍能行善積德，並分享喚醒動力的四個開關：疲累時善待自己、困境時先想辦法而非先抱怨、想像目標達成時的喜悅、適時調整工作目標。

禪堂板首果興法師於10月的講座中，以《佛說大乘稻芉經》中的水稻來闡述因緣法，水稻成長是由種子到發芽長莖梗，最後開枝散葉到結穗成果，期間經歷各種階段缺一不可，就像各種緣法的聚集，來成就一個事物的圓滿。法師期勉大眾，時時提起修行菩薩道的初發心，不執著自我而助益眾生，人間淨土的實現並非遙不可及。

最後一場講座，由僧大副院長常寬法師分享以自然和諧與平衡的方法，做好身防與心防。法師說明，和諧的層次，首先是內心的和諧，即是前後念的和

諧；其次是與外境的和諧，面對環境裡的人、事、物，不起對立、分別；進一步體驗自己與大自然環境的融合，珍惜一切自然資源，愛護整體環境；最終則是超越個人小我和整體環境的大我，成就自在。

2020 人基會「培福有福心靈講座」一覽

時間	講題	主講人
9月30日	公門與初心	賈淑麗（衛生福利部國民健康署副署長）
10月28日	身心——淨土的生命故事	果興法師（法鼓山禪堂板首）
11月25日	挽救您的心	蔡建松（國防部軍醫局副局長）
12月30日	自然、和諧、平衡	常寬法師（法鼓山僧伽大學副院長）

● 10.01

《法鼓全集》2020紀念版整編出版
完整集結聖嚴師父法身舍利

　　歷經十年，全面重新校對、整理、編輯，法鼓文化於10月1日出版《法鼓全集》2020紀念版，全套一百零八冊，完整收錄聖嚴師父的法身舍利。

　　紀念版《法鼓全集》共分九輯，包括：教義論述、佛教史、文集、禪修、佛教入門、自傳遊記、經典釋義、生活佛法、理念願景等九大類，其中舊版第九輯原為「外文著作類」，紀念版暫未收入，改為「理念願景類」，收錄聖嚴師父致力推廣漢傳佛教、全面提倡人間淨土理念的相關文稿。

　　著作等身的聖嚴師父，年輕時即發願，要將佛法化為淺顯易懂、切合日用的文字，與時代接合，讓人人都受用。《法鼓全集》可說是師父發願行願的具體實踐，不僅傳達佛法的智慧，提供現代人安身立業、學佛修行的指引，也是師父推動法鼓山理念、弘揚漢傳佛教的歷程與成果。

《法鼓全集》2020年紀念版完整保存聖嚴師父的法身舍利。

展讀聖嚴師父智慧無盡藏
《法鼓全集》2020 紀念版出版

在眾人引頸期盼下，經過全面重新校勘、整理與編輯的《法鼓全集》2020 紀念版，於聖嚴師父圓寂十年後出版發行。對於當代漢傳佛教的思想與弘化，以及法鼓山教團的未來發展，可說意義深遠。

《法鼓全集》是集結聖嚴師父畢生聞思修證、內學外弘的著作，自 1994 年首次發行七輯四十一冊後，歷經三次改版重編，前兩次出版時間為 1999 年二版調整架構，擴增為九輯七十冊；2005 年續編增補為一百零二冊；2020 年紀念版定稿為九輯一百零八冊。

續佛本懷 回應大眾不同需求

聖嚴師父一生筆耕不輟，集結其所有著作的《法鼓全集》，觸及與深入的層面廣泛，如師父於 1993 年初版的《全集》自序中所言：「是一套通俗性、學術性、實用性、時代性、人文性的佛學叢書，既是理論的，更是實踐的；既是知識的，也是趣味的。」

這套猶如「現代佛學寶庫」的鉅作，成書背景固然是一般人所熟知，出於聖嚴師父與人分享佛法的願心；深入探究，更有師父回歸佛陀本懷、度化眾生的悲心深願。

不同於歷代祖師身處的傳統社會，聖嚴師父所處的二十世紀，是一個歷經天災、戰亂、傳統文化衰頹、西方文明擴張、科技與資訊日新月異的時代。面對多元的現代社會，師父寫下各種讀者所需的佛法，在《法鼓全集》裡，有學術類著作，提供有研究需求的讀者；有佛教史、佛教入門書籍，滿足想認識佛教的民眾；有禪修、生活佛法類，獻給希望調適生活、平衡身心的現代人，乃至出家僧眾、在家信眾所需的指導與開示，都包含其中。

《法鼓全集》面向廣大多樣，因應需求各異的讀者群，深具佛法平等普施、有教無類的攝化精神，也體現聖嚴師父的生命情懷。從佛教弘化史面向而言，更是一位漢傳佛教比丘，努力讓佛法現代化、大眾化、實用化的實踐結晶。

弘揚師志 開展佛教弘化未來

《法鼓全集》2020 紀念版的出版，緣於聖嚴師父生前指示，希望為舊版《全集》重作校勘、修訂疏漏、增補未收篇章。相較先前已發行的初版、二版和續

完整收錄聖嚴師父一生著作的《法鼓全集》2020紀念版，全套共一百零八冊（含一冊目錄）。

編，2020紀念版內容更加具足；編輯上，除了遵循師父生前的指示，為書中所有引用的內外典籍文句、資料等，標註來源出處，以利大眾閱讀和研究，同時也在前版的架構上，調整分類篇目，其中新增輯別「理念願景」，尤其值得關注。

第九輯「理念願景」收錄《法鼓山的方向》、《承先啟後的中華禪法鼓宗》、《法鼓山故事》等書，皆為聖嚴師父於1989年創辦法鼓山教團之後而來。當中，六冊重新整編的《法鼓山的方向》，被喻為「建設人間淨土的指南」，由編輯小組訂定為理念、創建、弘化、關懷、護法鼓手、萬行菩薩等六大主題，作為法鼓山四眾弟子學法、護法、弘法的依歸，也如實呈現師父對法鼓山發展的定位與期許。

佛陀滅度後，弟子以戒為師，佛教得以維繫不墜；聖嚴師父圓寂後，四眾弟子依循的，即是全方位保留創辦人理念、願心的《法鼓全集》，從「理念願景」的編整，可見編輯《全集》對於傳承師志、弘揚漢傳佛教這份使命的承擔與創新。

聖嚴師父畢生的弘法步履，皆與當代社會的脈動連結，每本著作都是修行的體會、生命的智慧，更是建設人間淨土理念的傳揚。《法鼓全集》2020紀念版以現代人的語言，所傳達的佛法智慧，猶如「現代佛學寶庫」，更宛若無形的安定力量，在險峻的現實環境中，提供安身立命的指引。

第一輯・教義論述類 6 冊

聖嚴師父著力最多

1 《明末佛教研究》
2 《大乘止觀法門之研究》
3 《戒律學綱要》
4 《比較宗教學》
5 《基督教之研究》
6 《菩薩戒指要》

第二輯・佛教史類 3 冊

最精要宏觀的視野

1 《印度佛教史》
2 《西藏佛教史》
3 《日韓佛教史》

第三輯・文集類 11 冊

最能保存當代佛教史實

1 《學術論考》
2 《神通與人通—宗教人生》
3 《教育・文化・文學》
4 《留日見聞》
5 《書序》
6 《評介》
7 《致詞》
8 《明日的佛教》
9 《我的法門師友》
10 《漢藏佛學同異答問》
11 《文集》

第四輯・禪修類 18 冊

最具現代化的禪法書

1 《禪門修證指要》
2 《禪門驪珠集》
3 《禪的體驗・禪的開示》
4 《禪的生活》
5 《拈花微笑》
6 《禪與悟》
7 《心的詩偈—信心銘講錄》
8 《禪的世界》
9 《禪鑰》
10 《禪門》
11 《聖嚴說禪》
12 《公案一〇〇》
13 《動靜皆自在》
14 《神會禪師的悟境》
15 《聖嚴法師教禪坐》
16 《聖嚴法師教默照禪》
17 《聖嚴法師教話頭禪》
18 《禪的理論與實踐》

第五輯・佛教入門類 10 冊

最受讀者歡迎及喜愛

1 《佛教入門》
2 《正信的佛教》
3 《學佛群疑》
4 《學佛知津》
5 《律制生活》
6 《聖者的故事》
7 《念佛生淨土》
8 《漢傳佛教的智慧生活・佛法的知見與修行》
9 《聖嚴法師教觀音法門》
10 《聖嚴法師教淨土法門》

第六輯・自傳與遊記類 16 冊

最具趣味性

1 《歸程》
2 《法源血源》
3 《佛國之旅》
4 《金山有鑛》
5 《火宅清涼》
6 《東西南北》
7 《春夏秋冬》
8 《行雲流水》
9 《步步蓮華》
10 《空花水月》
11 《兩千年行腳》
12 《抱疾遊高峰》
13 《真正大好年》
14 《五百菩薩走江湖—禪宗祖庭探源》
15 《聖嚴法師學思歷程》
16 《美好的晚年》

第七輯・經典釋義類 15 冊

深入淺出的釋義詮解

1 《心的經典—心經新釋》
2 《福慧自在—金剛經講記與金剛經生活》
3 《修行在紅塵—維摩經六講》
4 《48個願望—無量壽經講記》
5 《智慧一〇〇》
6 《探索識界—八識規矩頌講記》
7 《自家寶藏—如來藏經語體譯釋》
8 《絕妙說法—法華經講要》
9 《天台心鑰—教觀綱宗貫註》
10 《菩薩行願—觀音、地藏、普賢菩薩法門講記》
11 《三十七道品講記》
12 《佛法綱要—四聖諦、六波羅蜜、四弘誓願講記》
13 《佛陀遺教—四十二章經、佛遺教經、八大人覺經講記》
14 《華嚴心詮—原人論考釋》
15 《觀音妙智—觀音菩薩耳根圓通法門講要》

第八輯・生活佛法類 16 冊

最生活化的佛法應用

1 《法鼓鐘聲》
2 《叮嚀》
3 《是非要溫柔—聖嚴法師的禪式管理學》
4 《人行道・平安的人間》
5 《台灣，加油》
6 《人間世》
7 《歡喜看生死》
8 《找回自己》
9 《從心溝通》
10 《方外看紅塵》
11 《真正的快樂》
12 《覺情書—聖嚴法師談世間情》
13 《工作好修行—聖嚴法師的38則職場智慧》
14 《放下的幸福—聖嚴法師的47則情緒管理智慧》
15 《生死皆自在—聖嚴法師談生命智慧》
16 《帶著禪心去上班—聖嚴法師的禪式工作學》

第九輯・理念願景類 12 冊

道風思想與實踐指導

1 《法鼓山的方向：理念》
2 《法鼓山的方向：創建》
3 《法鼓山的方向：弘化》
4 《法鼓山的方向：關懷》
5 《法鼓山的方向：護法鼓手》
6 《法鼓山的方向：萬行菩薩》
7 《承先啟後的中華禪法鼓宗》
8 《人間淨土》
9 《法鼓山故事》
10 《法鼓晨音》
11 《法鼓家風》
12 《法鼓道風》

● 10.03～10

信行寺舉行禪七
疫情後首場中階禪修活動

禪眾於戶外禪坐，以放鬆的身心來用方法。

10月3至10日，禪堂於臺東信行寺舉辦中階禪七，由演揚法師擔任總護，共有六十二位禪眾參加。

禪期全程觀看聖嚴師父的開示影音，師父勉勵禪眾，中階禪七著重止觀，以及從止觀進入中觀、話頭、默照的方法指導，不會特別提到數息，但禪修仍需從基本的放鬆、數息來練習。師父還說明，禪宗的法門就是大乘的法門，非常重視菩提心，發菩提心才能消融自我中心，與無我的空性相應。而發菩提心的人，正如《華嚴經》所言：「初發心時，便成正覺」，已經走在成佛的道路上。

除於禪堂內禪坐，總護法師並帶領禪眾於戶外經行、打坐，以放鬆的身心來用方法，如用扇捕羽，體驗安定。

解七當日，總護法師藉由畫圖活動，引導禪眾體驗即使是相同的事物，每個人的認知及想法都不同，因此對他人的想法要有包容的空間；也期勉除了在禪堂內用方法，更要讓生活中，處處都是可以用方法的禪堂。

● 10.03　10.24　10.30

青年院生活禪工作坊
果醒法師帶領鍊心工夫

10月3日、24日及30日，青年院於臺北德貴學苑舉辦「生活禪工作坊」，由禪修中心副都監果醒法師帶領，共有八十多位學員參加。

果醒法師指出，山河大地、色相、感受、夢境等都是因緣和合的現象，如海上波浪，波浪會起伏，也會消失，不動的心是海水，而海水不會消失；所有的煩惱都來自於「取相」，凡夫不斷著相，於是在現象中流轉輪迴。法師以「心中的媽媽不是媽媽」，說明記憶與感受並不真實，唯有「鍊心」才能不「認物為己」、「拔箭自射」，慢慢放下心中執著的人、事、物。

法師也播放投影照片，包括影壇巨星、可愛的幼童、骨瘦如柴的饑荒者、垂死的病人等，順著學員的驚呼或嘆息反應，果醒法師引導思考並表達感受（苦

或樂）與心態（合意或不合意），接著帶領打坐，提醒學員專注於鼻端呼吸的出入，全身逐步放鬆。十分鐘後，再次觀看相同的數張照片，此時僅用百分之十的心力觀看，將百分之九十的注意力回到身體，延伸打坐時的平靜狀態，先前的驚呼與嘆息都明顯減少。

果醒法師帶領「生活禪工作坊」學員學習以不同層次的禪修，讓身心保持寧靜與安定。

果醒法師解析打坐就是一種「鍊心」的方式，透過禪修安定身心，外境的刺激自然也就變小，生活能比較輕鬆自在；凡夫都有「主體」與「客體」的錯覺，但禪修是內外合一的過程，最終則是自我消融，妄念一生起，看著它來，看著它走，不隨之起舞，就是基本的生活禪。

有學員分享，法師善用妙喻，帶領回到禪修的根本，一切都是自我認知所產生的種種形象，會練習法師所指導的「幫討厭的人找五個優點」、「移花接木」等心法，學習轉化情緒。

● 10.04

社大創立十八週年
新書發表會回顧辦學歷程

10月4日，法鼓山社大於臺北德貴學苑舉辦《乍回頭　那燈火闌珊處——法鼓山社會大學的光合作用》新書發表會，包括方丈和尚果暉法師、校長曾濟群，共有一百多位講師及學員參加。

曾濟群校長表示，聖嚴師父於2002年指示興辦法鼓山社會大學，回想當年，師父在北投農禪寺會客室召開「法鼓山社會大學籌備會議」時的燈火，就如同師父所傳遞的溫暖光輝，因而將書名定

社大出版新書，傳遞聖嚴師父教育精神的光輝、講師致力教學的光華，以及專職用心付出的光彩。

為《乍回頭　那燈火闌珊處——法鼓山社會大學的光合作用》。

為新書作序的方丈和尚，特別感謝社大長期以心靈環保理念推動辦學，秉持服務奉獻和自我成長的精神利益大眾。方丈和尚並帶來幾幅參加法鼓山社大水墨畫課程時的畫作，與現場學員分享在社大學習的成果。

新書主編潘煊分享，此書是首次同時擔任主編與作者，是很特別的經驗；也解說書中的精神、架構和內容，希望呈現社大傳遞聖嚴師父精神的光輝、講師致力教學的光華和專職用心付出的光彩，以報師恩。

發表會中，有講師帶領一家三代領銜主演「巡禮社大」行動劇，演出社大從金山、大溪、臺中、北投、新莊到德貴學苑六個校區的成立和特色，還有義工扮演成小販發送在地產品，生動活潑又逗趣。

活動圓滿前，社大並準備「光合作用袋」致贈給現場來賓，象徵終身學習如植物行光合作用般，吸收新的能量與養分不斷成長，讓生活更加幸福。

● 10.06

方丈和尚解析2021年幸福密碼
以慈悲心待人　以智慧心安己

方丈和尚果暉法師（左）接受主持人張光斗（右）專訪，解析2021年幸福密碼。

方丈和尚果暉法師於10月6日，應人基會與國立教育廣播電台共同製播的《幸福密碼》節目之邀，分享面對後疫情時代下的新常態（New Normal）及從事社會關懷的態度與方法，訪談內容並於2021年元旦當日播出。

方丈和尚說明，疫情是全人類的共業，必須虛心接受果報，並慚愧及懺悔，「危機就是轉機，只要願意改變，就能在共業中，找出人生的積極與希望。」例如近期出國人群銳減，交通排廢量驟降，海龜上岸產卵數也大幅提昇，地球因此恢復了生機。建議大眾時常開啟「省電模式」，避免讓每日超載的疫情資訊，消耗過多的心力與體力。

當主持人問及在弘法歷程中，如何進行病與死的關懷時，方丈和尚表示，「保持同理心」就能體諒對方面對病、死之苦時的負面情緒跟行為；關懷重症病患或臨終者，盡力陪伴及傾聽就能安定對方身心；也要善用信仰的力量，鼓勵對方將疾病交給醫生，將心交給信仰；最重要的是「尊重對方」，在承受病與死亡時，仍能保有身為人的尊嚴。

方丈和尚期勉大眾，疫情帶來病與死的苦難，卻也是學習慈悲與智慧的因緣，利益他人便是成長自己，經常「說好話，做好事」，即是平安自在的幸福密碼。

10.07～12.09期間

紫雲寺舉辦生活講座
許永河主講《四十二章經》智慧生活

許永河教授於紫雲寺講《四十二章經》的智慧生活。

10月7日至12月9日，高雄紫雲寺週三舉辦生活講座，邀請成功大學經濟系教授許永河主講「《四十二章經》的智慧」，分享如何將經典中的觀念融入日常生活，轉化煩惱，有近一百人參加。

凡夫煩惱的根源在哪裡？許永河教授表示是「我執」，因為有「我」的執著，所以產生對立，進而衍生貪、瞋、癡等造作。人們常因最初的一念執著，而產生分別煩惱，卻又拿這個結果來修理自己。雖然境界已過去，但人們仍為它所苦，不知「我」的執著與分別，是所有苦惱的根源，這時就要運用方法修行，才能出離煩惱。

許永河教授勉勵學員，將聽聞的觀念用在生活中，經常自我反省、修正行為，並內化成行為的一部分，學習用佛法的智慧消融自我，放下對境界、對自我的執著，便是放自己一條生路。

10.11

文山分會新會址啟用
方丈和尚期勉推動佛法、關懷社區

文山分會位於景興路的新址啟用，方丈和尚感恩歷任召委及所有信眾盡心盡力，一路護法弘法。

10月11日，護法總會文山分會舉辦新址灑淨啟用典禮，包括方丈和尚果暉法師、護法總會總會長張昌邦到場祝福，有近四百人參加。

灑淨儀式於〈楊枝淨水讚〉中展開，在信眾恭敬誦念〈大悲咒〉和《心經》的音聲中，主法常遠法師及悅眾代表出位，將大悲水遍灑分會每一處，祈請諸佛菩薩慈悲護念，引領信眾續佛慧命。

「你們是不是觀世音菩薩的化身？」

「是！」「你們有沒有千手千眼？」「沒有……」「你們沒有信心了，要說有！」信眾彷彿穿越時空，與開示影片上的聖嚴師父歡喜互動，師父表示，參與團體的人就是共同體，因此法鼓山的信眾不只有一千雙手，也不只有一千雙眼，勉勵大眾透過合作凝聚力量，效法觀音的慈悲、柔軟與忍辱。

方丈和尚致詞時，感謝歷任屋主、召委與地區信眾的發心護持，打造一方學佛淨土；並表示，在國外疫情仍險峻的期間，信眾能共修學佛實為殊勝，更應將這份安定力擴展到社區及全世界；張昌邦總會長則期許眾人同心協力投入，繼續推動學佛、弘法、護法的使命。

文山分會新會址位於臺北市景興路學區，近景美捷運站，交通便捷，期能接引新族群學佛、護法。

● 10.13～14

2020僧團梵唄培訓課程
讓雲端共修更莊嚴

梵唄培訓課程中，僧眾分組觀摩與演練。

僧團於10月13至14日，在法鼓山園區舉辦「2020梵唄培訓 —— 網路監香及水陸法會祈願壇」，共有一百三十二位僧眾參加。

兩日的課程中，果增法師指導梵唄唱誦教學時強調，誦經是代佛說法，唱誦須注意拍子的準確、腔調要響亮、清緩、和雅，轉音要柔，更重要是和眾音，融入音聲海；演柱法師帶領僧眾深入大悲懺本結構、儀文義理；果樞法師、果仁法師指導執掌法器的認知與要領，並分組演練，相互觀摩，驗收成果。

普化中心副都監果毅法師分享擔任多年總壇監香的經驗表示，無論外境如何混亂，重點是內心如何回應，保持平穩，自然能得安定與法喜；擔任監香與信眾的互動過程，讓法師領略經典中所說「心佛及眾生，是三無差別」、「是心是佛，是心作佛」。

如何輕鬆自在地面對鏡頭？資深媒體工作者陳月卿表示，除了事前的充分準備，先在腦海中預演也很重要，臨場自然能減緩緊張；強調「利他」是著眼於

聽眾或觀眾的需求，將佛法深義，化為簡單易懂的言語，如此便不會因使用科技媒材而失去溫度，也能讓聽者產生共鳴。

負責籌畫活動的弘化發展專案召集人果慨法師表示，網路道場、數位弘法希望達到無論人在哪裡，壇場就能擴及每個能連結網路的地域，隨時隨地都能共修。2020年首先針對水陸法會祈願壇（大悲懺法會）專訓，未來每年將陸續舉辦各壇培訓，讓雲端共修更莊嚴攝受。

● 10.17

農禪寺慈悲三昧水懺法會
信眾共掬三昧水 洗滌身口意

北投農禪寺於10月17日舉辦慈悲三昧水懺法會，一千多位信眾遵循義工引導，戴上口罩、測量體溫，進入法會現場精進共修。

「從自我淨化開始，進一步反省自己的過失，讓這一世不要再犯錯，這就是拜懺的功能。」主法果仁法師以悟達國師洗人面瘡、佛陀與阿闍世王的故事，闡釋因緣因果、罪性本空的意涵。法師開示說明，若要脫離業報

農禪寺舉行慈悲三昧水懺法會，上千信眾一同精進共修。

輪迴、生死流轉，就要學習佛陀的慈悲、智慧、行儀與圓滿的功德，隨時修正身、口、意三業行為，發願持戒。

法會中，眾人虔心禮懺，除了拜懺洗滌身心，參加佛前獻供的信眾並以恭敬、虔誠的心，手捧香花，緩步上台供養十方無量諸佛，普願世界和平、人心安定，氣氛莊嚴。法會圓滿前，悅眾法師帶領所有與會大眾，將禮懺功德發願、迴向，願利益十方法界眾生。

監院果毅法師表示，這場法會是自展開防疫新生活以來，首度開放民眾參與的大型法會，除了實名制與基本防疫措施，用齋時也請信眾自備餐具，現場則規畫二十八個區域、動員百位義工協助提供飯菜，不僅秩序井然，民眾共修也更安心。

● 10.17　10.31

兩場心靈環保教學研習營
充實心靈正能量

心靈環保教學研習營中，教師分組製作教案。

教聯會於10月17日及31日在臺北德貴學苑舉辦「心靈環保教學研習營」，分享心靈環保兒童生活教育教案的教學經驗，有近五十位國小、國中教師參加。

研習營邀請臺北醫學大學臨床醫學研究所教授張育嘉，以「心靈環保的理念與方法」為主題，深入淺出講述心靈環保的理念與精神，也分享如何在教學工作當中落實心靈環保，在學生的心中種下良善的種子。

「教學實務與交流」單元，安排多位於教學上運用心靈環保兒童生活教育教案的老師分享經驗，並分組討論。多位老師均肯定動畫影片是生活教育的最佳輔具，其中有新北市國小老師展演使用心靈環保動畫影片《你說要不要》、《499元吃到飽》，引導學生思考與討論需要、想要和必要的差別。

兩場研習營，也由演本法師帶領練習坐禪、法鼓八式動禪，期以禪修的安定與放鬆，創造校園幸福學。

● 10.18

林其賢與青年「談情說愛」
以佛法轉化情感困境

10月18日，桃園齋明別苑舉辦專題講座，邀請屏東大學中文系副教授林其賢主講「談情說愛——聖嚴法師的情感倫理觀」，分享運用佛法，對治與轉化生活中的各種情緒與情感問題，共有一百三十多人參加。

「環境是我們的鏡子，心是我們的老師。」林其賢老師引用聖嚴師父之語，強調對苦有所感，不足以離苦，但會增強離苦的心；感苦之後，需要分析「苦」果背後會「集」的因緣，從而知「道」、修「道」而證得苦「滅」。當發現問題重複出現，可以善用「四聖諦」，反覆觀察自己的情緒，一層層深入找到問題癥結，才能獲得解決方法。

林其賢老師說明，聖嚴師父對於情感的教導，循序漸進，先由情緒的安定到

情感的充實，再到情操的圓滿，入手處就是由照顧自己，進而關懷他人，由自身安定從而與菩提心相應；師父提出的「心靈環保」，即是希望喚起我們在物質環境及精神生活層面，努力成為美化世界、淨化世界的中心，面對種

林其賢老師從聖嚴師父的情感倫理觀，回應青年的種種提問。

種問題，能夠向內心的價值觀及認知面來修正改善，也讓情感從而成長提昇，進而走向完整和圓滿。

講座前，齋明別苑收集了桃園法青提出的問題，包括「朋友之間個性一快一慢，如何找到交集，彼此共好？」「陷入情感輪迴中，一再重複而受苦，如何覺察並跳脫？」「佛法說無常，人與人終會分離，該如何繼續保有愛人與付出的動力？」等，林其賢老師精闢講解各種提問，內容豐富又深入，現場民眾收穫良多。

● 10.18　11.08

紫雲寺佛學講座
常慶法師講懺悔法門

高雄紫雲寺於10月18日及11月8日，舉辦佛學講座，由常慶法師主講「梁皇寶懺之懺悔法門」，說明懺悔法門，最是出苦方便，共有兩百四十多人次參加。

法師介紹有懺王之稱的《梁皇寶懺》，內容共有十卷，包含皈依、斷疑；

「梁皇寶懺之懺悔法門」講座中，學員分組分享懺悔的法益。

懺悔、解冤；禮佛報德；發願、迴向；露纏結罪、發菩提心為本，也就是發四弘誓願的心，代六道眾生禮佛拜懺（整部懺文共拜一千七百二十七拜，其中以代為六道眾生禮佛次數最多，共計六百一十四拜），讓已經在靈界的眾生可以

藉由拜懺聽聞佛法的因緣而心開意解，超生脫苦，最後迴向眾生脫離三惡道之苦，往生西方是為拜懺的目的。

常慶法師也分享許多與業力有關的故事，說明人身生病，諸事不順，皆由身、口、意造作十惡行而招致苦果，想要離苦就要觀察苦受的來源、觀察三業的造作，透過不斷的拜懺洗滌罪業，轉十惡行為十善行，在逆緣未現之前，不斷積累福德，遇到境緣時才有足夠的資糧化解逆緣。

大堂分享時，多位學員分享在不斷發願、拜懺中，重報輕受、消災解厄的經驗。法師期勉大眾時時察覺自己的身、口、意與十善行相應，拜懺時了知佛法大意，依文起觀，將罪業轉成功德，啟動生命轉變。

● 10.23　12.02

《法鼓全集》2020紀念版贈予各大學圖書館
分享聖嚴師父智慧寶藏

退居方丈果東法師（右六）代表捐贈《法鼓全集》予高雄市立圖書館，由潘政儀館長（右四）代表接受。

完整收錄聖嚴師父中文著作的《法鼓全集》2020紀念版出版後，僧團陸續贈閱海內外各大圖書館、大學院校、佛學院等，期使將師父的智慧寶藏，分享給各地讀者。

其中，10月23日上午於高雄市立圖書館舉行的贈書儀式，退居方丈果東法師代表贈與《法鼓全集》，由館長潘政儀代表接受；下午第二場活動於中山大學舉行，文化中心副都監果賢法師代表贈與，由校長鄭英耀代表接受贈書。

12月2日，退居方丈前往國立屏東大學、美和科技大學贈書，分別由古源光校長、翁順祥校長代表受贈。屏東大學更於學校圖書館中設置《法鼓全集》主題書展，師生一進入圖書館，便能認識並飽覽聖嚴師父一百零八本生命精華。

退居方丈說明，聖嚴師父一生就是將佛法的好，與人分享；一個看似小小的願，卻成就無數人學習佛法、改善生命的因緣。古源光校長表示，感恩師父為現代人提供生活化的佛法智慧，希望青年學子都能閱讀、學習師父的奉獻精神。曾參加「自我超越禪修營」的翁順祥校長表示，學校會從《法鼓全集》中，選出適合學生閱讀的書籍，每月進行主題書展示，鼓勵學生在課業之餘，也能探索心靈的成長，讓生命更安定、更有願景。

● 10.31～11.01

心靈環保讀書會帶領人培訓課程
共讀聖嚴師父智慧法語

10月31日至11月1日，普化中心於北投農禪寺舉辦心靈環保讀書會共學活動帶領人基礎培訓課程，內容包括聖嚴師父的思想與寫作、讀書會心要，以及有效讀書四層次解讀法等，由副都監果毅法師、常遂法師、讀書會帶領人方隆彰帶領，共有一百一十六位學員參加。

課程中，《法鼓全集》編輯小組召集人果毅法師，為學員介紹「聖嚴師父的思想與寫作」，分享《法鼓全集》推薦

學員運用「四層次提問」，練習從設計問題來引導討論。

閱讀書單，鼓勵眾人深入智慧寶藏，發揮共讀的力量。常遂法師解說「心靈環保讀書會的緣起與目的」，期勉學員培養寬容包容的基本修養，從讀書會延伸到家庭、社會，相互扶持成長。

方隆彰老師則清楚解析讀書會帶領人的職責與涵養，以及實用的四層次提問，包括「熟悉與複習」、「回應與消化」、「詮釋與驗證」、「活化與深化」，並在實務演練中，引導學員提昇帶領技巧。

分組演練時，學員在「四層次提問單」中，練習設計問題，相互演練調整，了解帶領人不是教導者、解惑者，不需有精深的佛學知識，而是要從設計問題來引導討論，學會提問的結構與方法，就能帶領讀書會。

信眾教育院監院常用法師表示，讀書會散播心靈環保的種子，培訓課程協助帶領人練習客觀分析文章、認識作者思想、設計有效的提問，進而展開成員間的對話。

● 10.31～11.01

人基會舉辦「幸福體驗親子營」
親子共學環保愛地球

人基會於10月31日至11月1日，在臺北德貴學苑舉辦「幸福體驗親子營」，透過戲劇、教案及多元的課程，認識心靈環保與自然環保的重要，有近五十位學齡前兒童與家長參加。

幸福體驗親子營的舉辦,落實家庭倫理,讓親子關係更和諧。

隨著「魔法『聲』林」的音樂情境,引導孩童透過擁抱碰觸、互動合作,盡情跳躍奔跑;親子間也藉著描繪肢體與線條,共同完成一幅幅屬於彼此的「身體樹」。《環保小尖兵・用心愛地球》戲劇表演中,「心聚團」的團員們也以問答互動,讓小朋友認識自然環保理念,也了解自然環保對生活環境的重要性。

教案部分,則以桌遊教導孩童正確使用塑膠袋,與減少塑膠垃圾的方法。同時透過繪本,讓孩子了解自己內心的小怪獸,認識不同情緒,並將情緒具象化,學習和情緒共處。

營隊也為家長安排「靜心淨心茶會」的茶禪體驗,以及「愈野愈聰明」的親職課程,鼓勵家長陪同孩子們親近大自然,體會地球的美麗與力量。

● 11.03 11.10

齋明別苑《梁皇寶懺》講座
大眾深入修行法要

常林法師講說《梁皇寶懺》修行法要,帶領學員了解懺文本意與內在精神。

為大悲心水陸法會網路連線大壇共修、禮拜《梁皇寶懺》做好前行功課,齋明別苑於11月3日及10日舉辦「《梁皇寶懺》修行法要」講座,由副寺常林法師主講,近一百八十位信眾學習斷煩惱心、發大悲心,消業除障、修福修慧的拜懺修行方法。

常林法師以擔任十六場《梁皇寶懺》法會悅眾的經驗,提綱挈領、次第分明地介紹懺儀架構,引導了解經文本意與內在精神,並穿插梵唄實修,學員在莊嚴和諧的法音宣流中,以

音聲領受懺文深意，極富攝受力。

在梵音中體驗法會共修在於清淨身、口、意三業，凝聚心力使達到統一專注的狀態。法師提醒，透過身體禮拜，是身業在精進；禮拜的同時，口中念著經文、佛號，是口業在精進；在念經拜佛時，對怨親債主產生慚愧心、懺悔心，是意業在精進。

兩次的講座，學員了解如何從在三界六道中生死輪迴的凡夫，透過真誠懇切的懺悔、皈依、發願、迴向，而修行成佛的方法。常林法師鼓勵大眾勇於發菩提心，發下大悲願，使修行的力量集中，確立清楚的大方向，設定目標依願導行，善願將形成一股善法的循環，以此功德迴向無上菩提，累積成佛的資糧。

● 11.07

曹興誠分享佛法的科學性
以緣起法面對自我與人生

11月7日，護法總會於北投雲來寺舉辦專題講座，邀請聯電榮譽董事長曹興誠主講「聖嚴師父啟發下的佛法研究心得──大道至簡的佛法」，包括方丈和尚果暉法師、護法總會總會長張昌邦，共有三百多人參加。

對於「佛法與其他宗教不同之處是什麼？」曹興誠從佛法的「緣起」為開端，分享將因果、空性、八不中道、真空妙有、萬法唯識等五個面向，運用在企業經營以及生活中的體會。曹興誠憶

方丈和尚果暉法師致贈曹興誠（右）象徵《法鼓全集》2020 紀念版的聖嚴師父墨寶「福德智慧藏」。

及，聖嚴師父曾詢問，科技與佛法能否有交流之處？因此開始研究佛法，體悟到佛法不僅邏輯清楚且具科學性，也嘗試以淺顯的詮釋方式，分享自身對佛法的體會。

針對現場聽眾提問的輪迴、生死，以及關於學佛的疑問，曹興誠也簡要詼諧一一答覆，現場氣氛熱絡。最後，方丈和尚致贈曹興誠《法鼓全集》2020紀念版，盼以《法鼓全集》中的佛法智慧共結法緣，自覺覺他。

曹興誠與聖嚴師父結緣於2000年在臺北市國父紀念館舉行的「佛法與科學」對談，對談結束後，曹興誠不僅參加社會菁英禪修營，將三天的禪修心得與員工分享，更因此走進佛法大門，爾後也經常拜見師父，請益佛法。

● 11.07

「創造美好晚年基本功」講座
為高齡社會做好準備

葉玲玲主任分享老化是人生必經的過程，我們無法選擇不老化，但可以選擇有一個美好的晚年。

高雄紫雲寺於11月7日舉辦專題講座，由法鼓文理學院社會企業與創新學程主任葉玲玲主講「創造美好晚年基本功」，有近一百一十人參加。

葉玲玲主任指出，高齡社會的議題愈來愈迫切，臺灣於2019年出生人口數已低於死亡人口數，人口高齡化的結果，長期照顧的議題刻不容緩，國家勢必要投入更多醫療資源，也帶來家庭的嚴重負擔，因此必須先做好準備，平時就要照顧好身心。

講座中，葉主任介紹老年常見疾病及狀況，如白內障、青光眼、失聰、吞嚥困難、味覺遲鈍、牙齒脫落、皮膚保水力下降等，也分享保健、預防之道，並教導「吞嚥健康操」，實際操練吞嚥時需要用到的肌肉，可避免因肌肉退化而發生嗆食。

葉主任提醒注意老化過程的心理變化，例如：退休後社會地位不如從前；對身體功能減退，日益不安；面對親友逝世與離別；覺得自己變得多餘，經常需要他人協助而自覺沒用。鼓勵大眾做好心理建設並積極參與團體活動，例如當義工，從團體中找回自信，工作也能訓練腦及身體機能，結識不同年齡層的朋友，讓生活不孤單。

● 11.21～28

第十四屆大悲心水陸法會園區啟建
疫中精進　心淨淨土近

11月21至28日，法鼓山於園區啟建第十四屆大悲心水陸法會，八天七夜的精進修行，親至壇場或參與全球四十五分處連線共修，以及網路共修，共逾五十萬人次。

園區法會各壇場每日有近兩千人次精進用功，大眾透過誦經、禮懺、念佛、禪坐，也聆聽法師說法，了解經文義理，落實「解行並重」，並在拜佛、朝山、繞壇中體驗動中修行的心法；壇場外，各組義工秉持聖嚴師父的指導「盡心、盡力、盡可能學習；不勉強、不挑剔、不可能失望」，奉獻服務，共同成就法會的圓滿與殊勝。

在28日的送聖儀式中，大眾觀看影片，「無常，其實很平常，就用平常心，面對平常事。」影片以人一生的旅程為喻，指出無常從不缺席，若能照顧好自己的心，每個人就是一股安定社會的力量；這份安定的力量，如同太陽一樣，從心中升起；照亮自己，也照亮他人。

方丈和尚果暉法師開示時，說明聖嚴師父一生修行觀音法門，水陸法會可以說是觀音法門集大成的修行法會，鼓勵大眾學習觀音菩薩救苦救難的精神，奉獻自己，成就社會大眾；而觀音菩薩有千百億化身，看到任何人都視為觀音菩薩的化現，就能發起救度一切眾生的大悲願心。

因應疫情，本年法會採實名制，報到時須出示健保卡、報到單及健康聲明書，並配合政策落實防疫措施，將壇位減半、保持安全距離，也鼓勵信眾前往海內外分支道場參加分處共修，或在家中連線用功，為疫情期間的病苦眾生祈福。

2020第十四屆大悲心水陸法會啟建，方丈和尚果暉法師率同十位主法法師，進行啟建法會暨全山灑淨儀式。

大悲心起　普皆迴向

11月28日講於法鼓山園區「水陸法會送聖」

◎果暉法師

非常歡喜、非常感恩，在疫情當中，我們共同圓滿了一年一度的水陸法會。聖嚴師父一生修行觀音法門，而創建了法鼓山觀音道場，水陸法會可說是觀音法門集大成的共修法會。特別在全世界還動盪不安之際，我們每個人更要發起大悲心，學習觀音菩薩救苦救難的精神，奉獻我們自己，成就社會大眾。修行的功德不只迴向歷代先亡，更要迴向給所有眾生，希望疫情早日消除，世界和平人安樂。

水陸法會之前，就有很多地區的菩薩來幫忙布置打點；法會當中，我們正在各壇精進共修之時，也有非常多的義工菩薩在默默地護持，最忙的大概是大寮香積組，有的做這一餐，有的做下一餐，有的準備隔天的菜色，非常忙碌。這次有個小突破，網路共修的菩薩可以看得到，我們設置新版的數位經書，將經文與共修的畫面整合在同一個畫面，非常莊嚴，由各壇場的義工菩薩依照共修的速度進行翻頁，同步傳送到網路上。

感謝所有僧團法師的帶領，包括各壇說法的法師，相信大家都得到很好的受用。水陸法會中，我們誦了很多佛菩薩的名號和經典，拜了很多懺，回家之後要繼續修行。平常生活中，我們最好能有定課，門檻不一定要設得太高，自己做得來就可以，重要的是發長遠心，細水長流、聚沙成塔、積少成多，必能體驗到修行的進步和喜悅。

我們要共同發起菩提心，也就是慈悲心，就是以體諒、同理、包容的心來對待所有人，並隨時隨地放下自己，這便是我們明年的主題「平安自在——慈悲心待人，時時有平安；智慧心待己，處處得自在」。「慈悲心待人」就是〈四眾佛子共勉語〉裡的「知恩報恩為先」，對於任何人事物，都要感恩、報恩。無論順境、逆境，都能夠促進我們成長，都是在幫助我們成就行菩薩道的福慧資糧。

2020年的水陸法會已經順利圓滿，祝福大家「平安自在」，期勉大家「慈悲心待人，時時有平安；智慧心安己，處處得自在」。

（節錄）

特別報導

雲端相會　心淨淨土近
第十四屆大悲心水陸法會

　　2020 第十四屆大悲心水陸法會於 11 月 21 日在法鼓山園區啟建，28 日，「全世界仍處於災難、動盪不安的狀態，每個人更要發起大悲心，學習觀世音菩薩救苦救難的精神，奉獻我們自己、成就社會大眾。」方丈和尚果暉法師帶領全體僧眾及現場兩千多位信眾，齊心發願，並於聲聲「阿彌陀佛」聖號中，圓滿送聖。

跨越時空，人人都是法會中心點

　　送聖影片以「心安，一切安；心淨，淨土近」為主題，運用清新禪意的插畫，繪製出人一生的旅程，說明「無常」，其實很「平常」，就以平常心，面對平常事。由於無常從不缺席，若能照顧好自己的心，做好該做的事，則眼裡看到的，都是風景；腳下走出的，都是淨土。

　　疫情的無常在眼前，本屆法會配合政策落實防疫措施，採實名制，將壇場的壇位減半、保持安全距離。除園區每日有近兩千人次精進共修；萬行壇也採實名制登錄，出坡義工累計超過一萬三千人次。藉由現代科技，大眾或前往各分寺院與分會共修，或在家中連線用功，均與實體十一座法壇同步精進，處處皆安心；也透過為眾生祈福，找到精進用功的學佛動力。

　　弘化發展專案總召集人果慨法師指出，水陸法會的殊勝，不僅止於誦經、拜佛、梵唄、供養等儀式，或人數多寡，最重要的核心在於「人」，借助儀式來淨化人心、淨化社會，從每個人自身做出改變，才是法會品質真正的指標。因此，在這場法會中，即使不能在實體壇場相會，但人人都是法會中心點，皆能以法相會，只要學習將自己照顧好，就能把社會照顧好。

心安, 一切安；心淨, 淨土近

方丈和尚果暉法師說明水陸法會的主題「心安，一切安；心淨，淨土近」，每個人都能讓自己成為安定的力量。

廣修供養，修菩薩道

布施、供養、禮敬諸佛、普施眾生，一年一度的水陸法會，是廣修供養的大齋勝會。水陸法會各壇佛事中，有諸多供養法儀，包括：總壇的六塵妙供、供佛齋天、獻供、大壇的佛前大供、普佛、瑜伽焰口壇的贊普，以及圓滿日的送聖。供養的意義，是透過儀式生起恭敬心、感恩心來敬上禮下，如聖嚴師父所言：「對於作為修行菩薩道的人來說，向上宜廣修供養，向平輩宜多結

總壇獻供以聖嚴師父墨寶「心地莊嚴」木質桌飾，供養諸佛菩薩。

善緣，向下宜常做布施；一則為報四重恩德，二則為捨慳貪吝嗇，三則為增福德智慧。」

本屆水陸法會的供養物中，有一座刻有「心地莊嚴」的木質桌飾，以及代表「衣供養」、繡有聖嚴師父墨寶《延命十句觀音經》的蓋經布，讓師父的期勉與祝福，陪伴大眾精進用功；贊普則以藥師壇、淨土壇、禪壇、祈願壇、地藏壇為主題，以養生食材、藥草打造出藥師如來的十二願；運用金色糖果、蓮花，呈現蓮池海會的極樂世界；以麵線展現溪流石景，體現《六祖壇經》動靜自在的境界。

法會圓滿後的送聖儀式，由主法法師、正副表法師，帶領供養人及信眾組成送聖隊伍，在聲聲佛號中，恭送法界四聖六凡，並請諸佛菩薩引領亡者往生佛國淨土。

敬上禮下，學習平等布施

於全球疫情嚴峻之際，無論身處臺灣，還是跨時空的網路前，僧俗四眾以恭敬精進心，勤修善根供養。《華嚴經‧普賢行願品》云：「諸供養中，法供養為最。」首座和尚惠敏法師於總壇開示中，經由佛前大供〈獻供偈〉：「此食色香味。上供十方佛。中奉諸聖賢。下及六道品。等施無差別。隨願皆飽滿。」表示供養的精神，在於布施。物質上的布施，能滋養色身；精神上的布施，能滋養法身；若能「平等布施」，則體現出「大悲心」的內涵，此乃水陸法會的重要精神。

因此，將「大悲心」落實在儀軌中，是「儀軌深廣化」的要點；法會結束後，更要學習「生活儀軌化」，把恭敬、感恩帶回日常生活，清淨身、口、意三業，而壇場的莊嚴攝受，則化為生活中的簡潔清淨，便能時常感受到法喜。若能進一步學習不論怨親平等布施，則能開展善法，幫助眾生離苦得樂。

疫中精進，網路無遠弗屆

因應疫情，2020 年水陸法會特別鼓勵信眾前往海內外各分寺院與分會參加分處共修，或在家中連線用功。藉由現代科技，均與實體十一座法壇同步精進，處處皆安心；也透過為眾生祈福，找到精進用功的學佛動力。

為了提昇網路共修品質，網路助理監香小組的義工們自 8 月以來，便開始製作並優化「數位經書」，從輸入、校對到美編等，超過七道工序，更首增「自動翻頁」功能，由網路助理監香在每一壇協助翻頁，不管身在何處，只要連結法會網址，就能隨時加入共修，不必再翻找電子經書，真正落實「有你在的地方，就有道場」，讓身處不同時空的信眾，都能利用網路無遠弗屆的便利性，心無旁騖地深入經典共修。全球分處累計有兩萬五千人次參與共修；更有來自四十八個國家、近五十萬人次利用雲端共修。

無常是常，安住當下

走過人心不安、全球飽受疫病之苦的一年，除了居安思危，守護自心的一方淨土；思惟因緣、因果，並誠摯地慚愧、懺悔往昔所造惡業；更要持續修持慈悲與智慧，遇到順境，懂得感恩、報恩，遭逢逆境，也能視為砥礪自我成長、學習放下的逆增上緣，則不論順逆，都將成就修行的福慧資糧，人心也就能恆持平安自在，連成片片人間淨土。

水陸法會送聖儀式中，大眾為眾生祈福與祝禱。

數位經書大升級，隨點隨精進

　　新冠肺炎疫情讓第十四屆大悲心水陸法會現場壇位少了二分之一，但水陸法會期間，點進水陸專網，選好共修壇場，畫面上便是清楚明晰的經文與同步直播的法會現場。質感莊嚴的經本，更會自動翻頁，讓遠端的信眾能夠攝心地即時開始精進用功，不必再像以往要透過網路助理監香布達的訊息，去找出電子經書，翻找頁碼、字句。數位經書大升級，是本屆法會的一大進化。

　　數位經書團隊先以 PowerPoint 投影母片，設定好文字框格式，包括字體大小、位置等；製程分成兩大階段：「經書排版」與「壇別打包」。「經書排版」有七道工序：純文字經文校稿、依排版規範置入大小字到投影片、格式校對，畫面視覺調整、置入句點與初校、對照經本第二次校對文字句點、對照經本第三次校對文字句點、格式總校稿；「壇別打包」則是依據每一壇、每一天、每炷香的儀軌和作息，將所需的經書、輔助儀軌、插卡等檔案依序合併，轉成圖片簡報檔，提供水陸法會每日網路共修使用。

　　數位經書改版上線後，2020 年參與水陸法會全球分處共修者累計有兩萬五千人次，更有來自四十八個國家、近五十萬人次利用雲端共修，比 2019 年多了近二十萬人次。網路共修人次的成長，見證了網路弘法是佛教弘化的大勢所趨。

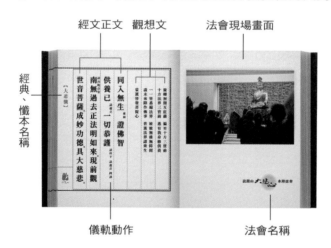

經文正文　觀想文　　法會現場畫面

經典、懺本名稱

儀軌動作　　　　　　　法會名稱

運用投影片母片模板，讓網路助理監香團隊成員都能參與數位經書的製作。

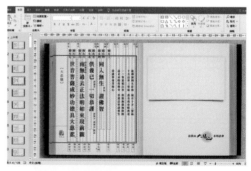

投影母片上層層疊疊的「八萬四千條線」，考驗成員的眼力、細心與耐心。

● 12.01

《法鼓全集》2020紀念版贈國家圖書館
利益全球學術研究者與讀者

12月1日，「《法鼓全集》2020紀念版贈書典禮」於國家圖書館舉行，由方丈和尚果暉法師贈予國家圖書館典藏，館長曾淑賢代表受贈。包括文化部政務次長彭俊亨、國圖前館長曾濟群、媒體工作者劉忠繼，以及多位護法信眾都出席觀禮。

曾淑賢館長表示，《法鼓全集》2020紀念版重新全面校訂，並為引文標註來源出處，是浩大的工程，對於閱讀者及

方丈和尚果暉法師（右一）捐贈《法鼓全集》予國家圖書館，由曾淑賢館長（右二）代表接受。（左為彭俊亨政務次長）

研究者在延伸運用上，大有助益；國圖後續將提供協助，將《法鼓全集》贈送至全球多處合作設置的臺灣漢學資源中心，以及多個國家圖書館，分享聖嚴師父的智慧文獻。

方丈和尚感恩國圖的典藏與協助推廣，說明聖嚴師父雖捨報十一年，但留下來的思想、觀念，仍然持續發揮穩定社會、安定人心的力量；希望透過《法鼓全集》將師父於當代致力推廣人間淨土和漢傳佛教思想，提供世人閱讀與研究。

典禮中，文化中心副都監果賢法師特別介紹法鼓山與國家圖書館的因緣，來自二十三年前在國圖舉辦第三屆中華國際佛學會議，當時的館長曾濟群已是現任法鼓山社會大學校長，法師感謝兩位曾館長延續這段殊勝因緣，成就聖嚴師父國際弘化的願心。

● 12.06～27期間

安和分院佛法講座
果醒法師詳解楞嚴禪心

12月6至27日，臺北安和分院每週日舉辦專題講座，由禪修中心副都監果醒法師主講「楞嚴禪心」，結合禪宗祖師語錄及生活體驗，引導眾人建立新的認知模式，從顛倒夢想中覺醒，出離煩惱，回到人人本自具足的佛性和真心。

法師首先提問，每個人都有一顆圓滿無礙的心，但為什麼無法像佛菩薩一樣

果醒法師鼓勵眾人以「三見行」為下手處，練習轉境、轉心、轉知見。

產生妙用，如觀音菩薩般「廣修智方便」，反而常常造成自己與他人的煩惱？果醒法師表示，煩惱相續的原因，源自於「誤將外境當真」、「認物為己」、「用記憶修理自己」。

如何出離煩惱？法師說明，遇到煩惱，無論喜歡、不喜歡，都不會改變已經存在的現象。生命可貴之處在於「可以選擇」，而「三見行」是可以用來消融煩惱的方法。任何一個時間都有「知見、心態、現象」三個選擇：「知見」是指無我的知見，心不住相；「心態」則是抱持「好的不喜歡、壞的不討厭」；用平等心處世，不因「現象」起煩惱。任何時間點都可在「知見、心態、現象」這「三見行」中學習轉化。

法師鼓勵學員，日常生活中以「三見行」為下手處，練習轉境、轉心、轉知見，時時提醒自己：對外境抱持不喜歡、不討厭的態度，透過「藉事成人」培養福德，以「沒有要怎麼樣、沒有不要怎麼樣」來練習無我的智慧，踏上返妄歸真的成佛之道。

● 12.19

齋明別苑心光講堂
游文聰校長談生命教育與佛法

游文聰校長投身教育數十年，暢談如何將佛法融入生命教育。

桃園齋明別苑於12月19日舉辦心光講堂，邀請桃園高中校長游文聰主講「生命教育與佛法」，從佛法思惟介紹教育新制108新課綱，共有八十五位學生及家長參加。

游文聰校長介紹臺灣教育改革歷程，從一綱一本的知識壟斷傳統教育，一直到現行受各界關注的「108新課綱」。游校長表示，隨著科技的發達，網路知識庫的豐沛流量，學生甚至可以比老師更快速找到答案，此時教育界便必須面對的問題是：學校還能夠教導學生什麼課程？「108新課綱」便是在此背景下應運而生。

新課綱的宗旨在於讓學生養成「自動好」與成為「終生學習」者。「自動好」指的是「自主行動」、「互動溝通」與「社會參與」。這概念與佛法中的「自覺」、「覺他」、「覺行圓滿」不謀而合，社會各界對於新課綱雖然仍有不同意見，但新課綱確信是一個善的、進步的教育方向。

「每個生命都有其開創性，而我們要做的就是學習常不輕菩薩，相信每一個孩子都是來世的一尊佛，等待被啟發。」游文聰校長盼望每位家長和學生安心領受新課綱，從中體會生命教育的必要性，也才能尋求社會共好的未來。

● 12.20

高雄法青音樂會
以樂聲為世界祈福

12月20日，高雄法青於紫雲寺禪公園廣場舉辦「為世界祈福音樂會」，以音聲、和弦祝福世界「樂來樂好」，監院常參法師到場關懷，共有六十多人參加。

活動融合禪悅與音樂，法青首先引導大眾輕閉雙眼，感受微風吹拂、感謝大地無私地支撐著萬物、感恩家人、朋友的陪伴；當非洲鼓的鼓聲響起，彷彿聽見自己的心，充滿希望的跳動。

紫雲寺法青以純淨樂聲為世界祈福。

由菩提樂團帶來的《祝你幸福》、《感恩的心》，祈願大眾都能以感恩心接受順、逆緣，用報恩心奉獻結善緣；也藉由純淨的音聲、輕快純樸的旋律，體驗禪法，將徬徨的心，安定下來。法青也和民眾朗誦為臺灣及世界祈福文，從每一個人的承諾做起，迎向簡單、樸實與心靈環保的未來。

常參法師分享，梵唄唱誦宣導法理、宣流法音，期盼大眾能從樂音中，體驗苦、空、無常、無我的佛法。

● 12.25～27

農禪寺彌陀佛三暨八關戒齋
主法法師線上授戒

北投農禪寺於12月25至27日，舉辦佛三暨八關戒齋，為照護民眾身心安全，提昇防疫規格，採網路直播共修，由果仁法師線上授戒，並藉由一心念佛、繞

農禪寺舉辦佛三暨八關戒齋，為照護大眾身心安全，提昇防疫規格，採網路直播共修。

佛、拜佛，齊力將持戒修行的功德迴向全世界，共有逾千人次參加。

聖嚴師父在說戒開示影片中，強調受持八關戒齋的目的是讓在家居士練習修離欲行，學習過出家人少欲知足的生活，也是種植了出世之因的功德，若能發願盡形壽的受持，不僅能抑止貪、瞋、癡，讓自己少煩少惱，也會減少對他人的困擾或傷害，進而通往離欲、出苦海、離三界、除煩惱、證菩提等修行方向。

果仁法師開示，戒的功能就是自我約定，透過一日一夜守八條戒律，將好的習慣延續下去；法師以除蟲、施肥為喻，說明當心田出現煩惱蟲時，就要在佛前求懺悔，而念佛就像是施肥，可以增加善的種子。

農禪寺監院果毅法師分享，人人願意遵守防疫措施，為大眾帶來安心、安全的生活，就是持戒的精神；而佛法的持戒有更深遠的意義，不僅能更持久，也讓身心清淨安定。

● 12.26

臺南分院生命長河座談會
從宗教、醫學、學術談生死關懷

臺南分院於12月26日舉辦生命長河座談會，以「說世間情談生死關懷──聖嚴法師的情感倫理與生死關懷」為主題，邀請屏東大學中文系副教授林其賢、屏東醫院家醫科醫師許禮安、成功大學附設醫院護理部督導長邱智鈴，與退居方丈果東法師對談世間情與生死關懷，有近三百四十人參加。

林其賢老師說明聖嚴師父呼籲學佛者應當「在人間努力，使人間成為淨土、成為佛國」，以現實娑婆世間為場域，人倫社會為架構，心靈環保為核心，透過三大教育革新佛教禮儀，落實建設人間淨土；無論是戒、定、慧三學，或是對宗教、社會、教育等各層面，師父皆樹立了現代佛教新典範。

針對娑婆世間情與生死關懷，退居方丈表示，感情互動必須放下自我，相信因果，認清無常的緣起緣滅本是常態；善用逆向思考，改變別人不如改變自己，面對諸多無明煩惱，則要以懺悔修正習性。

臺南分院生命長河座談會，林其賢老師從學術觀點談生死關懷。

許禮安醫師則強調安寧療護是「善生」、「善別」，不是「善終」，尊重病人的「自主權」和「個別差異」，讓生命即將走到盡頭的病人，盡量擁有好的生活品質，完成未了的心願；所以應當學習預立遺囑、交代好後事、圓滿心願，將有限生命發揮到最大效益，才能毫無遺憾的離世。邱智鈴督導長說明面對亡者家屬該有的正確處理方式，不是「勇敢、堅強、不要哭」等話語，而是「陪伴」。

最後，退居方丈提點大眾，娑婆世界浮生若夢，生、老、病、死是生滅現象，世間諸有情的怖畏苦難，也是鏡花水月；以平常心看世間諸相，珍惜殊勝善緣、法緣，好好「活在當下」，即能體會「佛在當下」，人生自然無遺憾。

● 12.27～2021.01.30

齋明寺《法華三昧懺儀》講座
引導學員入如來室學如來法

12月27日至2021年1月30日，桃園齋明寺週六或日舉辦《法華三昧懺儀》研習講座，共六堂，由弘化發展專案召集人果慨法師主講，首堂講座有近三百人參加。

法師以懺儀與禪觀為架構，介紹《法華三昧懺儀》是天台宗智者大師依據經典，結合懺文編寫成的懺儀，內容包含懺罪、持戒、修定、發慧，教理觀行具修，以天台懺儀融入默照禪修，是透過懺儀、誦經、禪觀為修行方法的解脫圓頓大乘教法，事修與理觀相融，為一切懺法的母本。

首堂講座中，果慨法師並概說龍樹菩薩、慧文禪師、慧思禪師、章安大師、湛然大師各師法義與修行要領，包括：一曰常坐、二曰常行、三曰半行半坐、四曰非行非坐，統攝其上使身心清淨，讓正法入心，廣行功德，學習菩薩道。

果慨法師於齋明寺講《法華三昧懺儀》，期勉學員共行如來家業。

法師強調，聞法四層次：歡喜適悅、增長善根、除遣惡病、解第一義，聽經聞法不能只停留在法喜階段，更要長養善根，根本就從發菩提心，即大悲心開始；期勉大眾，入如來室學如來法，共行如來家業。

● 12.30

社大悅眾成長營
常遠法師分享「廣結善緣」

法鼓山社大於12月30日，在臺北德貴學苑舉辦「悅眾成長營」，內容包括主題演講、禪修體驗、成果分享等，校長曾濟群到場關懷，有近一百二十位來自三校區悅眾、義工參加。

主題演講由僧團都監常遠法師主講「廣結善緣」，說明人與人之間，靠著緣分在維持關係，人際關係就是一種因緣法，未成佛道，先結人緣，已學佛道，更要廣結善緣；以歡喜心為大眾服務，是「有作有集」，隨喜讚歎他人的作為是「不作有集」，互動良好就是結善緣。

營隊並安排啡嘗有趣、茶言觀色、放鬆禪等活動，帶領學員將雜念排除，靜心品味生活中的美味；學員也歡喜在菩提葉上寫下好願，彼此鼓勵發願完成。

曾濟群校長關懷時，分享法鼓山和社大的教育理念，期勉在關懷中感化自己，提昇自己，奉獻自己。

社大悅眾成長營，發願在關懷中落實心靈環保的理念。

貳【大關懷教育】

從生命初始到生命終了，
以「心靈環保」出發，
落實各階段、各層面的整體關懷，
安頓身心、圓滿人生，
實現法鼓山入世化世的菩薩願行。

佛法接力
善念挹注安心力量

2020年，大關懷教育即時因應新冠疫情的嚴峻考驗，
首先於各地護法分會成立安心服務站，
以安定人心的行動，將佛法的關懷與安心的觀念帶入社會；
另一方面，也致力急難救助、全球救援、慈善公益及推廣生命教育，
籲請大眾以佛法接力，將善念傳送到各角落，
關懷每一位需要幫助的人，護念彼此心安平安。

法鼓山大關懷教育以人間化的佛法，致力於急難救助、整體關懷、社會慈善、信眾關懷等面向，打造安心工程。本年面對疫情襲捲全球，雖於上半年停辦群聚活動，但大關懷教育並未停歇，於2月先是召開三梯次疫情關懷與安心服務說明會，並透過視訊連線了解各地需求；會中，方丈和尚果暉法師以聖嚴師父開示「集合大家的智慧，積極地處理它」，帶領法師與悅眾思考運用佛法進行安心服務，為社會帶來安定力量。

急難救助

運用佛法的關懷為不安的人心，注入安定的力量，2月中旬起，護法總會與慈基會陸續於各地分會設立「安心服務站」，落實各項關懷宣導工作，除透過安心服務，提供社區被隔離者「心安平安包」與「平安無事包」，內容包括佛卡、聖嚴師父安心與禪修指導著作、

布口罩、消毒酒精等，分享佛法的祝福與正確的防疫觀念；同時印贈逾七萬本《心安平安》手冊，透過政府部門、機關學校及全聯福利中心與大眾結緣，讓安心的力量延伸至社區鄰里。

同時並舉辦「相護罩應」活動，推動「關懷弱勢守護計畫」。前者號召百年樹人獎助學金受助學子、參與服務學習的青年及義工，共同製作可更換濾材的布口罩，致贈養護機構及關懷家庭；北區義工在4至6月期間，於新竹市北區區公所協助分裝七千包兒童口罩，減輕藥師工作負擔。

「關懷弱勢守護計畫」則是實踐對偏鄉、弱勢家庭及社福團體、獨居長者健康的關懷，在僧團法師帶領下，結合慈基會專職、僧大學僧、慰訪義工等，展開慰訪接力，如於新北市新店偏遠地區的龜山國小、屈尺國小，以及苗栗縣幼安教養院、苗栗特殊教育關懷協會致

贈必要防疫物資。此外，並與臺北市視障者家長協會合作，將禪修教學、《心安平安》手冊轉製成點字版，提供視障者閱讀，獲得禪修安心的利益。

於國際，4月初，義工們自發製作一千多份布口罩送往美國東初禪寺，協助國際防疫，在收到回饋需求訊息

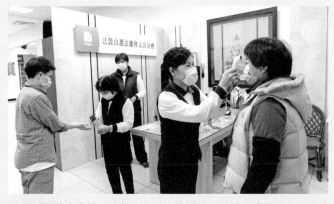

因應新冠肺炎疫情，法鼓山各地分支道場、護法分會做好各項防護措施，為來訪信眾量額溫、消毒雙手，護念彼此的健康。

後，更響應北美道場「佛法救濟」專案，以專案方式訂購七萬份布口罩，並分批進行包裝作業，捐助美國、加拿大醫療院所及弱勢機構；而因應疫情對世界經濟的衝擊，對於因全國封鎖造成營運困境的印度摩訶菩提國際禪修中心（Mahabodhi International Meditation Center, MIMC），法鼓山也捐助善款，讓組織能順利運作糧食、醫療、心靈救護等人道救援。

11至12月，慈基會為故障、擱淺等原因滯臺的蒙古籍貨船海洋先鋒號、獅子山籍貨船米達斯號的外籍船員，提供人道關懷及援助船上生活物資，並捐助返鄉所需的病毒核酸檢測費用，讓船員得以平安順利返國，體現無緣大慈、同體大悲的無國界救助精神。

整體關懷

大關懷教育從心靈環保出發，以入世化世的菩薩願行，深入社會各角落推動生命教育，協理大眾圓滿從初始到終了的生命旅程。本年最具指標性的活動為

9月舉辦的「2020法鼓山關懷生命獎」頒獎典禮，透過得獎者「孩子的書屋文教基金會」、花蓮縣玉東國中教師王嘉納、臺師大公民教育與活動領導學系教授謝智謀所展現悲智度人的大願行，以及在逆境中淬鍊生命的智慧，帶給社會正向啟發與溫暖。典禮前舉行的「關懷生命論壇」，邀請舞蹈藝術工作者許芳宜、音樂工作者張正傑與方丈和尚果暉法師，分享將人生逆境的絆腳石，轉化為支撐人生高度墊腳石的轉境之道。

2020年於兒少關懷方面，疫情趨緩的暑期，在全臺展開「線上悟寶兒童營」，透過數位科技體驗，老、中、幼三輩同堂共學，迴響熱烈；9至12月，則於全臺分寺院及分會共二十五處地區，舉辦「悟寶兒童營」，藉由話劇、遊戲、唱誦等內容，在寓教於樂的互動中，帶領孩童認識心靈環保，培養良善品格。

樂齡長者部分，各地慰訪義工，全年不輟投入在地長者的關懷及陪伴，引導以佛法安頓自己，老有所依、老有所

終。本年首度於文山分會舊址為長者開辦「文山歡樂屋」系列課程，內容包括園藝盆栽、手作DIY、法鼓八式動禪等，共許美好晚年；「第二十七屆佛化聯合祝壽」於全臺共舉辦八場，以「環保、簡約、溫馨」的方式，祝福近一千五百位長者。另一方面，與輔仁大學合作的「樂齡服務學習計畫」，則於6月舉辦成果發表會，參與學子歷經一年研發，設計五款樂齡友善產品，彰顯助益長者的願心。

此外，應新北市政府之邀，3月於北海岸社福中心提供心靈喘息服務，透過手作活動，紓解社工的工作壓力；年底，在海拔一千三百公尺的雲林縣古坑鄉草嶺村石壁社區，受邀協助當地抗日英雄骨骸「安葬入土」，慈基會祕書長常順法師帶領地區悅眾與居民誦念《心經》、〈大悲咒〉，超薦一百多年前受難的英雄亡靈。

慈善公益

慈善公益上，延續2019年底起跑的「108年度歲末大關懷」，至2020年1月中，陸續於全臺各地分院、護法總會分會展開二十四場，除提供慰問金及物資，許多關懷點同步舉行祈福法會或念佛共修，引領大眾安定身心，總計關懷近三千八百戶低收入戶、獨居老人、急難貧病民眾。4至6月的端午關懷，與9至10月的中秋關懷，未因疫情停步，在配合戴口罩、保持社交距離防疫措施下，慈基會結合各界資源，由義工前往

關懷家庭慰訪，並至各地社福機關、安養機構，與院民歡度佳節，傳達社會真誠的溫暖。

行之有年的百年樹人獎助學金，本年舉辦第三十六、三十七期發放，共九十場、近兩千五百名學子受益，為疫情期間經濟受到衝擊的家庭提供了實質幫助；暑期並於全臺展開十六場分享卡創作聯誼活動，逾五百名受助學子藉由卡片製作，表達對身邊人、事、物的感恩。定期舉辦獎助學金的頒發活動，不僅讓學子們感恩相聚、珍惜因緣，感受安心與祝福，更鼓勵學子發善願成為助人者，讓善念流轉。

信眾關懷

本年的信眾關懷，活動多元。1月於全臺十個分寺院、分會同步展開「邁向2020培福有福年──歲末感恩分享會」，方丈和尚於北投農禪寺主現場，感恩鼓手們一年來的護持與奉獻，並與各地法師、近萬名信眾，互道祝福；2月起，雖因疫情而停辦各項共修，但關懷不斷線，防疫物資額溫槍、酒精消毒機、次氯酸水陸續配送至各分會，讓鼓手在助人之際，也保護自身健康。

同時，勸募會員也以電話、通訊軟體關懷護持會員，及時了解及提供所需協助，分享布達線上法會、講座、禪修等共修訊息；5月起，透過每月召委會議，配合推廣「大悲咒LINE起來」活動，於地區建立「持大悲咒群組」，籲請信眾參與持咒，串起為世界祈福的悲

心善願，不僅安定了身心，更深化了觀音法門的修行。

疫情趨緩後，為使各地慰訪及災害關懷義工交流經驗，慈基會於全臺舉辦四場聯繫會報，以「疫情下的災害關懷」為主題，分享疫情嚴峻的上半年，大關懷教育以四安理念迅速因應的諸項具體作為，帶領以佛法的悲智面對疫情，讓善的力量發揮效應。

勸募會員成長營中，都監常遠法師期勉悅眾鼓手全心行菩薩道，勸人學佛、募人修行。

7至10月，護法總會共舉辦八場「勸募悅眾成長營」，副都監常遠法師、服務處監院常應法師分赴各地關懷，期勉悅眾透過學佛讓慈悲智慧增長，學習做一位染香人，將法喜散發給周遭的人。「方丈和尚抵溫叨——地區巡迴關懷」於9月起再度啟動，在新北、宜蘭、屏東等地，方丈和尚感恩信眾無私奉獻，推廣法鼓山淨化社會的理念，勉勵鼓手照顧好色身，繼續擊法鼓。

護法總會、文理學院10月首度共同舉辦「勸募會員返校日」，感謝成就法鼓文理學院興學大願的眾多善緣，不僅讓大眾了解護持的成果，也體驗心靈環保校園生活；年底的「悅眾禪修營」，悅眾重溫師教，凝聚護法弘法願心。

著力於推廣生死教育、大事關懷的關懷院，由監院常哲法師帶領助念團悅眾，2020年共舉辦十五場地區巡迴關懷，分享正向的生死觀念；也於地區規畫「助念共修課程」，兩期課程分別由行門與解門導入，從病得很健康、往生助念觀念、法器練習至追思祝福等，鼓勵義工踴躍學習及承擔，同心同願做大事關懷教育。

「大事關懷悅眾成長營」於10月舉行，悅眾建立助念的正確觀念，學習觀世音菩薩的慈悲和智慧，契理契機、隨順因緣而為，與大眾廣結善緣。

結語

法鼓山的大關懷教育透過持續的關懷，與對生命教育的實踐，長期陪伴、建立大眾對生命的希望與熱忱。聖嚴師父出席「2000美麗臺灣希望會談」時，表示「我們對於未來的環境，不應該悲觀，也不必焦慮，不應該陶醉，也不能大意。一切要看我們全體大眾的價值觀和認知度來做決定。」2020年，大關懷教育以佛法指路，面對疫情無常考驗，全方位啟動安心工程，期以佛法領航，引導轉貪欲心為布施心、轉瞋恨心為慈悲心、轉愚癡心為智慧心，發揮同舟共濟的互助精神，讓人心靠岸，世界安度疫情。

● 01.01～23期間

108年度歲末關懷全臺送暖
合計關懷逾三千戶家庭

受關懷家庭扶老攜幼，到臺南分院參與歲末關懷活動，法師們致贈結緣禮，給予關懷及祝福。

慈基會延續2019年12月7日起舉辦的108年度「法鼓山歲末關懷」系列活動，匯集民眾的愛心，並結合地區資源，共同關懷當地低收入戶、獨居老人、急難貧病等民眾，至2020年1月23日期間，陸續於全臺各地分院、護法總會分會展開，合計二十五場，共關懷近三千八百戶家庭。

在提供慰問金及物資之餘，許多關懷點均同步舉行祈福法會或念佛共修，引領大眾安定身心。1月12日於臺南分院展開的活動中，主持人首先引導眾人共同揮動紅綠色的小旗子，練習一句句的祈福語，希望在新的一年，都能以行動實踐說好話、做好事，廣結善緣、培福有福；監院常宗法師開示時，表示觀世音菩薩猶如每個人的母親，「觀眾生之音，解眾生之苦。」並帶領大眾誦念觀世音菩薩聖號，鼓勵學習用慈悲心待人，聞聲救苦，成為觀世音菩薩的化身。

另一方面，護法總會多處分會更提供「關懷到家」服務，由義工直接將關懷物資送到關懷戶家中，進行慰訪工作。

每年的法鼓山歲末關懷活動，慈基會都希望透過物質與精神上的扶持，讓關懷家庭感受到佛法與社會的溫暖，也能從受助者的角色，轉為快樂的助人者。

108 年度「法鼓山歲末關懷」活動一覽

區域	時間	活動地點	活動內容	關懷地區（對象）	關懷戶數
北部	2019年12月7日	北投農禪寺	祈福供燈、園遊會、致贈禮金與物資	臺北市、新北市關懷戶	332
	2019年12月8日	北投文化館	祈福法會、義剪、致贈禮金與物資	臺北市、新北市關懷戶	860
	2019年12月14日	法鼓山園區	祈福供燈、心靈饗宴、致贈禮金與物資	北海岸行政區、基隆關懷戶	151
	2019年12月15日	桃園齋明寺	祈福供燈、藝文表演、致贈禮金與物資	桃園市、新竹地區關懷戶	244

區域	時間	活動地點	活動內容	關懷地區（對象）	關懷戶數
北部	2020年1月12日	苗栗分會	祈福供燈、致贈禮金與物資	苗栗縣、市關懷戶	30
	2020年1月13至15日	宜蘭分會	關懷送到家	宜蘭縣、市關懷戶	10
	2020年1月13至17日	蘭陽分院	關懷送到家	宜蘭縣、市關懷戶	24
	2020年1月17日	臺北市立動物園	園遊會	臺北市文山區獨居長者	886
中部	2019年12月8日	嘉義分會	致贈禮金與物資	嘉義縣、市關懷戶	65
	2019年12月8日	朴子共修處	致贈禮金與物資	朴子市關懷戶	33
	2019年12月11日	員林分會	祈福供燈、致贈禮金與物資	彰化縣員林市關懷戶	99
	2019年12月14日	雲林分會	致贈禮金與物資	雲林縣關懷戶	12
	2019年12月24日至2020年1月18日	彰化分會	祈福供燈、致贈禮金與物資、關懷送到家	彰化縣、市關懷戶	20
	2019年12月21至22日	南投德華寺	祈福供燈、義剪、致贈禮金與物資	南投縣魚池鄉、國姓鄉、仁愛鄉關懷戶	88
	2020年1月2至15日	竹山共修處	關懷送到家	南投縣竹山鎮關懷戶	70
	2020年1月2至23日	臺中寶雲寺	關懷送到家	臺中市關懷戶	100
	2020年1月12日	南投分會	致贈禮金與物資	南投縣、市關懷戶	61
	2020年1月12日	東勢共修處	關懷送到家	臺中市東勢區關懷戶	49
	2020年1月12至19日	豐原分會	關懷送到家	臺中市豐原區關懷戶	32
南部	2020年1月4日	高雄紫雲寺	祈福供燈、藝文表演、致贈禮金與物資	高雄市關懷戶	202
	2020年1月10至18日	潮州分會	關懷送到家	屏東縣潮州鎮關懷戶	29
	2020年1月12日	臺南分院	祈福供燈、致贈禮金與物資	臺南市關懷戶	63
東部	2020年1月12日	花蓮分會	關懷送到家	花蓮縣、市關懷戶	16
	2019年12月22日	臺東信行寺	致贈禮金與物資	臺東縣、市關懷戶	139
	2020年1月1日		致贈禮金與物資	臺東縣、市關懷戶	179
合計					3,794

● 01.03～09.20期間

大事關懷列車巡迴展開
分享正向的生死觀念

常哲法師解說關懷院的組織架構，期勉同心同願推動大事關懷。

為提昇地區義工對大事關懷的認識，關懷院自1月3日至9月20日，於護法總會淡水、內湖、彰化、員林、苗栗等多處分會，展開地區巡迴關懷活動，共十五場。由監院常哲法師、助念團團長黃欣逸等悅眾，與地區助念組義工交流，分享正向的生死觀念，凝聚團體共識。

關懷交流中，首先觀看聖嚴師父《關懷的義涵》影音開示，師父說明：「需要我們幫忙協助的時候，我們就去；需要我們慰問的時候，我們就去。這就是關懷。」常哲法師解說關懷院的組織與架構、助念團的服務項目等，表示關懷的重要內容是「病」及「往生」，能做的不多，需要做的卻很多。

黃欣逸團長則分享於地區展開的「助念共修課程」，內容包括病得很健康、助念觀念、法器練習，以及追思祝福等，鼓勵義工學習及承擔，同心同願推廣大事關懷教育。

大堂提問時，常哲法師逐一說明佛教與民間習俗的差別，引導學員用正信佛法建立適合的觀念及做法；強調往生者的身後事應以遺囑為先，即使現代看來不合時宜的習俗，背後卻蘊含著人情，因此在助念過程中要以家屬間的和樂為重，才能生死兩相安。

● 01.05

邁向2020歲末感恩分享會
全臺十個分寺院、分會同步展開

為感恩護法鼓手一年來的護持與奉獻，護法總會及各地分院於1月5日聯合舉辦「邁向2020培福有福——歲末感恩分享會」，於國內法鼓山園區、北投農禪寺、三峽天南寺、桃園齋明寺、臺中寶雲寺、臺南雲集寺、高雄紫雲寺、臺東信行寺、蘭陽分院以及護法總會花蓮分會，共十個地點同步展開，方丈和尚果暉法師於農禪寺主現場，與各地僧團法師、近萬名信眾，互道祝福，凝聚護法

弘法的向心力。

果暉法師於開示祝福中，以「2020」的英文諧音「團體、團體」，祈願社會上的大、小團體，在新的一年裡都能以和為貴，「視彼此為造福的良田，實踐知福、惜福、種福、培福，並且能為別人祝福，就是有大福報的人；能廣結善緣，便能廣種

方丈和尚果暉法師（面對鏡頭中立者）於農禪寺主現場，與三十四百多位大臺北地區護法信眾共勉廣結善緣。

福田。」迎接鼠年到來，方丈和尚也引用宋朝大慧宗杲禪師「老鼠入牛角」譬喻，勉勵信眾學習佛法時，能效法老鼠日夜啃蝕的精神，保持恆心，必然有志者事竟成。

主場農禪寺由法青會、合唱團以精采的擊樂與歌唱，帶領大眾歡欣舞動；各分支道場，也在精心規畫的隊呼聲中揭開活動序幕。天南寺啟用滿十週年，邀請詞曲創作人暨歌手康吉良獻唱佛曲；齋明寺邀請護法總會副總會長蘇妧玲分享護法因緣；三學研修院女眾副都監果光法師於雲集寺關懷，勉勵大眾在關心照顧他人之前，先將自己身心安頓好，關照更多眾生。

信行寺安排兒童營的小菩薩表演「暴跳鼠的心法祕笈」，自然生動的演出，為現場增加許多歡笑；蘭陽分院由護法義工準備「上菜秀」，讓大眾讚歎創意滿分；果廣法師於寶雲寺煮粥以饗大眾，滿滿的幸福法味，讓信眾充飽護法能量；紫雲寺則有百位護法義工料理手作壽司、麵線捲及棗泥核桃等十道菜餚，分享十全十美的奉獻。

精彩溫馨的活動，在大眾合唱〈我要發菩薩悲願〉的歌聲中接近尾聲，方丈和尚帶領僧團法師繞場關懷，祝福大眾帶著無限的法喜與願心賦歸，歡欣迎接培福有福的一年。

● 01.12

蘭陽分院舉辦培力課程
學做有溫度的關懷義工

蘭陽分院於1月12日舉辦「緊急救援暨慰訪組培力課程」，由監院常法法師主講「慈善與修行」，期勉學員共學佛教的助人方式，以及在利他的同時，提昇自己的智慧與慈悲，有近七十人參加。

蘭陽分院培力課程中,常法法師期勉學員學做有溫度的關懷義工。

常法法師表示,佛教以無相、平等心關懷他人,一者能使被關懷的人產生信賴,二者對關懷的人本身而言,付出就是一大歡喜。法師並以自身經歷,引導學員從佛法來認清「我」的實相,把自我縮小,能看到他人的難處,便不容易受到挫折。法師引用聖嚴師父的開示「最好也最得力的修行,其實是奉獻」,與眾人互勉學習包容、平等關懷,超越「能度」和「被度」的對象,藉由奉獻進而消融自我。

法師鼓勵學員起身行動,與人分享、傾聽他人做義工的因緣、收穫、挫折及挑戰,練習溝通關懷,學做一個真誠有溫度的人。

● 01.12

地區悟寶兒童營齋明別苑展開
帶領小學員守護地球

小學員培植草頭寶寶,學習自然環保理念。

護法總會、青年院2020年首梯悟寶兒童營,1月12日於桃園齋明別苑,以「生活環保」與「自然環保」為主題,展開別具意義的綠色之旅,共有四十多位國小學員參加。

在「相見歡」、「黏一黏」等小遊戲開場後,「看地球在呼吸」以擬人化樹靈爺爺的動畫影片,教導孩童思考愛護樹木與地球的具體方式。隨後法青義工引導小學員們感受呼吸、體驗身心放鬆;並搭配學習童曲〈數呼吸〉,認識清楚放鬆的訣竅。

課程最後,學員們親手培植具個人特色的草頭寶寶,展現自己靈巧的小小綠手指,也在心裡種下生活環保與自然環保的種子,學習了解生命與自然的珍貴,進而成為大地的守護者。

02.15

「相護罩應」防疫動起來
青年學子製作布口罩自護護人

為落實防疫相關措施，慈基會舉辦「相護罩應」活動，於2月15日號召近三十位百年樹人獎助學金受助學子，以及參與「服務學習」的青年、義工，共同製作五百份可更換濾材的布口罩，完成後並走訪北區養護機構及關懷家庭，將安心物資致贈給關懷戶。

青年學子與義工們合力製作布口罩，從奉獻中學習利他精神。

先是車縫、剪線頭、用熨斗燙平，最後分工將完成的布口罩、可更換濾材、說明書及祝福佛卡一份份包裝好，學生們專注用心做著每個動作，感受奉獻的踏實喜悅。

有大學生分享，甫從車禍中康復，對於生命的脆弱與珍貴，感受特別深刻，感恩有因緣福報付出心力。

下午，義工與學子分頭走訪北區養護機構及關懷家庭，贈與口罩包、平安米、酒精等結緣物資。祕書長常順法師表示，幫助別人可以成長自己，期勉學子們從中學習到自護護人的利他精神，為社會帶來平安祝福。

02.17　02.18

關懷臺南、高雄社區長者
宣導正確防疫觀念與方法

防疫期間，慈基會社區長者關懷如常舉行。2月17日、18日，慰訪組義工分別於臺南市文南社區、高雄市六龜寶來社區舉辦關懷活動，除宣導正確的防疫觀念與方法，致贈參加者「防疫五寶袋」，並帶領「動手做一做」，有近五十位長者參加。

五寶袋的內容有祈願觀音佛卡、《心安平安》手冊、平安米、口罩、酒精等，祝福長者們在防疫期間能以安定的心，安全防疫。為保護長者的健康，活

動開始前,義工先為參與者量額溫,雙手噴灑酒精消毒,並示範正確的「洗手五步驟」:濕、搓、沖、捧、擦,以及「洗手七式」:內、外、夾、弓、大、立、腕。

文南社區的活動中,義工帶領利用無患子、青剛櫟果實等天然材質,製作既實用又充滿樸趣的種子鑰匙圈;寶來社區的手作活動,則是以廢棄木料,製成小巧可愛的小木屋手機架,於下次關懷活動時,長者可以動手彩繪手機架。

慈基會於臺南市文南社區關懷長者,宣導正確的防疫觀念與方法,並帶領長者手作鑰匙圈。

● 02.18起

護法總會、慈基會共設安心服務站
協助民眾安心防疫

因應新冠肺炎疫情,慈基會與護法總會於全臺各地護法分會設立「安心服務站」,首站於18日在文山分會設立,祕書長常順法師帶領護法悅眾及慰訪組義工,前往萬隆里及萬和里提供安心服務,將佛法的關懷與安心的觀念帶給社區民眾。

於萬隆里辦公處、萬和里自主照護站,法師帶領民眾誦念《延命十句觀音經》,期勉大眾在關懷他人之前,自心要先安定,才能好好照顧社區居民,彼此護念;也分享《心安平安》手冊內的防疫觀念,提醒安心重於提供物資,雖然物資有限,但佛法可以源源不絕,歡迎民眾到在地的法鼓山護法分會了解各種安心的方法,物資則配合政府的相關政策,身心就能平安無事。

常順法師表示,成立安心服務站主要是提供「安心」的服務,會依疫情的變化,以及各地分會不同的特性因地制宜,為動盪不安的人心,注入安定力量。

慈基會祕書長常順法師帶領悅眾和慰訪義工,至臺北市文山區關懷社區民眾,分享佛法的安心方法。

02.19

慈基會關懷視障者
安心著作轉製成點字版

疫情期間，慈基會祕書長常順法師於2月19日，帶領義工前往臺北市視障者家長協會，除致贈《心安平安》手冊，並以義工製作的布口罩結緣，關懷視障者的身心安定。

法師也示範《心安平安》手冊中的禪修方法，帶領視障朋友體驗放鬆、呼吸，達到安身安心的目的；並提醒，社會因疫情而不安，除了做好個人防護、公共衛生，更重要的是心的安定。

慈基會和臺北市視障者家長協會合作，將聖嚴師父安心著作製成點字版，提供視障者閱讀。

常順法師表示，視障者無法於第一時間接受收到相關疫情訊息，期盼透過協會的專業，將聖嚴師父相關著作及《心安平安》手冊文字轉製成點字版，放上「雲端千眼閱讀平台」，協助視障者安定身心。

在協會工作的視障者分享，專注呼吸、享受呼吸的方法簡單卻很有幫助，體驗的當下，頭腦真的可以不想任何事情，心情也輕鬆起來；視障者家長協會總幹事王晴紋表示，會把相關資訊做成專區，放在網路上供視障者連結，也將在協會臉書、LINE群組上推廣，讓視障朋友透過聽、觸摸或大圖版，接收到所需的資訊。

02.26　03.12　03.13

推動「關懷弱勢守護計畫」
分送防疫物資　分享安心之道

為落實防疫，關懷弱勢家庭和獨居長者的健康，慈基會於偏鄉推動「關懷弱勢守護計畫」，2月26日在演道法師帶領下，五位僧大學僧，以及慰訪義工、專職，分別造訪金山、萬里地區十二戶家庭，除了表達對日常生活的關心，並宣導防疫訊息。

3月12日則由專職赴新北市新店偏遠地區的龜山國小、屈尺國小，分送防疫物資。13日會長柯瑤碧、副會長王瓊珠、總幹事陳高昌率同專職及地區義工，前往長期關懷的苗栗幼安教養院、苗栗特殊教育關懷協會，致贈防疫物資。

慈基會關懷新北市屈尺國小，致贈防疫物資。

走訪多戶關懷家庭後，演道法師表示，學僧藉由家訪學習關懷社會，培養宗教師利益眾生之悲願心，疫情危難之時，關懷生活有困難的弱勢家庭和獨居長者之衛生防護，不僅傳達各界的關心與祝福，也可分享動盪社會中的安心之道。

● 03.05起

慈基會捐贈安心手冊
以安定身心應對病毒

為協助社會應對防範新冠病毒疫情時，仍能保持身心自在安定，慈基會特別出版《心安平安》隨身手冊，並於3月5日起陸續提供政府部門、機關學校及各地的安心服務站，也藉由全聯福利中心協助結緣，期以佛法助益大眾安身安心。

《心安平安》手冊收錄聖嚴師父「安心的智慧」相關文章，以及「安身妙法」、法鼓八式動禪練習心法。方丈和尚果暉法師在手冊書序中，提醒「心是身體的主人，只要心理健康，即使身體生病，仍可平安健康過生活」，勸請大眾能以心靈環保來照顧心理健康，彼此護念，心安就有平安。

另一方面，法鼓山全球資訊網安心專區並提供下載電子版本，便利有效落實推廣、分享。

慈基會捐贈《心安平安》手冊，提供大眾閱讀，以安定的身心對抗病毒。

● 03.08

護法總會名譽總會長陳嘉男追思會
四眾感念學佛護法無私奉獻

3月8日，僧團於法鼓山園區曹源書苑，舉辦護法總會名譽總會長陳嘉男追思會，因正值新冠肺炎疫情期間，追思會除了陳總會長親友、僧團及護法總會相

關代表出席外，現場並透過網路直播，讓教團四眾以視訊追思祝福。

追思會首先由悅眾法師帶領與會人員誦念祝福，並觀看紀念影片。與名譽總會長情誼超過三十年的資深悅眾施建昌，分享名譽總會長為一位事業有成的企業家，自聽過聖嚴師父的演講後，加入護持佛法的行列，盡心協助推動師父的理念；形容名譽總會長是「現代的給孤獨長者」，永遠的居士典範。

在親友與僧團祝福中，陳嘉男名譽總會長於生命園區完成植存。

方丈和尚果暉法師代表僧團致意，感恩名譽總會長長期的慈悲照顧，祝福其往生西方佛土，乘願再來人間。張昌邦總會長代表護法總會，感謝名譽總會長於任內完成許多重要專案，勉勵大眾以陳總會長對佛法的強大願心為榜樣。

名譽總會長四位兒女，也表達對父親的感念，會以父親一生的低調謙和作為典範，傳承實踐待人處事的精神，也發願持續協助弘法事業，並表示：「謝謝世間有佛法，父親在法鼓山的一生很精彩。」

最後，在大眾的祝福中，於生命園區完成植存，圓滿名譽總會長學法護法弘法的一生；而其奉獻利他的菩薩精神，也為四眾弟子留下繼起效法的風範。

● 03.24

慈基會關懷第一線社工
北海岸社福中心舉辦行手作活動

慈基會應新北市政府社會局之邀，為第一線社工人員提供心靈喘息服務，於3月24日在淡水區的北海岸社福中心舉辦關懷活動，十四位社福中心與家暴暨性侵害防治中心的社工，透過手作，體會在專注中放鬆身心，減輕工作壓力。

活動中安排「蝶谷巴特」手作，提供多種圖樣的餐巾紙，進行剪裁與拼貼創作。許多社工不約而同選擇單車圖樣，表示此時此刻，最想做的事，就是騎上腳踏車去追風。

慈基會於北海岸社福中心舉辦手作活動，紓解社工的工作壓力。

中心社工主任羅惠玲說明，社工是社會底層家庭的重要支持者，平時工作繁重，心理壓力也大，防疫期間，也要為獨居老人配送口罩；感謝法鼓山的關懷，引導社工放鬆專注地體驗手作，紓解緊繃的身心。

● 04.12～05.24期間　10.17～11.22期間

第三十六、三十七期百年樹人獎助學金頒發
全年近兩千五百位學子安心就學

百年樹人獎助學金集結各界的善心與溫暖，協助學子安心就學。

慈基會於4月12日至5月24日、10月17日至11月22日期間，在全臺各地舉辦第三十六、三十七期百年樹人獎助學金頒發活動，全年共九十場，有近兩千五百位學子受益。疫情期間，不少受薪家庭的收入受到影響，獎助學金為學生提供了實質幫助，並傳達社會溫暖關懷。

4月12日，護法總會新莊分會於「中港大排花語綠意綠色長廊」廣場舉行獎助學金頒發活動，義工為同學量額溫、噴灑酒精消毒雙手，再送上文具、點心；慈基會祕書長常順法師也到場祝福學子，抗疫期間更要「平平安安，過好生活」。26日，文山分會安排受獎學生參訪臺北古蹟「寶藏巖寺」及藝術村文化聚落，感受歷史的古風情懷與現代藝術的薰陶；義工也引領家長練習托水缽，體驗動禪的放鬆與安定。

高雄地區的頒發活動，於5月3日在紫雲寺旁的禪公園展開，依國小、國中、高中、大學區分為四個時段，分流報到後，由三位常住法師以一對一方式，依序頒發獎助學金、學習禮、大悲水，並關懷學生學習狀況，鼓勵自我期許，將來有能力時也要為需要協助的人，伸出溫暖之手。

下半年的頒發活動，於10月17日起展開。其中，苗栗分會安排受獎學子與家長參訪法鼓山園區，並於開山觀音像前繞佛經行，體驗禪悅境教。

11月7日於桃園市府老人文康中心舉辦的頒獎典禮中，並安排禪繞畫體驗，常順法師勉勵學子、家長和慰訪義工，要將活動中感受到的安定與祝福帶回學校和家庭，讓功課更順利、家庭更平安。

2020 百年樹人獎助學金頒發人次一覽

學別／期別	國小	國中	高中	大學（大專）	總計
第三十六期	313	265	313	360	1,251
第三十七期	250	257	306	368	1,182
合計	563	522	619	728	2,432
百分比（％）	23.15	21.46	25.45	29.94	100

● 04.22～06.24期間

慈基會義工協助分裝口罩
「罩」護未來主人翁

為減輕藥師工作負擔，4月22日至6月24日，慈基會義工每週三於新竹市北區區公所協助市政府分裝口罩，22日首次活動有二十二位義工，與銀髮族協會等多個團體，在衛生局人員指導與示範下，共同協助藥局分裝七千包兒童口罩。

為了保持口罩清潔，義工包裝前，皆需手部消毒、穿隔離衣，戴上口罩、髮套與手套，將口罩分裝到信封

慈基會義工協助新竹市政府分裝兒童口罩。

袋中，並與品管人員點收與確認數量。有義工表示，防疫一條心，有機會協助醫護人員，也能感受到政府對防護措施的用心；也有義工分享，抱持聖嚴師父所說「哪裡需要，就往哪裡去」的精神來奉獻，彼此合作無間，拆點口罩、包裝口罩，心中並默念「小朋友身心安康；疫情早日消除」，將祝福包進袋中。

疫情期間，不減義工的奉獻熱忱，不僅參與踴躍，盼能將培福有福的祝願，透過口罩與學童結緣。

● 04.26～06.26期間

端午關懷全臺展開
以陪伴鼓舞希望

4月26日至6月26日期間，慈基會於全臺各地展開端午關懷活動，慰訪義工除攜帶應景素粽前往關懷家庭表達祝福外，並分別至各地社福機關、安養機構，

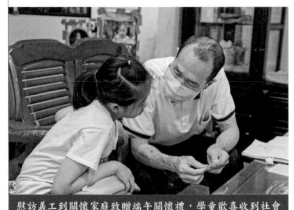
慰訪義工到關懷家庭致贈端午關懷禮,學童歡喜收到社會各界的溫暖祝福。

與院民歡度佳節,共計關懷一千零二十七戶,兩千八百多人感受佛法的溫暖。

其中,新竹地區慰訪資深悅眾,於5月16日前往關懷家庭致贈端午關懷禮,除了端午禮券及禮金外,並有繪本、色鉛筆等「學生禮」,鼓勵學童努力學習,彩繪人生。

6月20日,苗栗地區的慰訪義工,前往協和醫院附設護理之家關懷,並帶領誦念《心經》,以及手語帶動唱,引領長者開口、動腦,活絡腦部及肢體,傳遞各界的祝福;23日,臺北文山地區的義工,前往景仁、景慶、萬和等社區據點,協助送餐並進行贈粽服務,與獨居長者溫馨互動,享受節慶樂趣。

有慰訪義工分享,新冠肺炎疫情讓許多家庭的生活受到影響,藉由年節慰訪,傳達關懷對象更多溫暖和生活智慧,在積極的助人服務之中,也發揮自我的生命的意義。

● 04.28～06.03期間

慈基會響應北美「佛法救濟」專案
捐助七萬份布口罩關懷美國民眾

慈基會響應北美道場「佛法救濟」專案,以專案方式訂購七萬份布口罩接續援助,關懷美國民眾。

義工們穿戴防塵帽、手套、口罩,於雲來寺協助包裝布口罩。

由於製作時程短,廠商無法及時完成包裝,護法總會義工團於4月28日起,分批於北投雲來寺協助包裝作業。義工們戴上防塵帽、手套、口罩,有八十一歲的悅眾分享,每將一片口罩裝進塑膠袋裡,心中就默念一聲阿彌陀佛,希望收到口罩的人,也能收到祝福,從而心安有平安。

慈基會表示，4月初義工們製作一千多份布口罩送往美國東初禪寺，當地回饋需求訊息，因此決議持續捐助遊民中心；同時，因為西方人臉型較大，所以訂製大一寸的口罩，挑選透氣佳的棉布材質，讓民眾能安心防疫。

● 05.01起

護法鼓手平台做定課
持〈大悲咒〉 學習用功安居

護法總會於5月起，透過每月召委會議，籲請全臺鼓手們透過「大悲咒LINE起來」平台做定課，匯聚每個人在家持咒的力量，祈願疫情早日平息，眾生身心平安。

為鼓勵信眾參與持咒修行活動，僧團都監暨護法總會副都監常遠法師特別錄製影片，分享學習〈大悲咒〉的四個階段：開始學習（Learn）、堅持學習（Insist）、增長學習（Nurture）、學習助人（Empower）。法師

僧團都監常遠法師鼓勵大眾加入「大悲咒LINE起來」，學習增長慈悲心，串起安定自心的力量。

表示，唯有透過修學佛法，才能讓我們的內心得到平靜與安定；因此邀請護法鼓手以持誦〈大悲咒〉與念佛，共同為世界祈願與祝福。

大眾除可自行於平台上傳持咒次數，不便使用手機的孩童及長者，也可將持咒成果請各地區召委統計，每日以分會為單位一併上傳。有召委表示，道場暫停共修後，許多人壓力倍增，無法安定，地區配合推廣「大悲咒LINE起來」後，隨即建立「持大悲咒群組」，不到一個月的時間，已有一百多位信眾響應，持咒次數多達九萬遍。

有信眾分享，參與活動最大的收穫，是熟背咒文，不管人在哪裡，道場就在哪裡。

● 06.01

法鼓山捐助印度人道救援組織
善款援助摩訶菩提國際禪修中心

新冠肺炎疫情對世界經濟帶來衝擊，印度人道救援組織摩訶菩提國際禪修中心（Mahabodhi International Meditation Center, MIMC）創辦人僧伽先那比丘（Bhikkhu Sanghasena）致函方丈和尚果暉法師，說明因全國封鎖，造成營運

困境，致使影響提供當地人民糧食、醫療、心靈救護等任務，方丈和尚即刻指示公關室協助捐款援助。

MIMC 辦公室也於27日發函感謝法鼓山的協助，表示感恩法鼓山在艱難的時刻，提供捐款，讓 MIMC 的人道救援工作可以更積極運作，以緩解新冠肺炎造成全球及印度人民的不安與苦痛；也以慈悲的力量祈禱，祈願全球及印度受苦受難的人們都能身心平安。

● 06.14

臺中分會舉辦座談會
資深悅眾傳薪話寶雲

臺中資深悅眾陳治明（右）、李東枝（左），分享隨聖嚴師父護法修行、籌建寶雲寺的歷程。

護法總會臺中分會於6月14日在寶雲寺舉辦「法鼓傳薪話寶雲」座談會，由副總會長陳治明、資深悅眾李東枝，分享追隨聖嚴師父修行、護持法鼓山及籌建寶雲寺的故事。堅定護法的行誼，讓近五十位悅眾和新進勸募會員，生起感恩與效法之心。

早年在警界服務的陳治明，回憶第一次到北投農禪寺參加佛七時，正當寒流來襲，雙腳踏在金屬階梯上異常冰冷，隔一會兒再走，腳底的寒冷消失了，原來義工在每一層階梯都鋪上了布，讓他發心也要護持他人。後來加入勸募會員行列，並擔任護勤義工。

李東枝說明1997年前後隨聖嚴師父於中部各縣市舉辦講座，促成苗栗、豐原、南投、彰化、海線各弘化據點的成立；也分享前往中國大陸朝聖，師父帶著大家走入祖師大德的內心世界，「我們這群蒙受法乳之恩的弟子，也走入師父的內心世界」。

寶雲寺籌建時期，從購地到募款，兩人全心投入，接引眾多人護持建寺；也感念聖嚴師父一心護念眾生、成熟眾生，更要學習當師父的化身。

● 06.16

慈基會舉辦「認識長照」講座
共許美好的晚年

慈基會於6月16日在北投雲來寺舉辦講座，邀請關渡醫院醫師黃斌及社區護理師許瓊茹，以「認識長照2.0」為題，為近六十位地區義工及專職，從醫療

服務內容、地區資源介紹與親身體驗，說明政府規畫的長照2.0計畫。

黃斌醫師從政府於民國96年推動的長照1.0計畫談起，深入淺出說明長照的兩個十年，針對1.0計畫的不足進行調整，擴大照顧對象與項目，並將長照分為ABC三類體系，結合醫療、長照、住宅、預防、生活支持等面向，期望透過長照管理中心評估、連結服務，為有需要的家庭，提供完整的「社區整體照顧模式」。

黃斌醫師深入介紹政府推動的長照2.0計畫。

許瓊茹護理師則從自身的專業經歷，介紹深耕在地、資源共享的北投「石頭湯」專案，希望藉由整合醫療及照顧服務，為長者與失能或獨居老年人提供更有效益的服務。

慈基會專職也分享因家中長者需求，使用長照2.0計畫後，為家中帶來的正向轉變，鼓勵大眾善用政府資源，並以正面的心態接受變老，積極復能，就能好好的「老在一起」。

06.21

「大事關懷座談會」齋明別苑舉行
了解生死　珍惜當下

6月21日，關懷院於桃園齋明別苑舉辦大事關懷座談會，由監院常哲法師帶領，共有一百一十多位桃園、新竹、苗栗地區助念團成員參加。

學員首先聆聽聖嚴師父影音開示，學習法鼓山大事關懷的精神意涵，在老病、往生的重要時刻給予關懷，對往生者及家屬都是最需要的，不僅能誠心祝禱往生者往生善道，更在陪伴中讓家屬身心安定。

「大事關懷座談會」於齋明別苑舉行，法師和信眾發願提昇關懷品質，助益更多人。

常哲法師補充指出，死亡就是這期生命應受的業報已受盡，而捨報往生。因此，一生受報的種種樣貌，即是這一期生命型態的呈現。法師說明，以關懷達成教育的目的，以教育達成關懷的功能；大事關懷深入社會各階層，大原則方

向不變,掌握原則要善巧配合當下因緣,讓關懷適切而人性化。

Q&A時段,學員提問熱烈,齋明別苑副寺常林法師提醒,唯有勇敢認真地了解生死,才能在無常人生中,以歡喜心珍惜生命的每一個當下。

● 06.24

青年院、輔仁大學師生協作
跨領域共啟樂齡服務

參與「樂齡服務學習計畫」的輔大學生,分享研發樂齡友善產品的學習過程。

青年院與輔仁大學共啟的「樂齡服務學習計畫」,6月24日於輔大舉行專案成果發表會,共有英文、會計及應用美術系三個系所四十四名學生參與。

「樂齡服務學習計畫」於2019年發起,學子分組至長照機構了解長者需求,歷經一年研發,設計出五款實用的產品,「尚係哇厝邊」、「希望海角」兩款桌遊,以及改良式助行器、不卡關穿脫衣、防震餐具等三款生活輔具。學生分享陪伴長者過程中,觀察到四肢活動不便、缺乏社交活動是最常見的問題,從而有了產品設計的方向;各組成員分工合作,英文系查閱國外文獻以及提出產品建議,會計系負責成本估算及專案管理,應美系執行設計並製作產品模型。

有英文系學生表示,過程中最大的收穫,是學會用更多元角度去理解周圍的人、事、物;會計系學生也透過課程,練習同理心與觀察力,測試產品時看見長輩的笑容,內心很有成就感。護法總會新莊分會樂齡試用代表也回饋,無論是桌遊或生活輔具,都能感受到學生的用心、為長者帶來助益的願心。

擔任指導的會計系副教授李啟華表示,學生為共同的善念,奉獻各自的學業專長,每個人的力量也因為合作,發揮更大的影響力。

● 07.11～08.09期間

線上悟寶兒童營暑期展開
親子共學樂無窮

響應全民防疫新生活,7月11日至8月9日,護法總會與法青會每週六、日於全臺共同舉辦「暑期線上悟寶兒童營」,以線上親子課程,讓大、小朋友共同

青年院法師、法青、分會義工等團隊成員，透過直播，與家長、孩子一同上課。

學習，每梯次兩日，共計五梯次，全臺有近兩百組家庭、四百位親子參加。

首梯課程以「四安」為主題，於7月11、12日在臺北德貴學苑展開，現場工作團隊，包括青年院法師、法青以及分會義工共五十人，透過直播連線，與八十多位來自城中、文山、新店地區親子互動，透過數位科技體驗，引發熱烈回響。

螢幕裡，主持人以問題帶動螢幕前親子熱絡搶答，線上對話聲此起彼落，洋溢歡喜的氣氛。課程內容包括觀賞「安心安家」舞台劇、「DIY抗疫產品」教學，戲劇表演引導認識細菌與病毒、動手製作乾洗手液，以及學習用觀音菩薩修行法門來安定自心。

「沒想到網路也能這麼有溫度。」有家長表示，因為是線上課程，首度有機會參與，親子在過程中頻頻討論，歡喜地完成遊戲挑戰及作品，共度週末好時光。

演謙法師表示，透過互動的設計，讓平時忙碌的家長有機會和孩子相處，參與後對數位體驗都給予正向回饋，防疫期間在家中學習，更感到安全與放鬆。

● 07.12～08.22

百年樹人獎助學金分享卡聯誼活動
受助學子用創意表達感恩

7月12日至8月22日，慈基會陸續於全臺舉辦第三十七期百年樹人獎助學金分享卡創作聯誼活動，共十六場，學子藉由卡片的製作，分享生活經驗，也向身邊的人、事、物表達感恩，有逾五百人參加。

首場於7月12日在嘉義勞工育樂中心舉行，三十八位學子齊聚一堂。義工首先為學生說明分享卡的意義，再由老師

受助學子創作分享卡，用創意與巧思表達感恩。

指導繪製禪繞畫，以及製作信封與卡片，學生們以放鬆與專注的心，所描繪出的一筆一畫，皆忠於當下感受，不去分別好壞，發掘出更多巧思。如有國小學童在卡片上畫了一棵綠色大樹，周圍寫上「法鼓山讚」，樹上結了一顆小蘋果，翻開卡片，打開色紙摺成的綠色小窗戶，才看得到感謝詞，可愛又有創意。

暑期前來實習的僧大學僧表示，感受到小朋友在活動中都能把心打開，面對困苦仍能積極上進；孩童們開朗、活潑，相信是慰訪義工長期溫暖陪伴，所帶來的正面幫助。

● 07.18～08.05期間

慈基會舉辦四場聯繫會報
慰訪義工交流　安己安人做關懷

慈基會北區義工分享疫情期間，投入慰訪關懷的心得。

7月18日至8月5日，慈基會於高雄紫雲寺、臺中寶雲別苑，以及北投雲來寺、雲來別苑舉辦「救災總指揮、慰訪組長聯繫會報」，共有三百三十多人參加。

課程中，由慈基會專職以「疫情下的災害關懷」為主題，分享法鼓山上半年配合政府防疫措施，迅速因應政策，將活動、會議數位化，捐贈國內外防疫物資，鼓勵民眾以「安心、安身、安家、安業」四安理念來回歸日常生活。在地區災害關懷上，也強調先讓自己心安，才能使他人安心。

除了災害關懷，社區長者關懷亦是積極推動的重點工作，將持續以心靈環保為原則，美好的晚年為願景，投入在地陪伴、關懷及照顧，讓老有所依、老有所終，以佛法安頓自己與他人，落實終身學習、奉獻回饋的善循環。

如何讓未曾接觸法鼓山的長者感受到關懷與照顧，進而參與活動？資深慰訪義工分享個案關懷經驗表示，以同理心站在對方的立場去服務，才能感動對方。有慰訪悅眾表示，除了對外關懷，也要關懷慰訪義工，互相照顧，一起把福田種到全世界。

祕書長常順法師於紫雲寺關懷時，勉勵學員，關懷從自身做起，以修行角度來關懷自己；任何關懷及服務，都與個人修行相關，安頓好自己，做一個有智慧又歡喜的義工。

07.18～10.24期間

八場「勸募悅眾成長營」全臺展開
經驗分享　創意學習

護法總會於7月18日至10月24日，分別在北投雲來別苑、臺中寶雲寺、臺南分院、高雄紫雲寺，共舉辦八場「勸募悅眾成長營」，副都監常遠法師、服務處監院常應法師分赴各地關懷，有近六百一十位悅眾齊聚一堂，相互交流與學習。

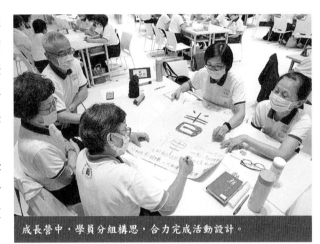
成長營中，學員分組構思，合力完成活動設計。

成長營開場，主持人首先引導每人拿起座位上的三張幸福小卡，寫下最真摯的祝福，送給在場的其他學員。接著觀看聖嚴師父的開示影片，說明勸募的意義、心態與正確知見。師父表示，勸募須建立正確的心態，藉由勸募而推廣法鼓山的理念，讓大家用佛法來自利利人；募款、募人、募心三募中，以募心最為重要。

整日的課程活動，還包括文山分會召委彭玉霞分享團隊運作經驗、護法總會主任楊順娥的勸募聯誼活動創意規畫教學等。學員也藉由交流討論，提出勸募時常見的問題，各地區集思廣益、交換意見，提供多元的應對方案，現場氣氛凝聚，充滿團隊向心力。

大堂分享時，多位悅眾指出，聆聽其他人的經驗分享，能放下各自的慣常，看見更多可能；有三十年勸募資歷的悅眾表示，透過分享與討論，聚合眾人的智慧和能力，不僅能度過困境，更重要的是獲得支持的力量，讓勸募走得更好更遠。

成長營圓滿前，由法師為勸募年資三十年以上或年滿七十五歲的二十三位悅眾頒發福袋及方巾結緣品，期勉悅眾，透過學佛讓慈悲智慧增長，學習做一位染香人，將法喜散發給周遭的人。

● 09.01～10.10期間

慈基會中秋送暖
佳節關懷不停歇

慈基會義工前往桃園懷德風箏緣地育幼院,陪伴孩子們畫圖,一起歡度佳節。

9月1日至10月10日,慈基會舉辦中秋關懷活動,除攜帶應景素餅前往關懷家庭表達祝福外,慰訪義工並分別至各地區社福機關、安養機構,與院民歡度佳節,共計關懷一千零三十戶家庭及八處機構。

9月18日,中秋慰訪臺北北投慈誠康復之家,慰訪義工帶著柚子、月餅與日常物資前往關懷,也與院友們一起誦持《心經》。慈誠康復之家收住精神復健者,多數院友少有回家機會;2008年起,北投慰訪義工每月定期前往帶領念佛。有院友以緩慢語調表示,自己每天念一千遍阿彌陀佛,因為發願要到西方極樂世界;院長陸秀真感恩義工們長期陪伴,對院友幫助很大。

28日教師節,祕書長常順法師率同專職、義工,前往苗栗縣特殊教育關懷協會,捐贈教具,並為該協會近二十位學員及負責照護的社工、教保老師,送上秋節的祝福。常順法師表示,法鼓山所提供的不僅是生活物資,更希望能將快樂和感動分享給社會大眾,都能平安健康有幸福。

有慰訪義工分享,珍惜人生中可以奉獻的時間,用感恩和學習的心,做好長期的關懷服務。

● 09.06～12.27期間

護法總會、法青會共同舉辦兒童營
引導學童培養良善品格

9月6日至12月27日,護法總會與法青會於週六或日在基隆精舍、桃園齋明別苑、新竹精舍、高雄紫雲寺、臺東信行寺,以及護法總會新店、新莊、中永和、松山與城中等分會,共二十五處地區,舉辦四十九場「悟寶兒童營」,藉由話劇、遊戲、唱誦等多元方式,引導國小中、低年級學童學習心六倫、四種環保,培養良善品格。

營隊內容,包括「基本佛學」的認識法鼓山理念及聖嚴師公、「兒童梵唄」

的佛曲帶動唱及團康遊戲等，並由法青會成員演出「貧女點燈」的故事，傳達供養的意義不在於形式與金錢多寡，而是以虔誠恭敬為心念，發下利益眾生的好願；也帶領小學員們製作好願環保蠟燭，向佛陀「供燈」，學習散播慈悲、智慧的光，點亮自己、照亮他人。

「悟寶兒童營」中，由法青陪伴學童學習成長，並以手作蠟燭，體會貧女點燈的故事。

DIY氣球單元中，則帶領學童以靜心專注的方法，突破自我的極限、放下恐懼，挑戰做出花朵手帶、兔子造型的氣球，同時練習處理情緒問題，做好心靈環保。

有家長表示，營隊活動趣味十足，並透過多元教案融合禪修，讓下一代有機會親近佛法、學習成長。

09.12

「社區關懷共識營」寶雲寺舉行
募人募心 將佛法帶回社區

臺中分會於9月12日，在寶雲寺舉辦「社區關懷共識營」，退居方丈果東法師到場關懷，寺院管理副都監果理法師、果雲法師、護法總會副總會長陳治明等全程與會，共有六十多位勸募悅眾參加。

退居方丈勉勵眾人，時時以佛法慧命為念，念念以大眾道業為首；事事以眾生的苦樂為著眼，處處以諸佛的道場來照顧；果理法師期勉大眾一步一步，在

郭惠芯老師帶領討論「社群」與「社區」的不同。

關懷好自己、照顧好身邊的人之後，走進社區，讓光熱往周邊發散，使社會更安定和樂。

課程中，由資深悅眾分享「社區關懷的願景」，除了接引家人學佛，也要將佛法帶回社區；建議可以寶雲寺為中心，成立「心靈環保讀書會」、「社區心靈茶會」，達到共學、關懷凝聚的效果。

「社群」與「社區」有何不同？在「落地開花，普皆迴向」課程中，聖嚴書

院講師郭惠芯表示「社群」跨越空間，指對某議題或文化認同接近的一群人，「社區」則是有空間範圍；也進一步說明，從社群跨入社區，能否耐心聆聽、真誠表達，接納他人與自己的不同，是建立新人際關係的基礎。

課程最後，果雲法師說明建立正確的學佛知見，建設好個人的法鼓山，就能讓更多人受用，用歡喜心、感恩心、信心，鞏固好自己的道心、願心與初發心，即是做好募人募心的基礎。

● 09.12起

方丈和尚地區巡迴關懷
四眾弟子分享法鼓山在地經驗

屏東分會鼓手們與方丈和尚、張昌邦總會長等歡喜相聚，分享佛法、以法相會。

9月12日起，因新冠肺炎疫情暫停的護法總會「方丈和尚抵溫叨──地區巡迴關懷」再度啟動，各地四眾弟子以法相會，凝聚護法願心。

9月12日首場於屏東分會展開，方丈和尚果暉法師偕同服務處監院常應法師、高雄紫雲寺監院常參法師、護法總會總會長張昌邦等，與老、中、青三代鼓手，歡喜以法相聚。活動中，勸募、助念、法器、機構關懷等各組悅眾接力上台，分享在地區深耕成長的發展，從分會的創建過程、義工特性、重大事件，以及目前推廣法鼓長青班、悟寶兒童營、法鼓八式動禪、東港淨灘等現況。其中於社區公園推廣法鼓八式動禪，已持續十餘年未曾間斷；還有定期至東港淨灘，邀集眾人做好小小的環保，展現鼓手以長遠心分享佛法、實踐環保的行動力。

13日，方丈和尚關懷行抵達全臺最南端的潮州分會，多位歷任召委與許久未見的鼓手們，都歡喜回家相聚。現任召委分享，潮州於1991年9月成立共修處，11月即開辦初級禪訓班，近三十年來持續推廣禪坐、念佛、法會、聖嚴書院佛學班、心靈環保讀書會，是地區民眾學佛成長的好所在。

每場活動並安排「方丈和尚聊一聊」時間，有資深悅眾表示自己已七十歲，雖然每天打坐，但生活中總忘了用方法，不知臨命終時，自己能作多少主？方丈和尚分享自己用禪修時的默照方法「萬緣放下，一念不生」，隨時將生命當成最後一刻；方丈和尚勉勵眾人即使到生命終點，一樣要成長自己、也幫助他人成長。

● 09.13

關懷院培訓助念共修帶領人
推廣大事關懷　解行並重

　　關懷院於9月13日，在臺中寶雲寺舉辦「助念共修帶領人培訓」課程，由監院常哲法師、演禪法師率同助念團團長黃欣逸及四位副團長等悅眾授課，共有一百一十三位學員參加。

　　課程中，常哲法師首先說明大事關懷寓意深遠，包含了四種環保的內涵，開辦「助念共修課程」，即是要落實聖嚴師父大事關懷的理念，期許眾人以師願

助念團悅眾指導執掌法器要領。

為己願，共同來推廣。黃欣逸團長介紹「助念共修課程」的目標，是整合助念觀念、提昇關懷能力與品質，傳承大事關懷經驗，內容解行並重。

　　四位副團長分別說明「解門」、「行門」的內容，演示如何帶領大眾閱讀聖嚴師父的著作，並利用提問釐清觀念；「如何說再見」則以「道謝、道歉、道愛、道別」四道人生習題，分組演練生命只剩一分鐘時，最想對誰道謝；「往生助念作法」則解說臨終關懷時應注意的事項。

　　下午，四位副團長示範左手握引磬、右手執磬桿的方式；並進行往生助念演練，從蓋上往生被、輪班進退場等，全程如實進行。

　　有學員分享，多年前因參加初級禪訓班而親近法鼓山，之後加入助念行列，每次助念都上了一堂生命教育課程，感謝往生者的示現，讓自己深刻體會到生命的無常，也做好了準備。

● 09.19

園區義工成長課程
學習關懷與付出

　　9月19日，義工室於法鼓山園區舉辦「園區義工成長課程」，以「關懷」為主題，果肇法師到場關懷，表示園區內不是只有三尊觀音菩薩，而是千百億尊，因為每位義工都是觀音菩薩的化身，希望義工可以互相學習、互相成就，共有八十一位學員參加。

　　上午的課程，由退居方丈果東法師主講「義工的保溫教育——法鼓山的理

法鼓山園區義工成長課程中，學員熱烈討論「義工心態」。

念」，說明人人都有習氣，彼此要相互包容、學習，強調當義工的首要原則是，天冷心要溫，天熱心要靜，世上沒有所謂不如意的事，因為一切都是成就自己的慧業和福業。「綠色關懷——關懷技巧」由法鼓文理學院生命教育學程助理教授辜琮瑜講授，強調生命的關懷是無條件的愛，也是施無畏，是進入生命的現場，與生命對話，看見生命的真實，如果能將每一次的相遇視為第一次也是最後一次，那麼就會更用心善待身邊的每個人。

下午由悅眾帶領的分組課程，學員熱烈討論「義工心態」；也在「角色扮演」中，模擬關懷者與被關懷者互動，體會放下執著、善巧溝通的心法。

有學員表示，感恩有學習的機會，以及資深義工傳承經驗，會以歡喜、恭敬、感恩、謙卑的心來服務，在奉獻中快樂修行。

● 09.20

關懷生命論壇
方丈和尚、許芳宜、張正傑分享轉境之道

人基會於9月20日在臺北市中油國光廳舉辦「2020法鼓山關懷生命獎頒獎典禮暨論壇」，典禮前進行的「關懷生命論壇」，邀請舞蹈藝術工作者許芳宜、音樂工作者張正傑與方丈和尚果暉法師，以「逆光・遇見自己」為題，分享逆境的轉境之道，有近一千人參加。

方丈和尚、許芳宜、張正傑在主持人石怡潔提問下，分享如何在人生的逆光時刻突破極限、超越自我，並在展現光熱的同時，還能傳遞給需要的人。方丈和尚將人比作電腦，鼓勵大眾學習默照禪法開啟「省電模式」，時時回到身心清淨；追尋夢想時，有如火箭升空，飛得愈高，需放下的包袱愈多。

許芳宜、張正傑則分別以「真誠、熱情」、「誠實面對自己，相信自己與世界不同」，鼓勵年輕人堅持初心，在逆光時勇敢轉身，就會看見陽光。

典禮中場，張正傑也演奏《天鵝》、

方丈和尚、許芳宜、張正傑（右二起）分享逆境的轉境之道。右一為主持人石怡潔。

《白鷺鷥》、自創曲《抗議莫札特》及《我的小寶貝》等樂曲，大提琴與鋼琴合奏，樂聲和諧動人。

● 09.20

關懷生命獎頒獎典禮
鼓勵於逆境中淬鍊生命智慧

9月20日，人基會主辦的「2020年法鼓山關懷生命獎頒獎典禮」於臺北市中油國光廳舉行，邀請前副總統陳建仁、國泰人壽慈善基金會董事長錢復，以及方丈和尚果暉法師，頒獎給「大願獎」孩子的書屋文教基金會、「慈悲獎」花蓮縣玉東國中教師王嘉納、「智慧獎」臺師大公民教育與活動領導學系教授謝智謀三位得獎者，有近千位民眾出席觀禮，網路同步直播，讓大眾一起感恩與喝采。

「2020 法鼓山關懷生命獎」得獎者在逆境中淬鍊生命智慧，為社會帶來正向力量，頒獎來賓代表社會給予支持及掌聲。

「社會愈動盪不安，愈需要有人發起大悲心。」方丈和尚致詞表示，關懷生命獎是發掘關懷社會的能量，尤其今年新冠肺炎疫情蔓延，許多國家籠罩在疫情的黑暗中，希望藉由關懷生命獎拋磚引玉，鼓勵大眾關懷社會與人心，促成世界共好。

頒獎典禮上，「慈悲獎」得主王嘉納表示，自己的付出很渺小，感謝多年來支持玉東國中木工班的社會團體及善心人士；而從家庭功能喪失的學童臉龐，看見因學習木工而展露的笑容，更是持續努力的動力。

「生命有了裂縫，光才能夠透進來。」獲頒「智慧獎」的謝智謀回顧，求學時曾遭遇家暴、退學和保護管束，走出陰霾後，帶領高風險學子透過戶外活動，重建生命經驗，對人生產生正面影響，「唯有接受自己的自卑與不完美，才能真正從傷痛中站起。」

「大願獎」由孩子的書屋文教基金會現任董事長陳彥翰代表領獎，分享接手父親的大願，才明瞭書屋對臺東孩童的重要性，未來將繼續承接父親的理念，做弱勢家庭永遠的避風港。

人基會表示，希望透過獎項，表彰得獎者為生命的典範，奉獻利他的慈悲智慧與大願。

09.26～27

榮董會舉辦禪悅營
堅定以師願為己願的奉獻願心

榮董會舉辦禪悅營，堅定以師願為己願的奉獻願心。

9月26至27日，榮譽董事會於法鼓文理學院舉辦禪悅營，由果舟法師擔任總護，學員藉由參與法會、體驗戶外禪，堅定修行與奉獻的願心，有近一百八十位榮董參加。

營隊中，學員觀看聖嚴師父多部開示影片，包括《人生的意義》、《坐禪的功能》等，在《坐禪的功能》開示中，師父說明打坐的功能有三：身心平衡、精神穩定、智慧心及慈悲心的開發。演定法師指導坐禪方法，一一調整學員坐姿，也帶領練習法鼓八式動禪，引導感知身與心的清楚與放鬆，體驗「身在哪裡，心在哪裡，清楚放鬆，全身放鬆」的心法。

方丈和尚果暉法師關懷時，分享「三三二二」十念念佛方法，並示範念觀音聖號的時候，可以藉由觀想來迎觀音、祈願觀音、開山觀音不同手印，再進一步觀想三尊觀音的聖像，鼓勵大眾練習結合口誦聖號、觀想聖像的念佛方法。

營隊同時安排於法鼓山園區參加大悲懺法會。果舟法師說明莊嚴道場不是湊熱鬧，而是以安定的心念，共同護持團體的共修學習，熏習正向的思惟，期勉將習得的觀念體現於日常行動上。

10.09～11.11期間

「家中寶」佛化聯合祝壽全臺展開
祝福生命美好福慧廣增

10月9日至11月11日，法鼓山陸續於全臺灣分支道場，舉辦八場「2020第二十七屆佛化聯合祝壽」，近一千五百位長者在兒孫陪伴下，參與法會、聆聽聖嚴師父影音開示祝福、佛曲表演、切壽糕、感恩奉茶等，歡度一個環保簡約、法喜充滿的祝壽活動。

10月10日，來自雲林、嘉義、臺南等地上百位「家中寶」，在家屬陪伴下前往臺南分院，參加祈福延壽法會、孝親感恩獻桃、歡喜慶福壽等活動。主法果

本法師以「夕陽無限好，不是近黃昏，前程美似景，旭日又東昇」祝福勉勵長者，監院常宗法師鼓勵老菩薩常念「南無消災延壽藥師佛」，不僅增福、增壽、增慧，更能為全家帶來健康平安。

臺南分院法師們與壽星代表合切子母壽桃，象徵母桃孕育無數子桃，祈願家中寶福壽綿延、永續不息。

11日於高雄紫雲寺大殿，高雄法青以鼓樂，活力揭開祝壽序幕。法會中，法師帶領長者及兒孫們手捧兩顆手作紙心，一同祈願、誦念《心經》、持「藥師琉璃光如來」聖號。接著製作「時空膠囊」紙盒，再將許願後的兩顆紙心放入盒中，齊聲說出：「許個好願，讓它實現！」由老中青三代組成的團隊，於歌曲〈你是我的花朵〉中載歌載舞，小菩薩們並向家中寶大聲說：「阿公阿嬤，生日快樂！」熱情祝福帶動全場。

臺中寶雲寺本年以「到府祝福」方式為家中寶祝壽。11日晚間，邀請兒孫們參加前行活動「孝親反哺營」，親手製作裝滿孝親心意的「福氣盒」；17日起，每週五至日由法師、專職、義工組成「福氣團隊」，前往臺中、彰化、南投等地區長者家中致贈，將法鼓山及子孫們的祝福，親自送到每位長者手中。

● 10.16～18

勸募會員返校日
體驗心靈環保校園生活

感恩成就法鼓文理學院興學大願的眾多善緣，護法總會與文理學院首次合辦「勸募會員返校日」，安排全臺各地勸募會員到校園參觀、共修，10月16至18日展開第一梯次的校園巡禮，有近九十位城中、海山分會的勸募會員參加。

三天兩夜的「返校」活動，除了導覽校園及校史館，也透過講堂、肢體舞蹈、遊戲交流等方式認識生命教育、環境發展、社會企業與創新及社區再造四學程的教育

城中、海山區護法鼓手巡禮法鼓文理學院，走在大願橋上，感動實現聖嚴師父的興學願心。

精神。17日，方丈和尚果暉法師到場關懷，感謝鼓手們長年發心做護法棟樑，勉勵眾人不只廣種福田，也歡迎運用體系內各種教育資源，持續精進。

方丈和尚果暉法師感恩鼓手們長年護持大學院教育，鼓勵眾人運用體系內教育資源，持續精進。

心靈環保研究中心主任黃信勳講授「與天地共好的永續之道」，說明如何以環境發展的觀念，落實心靈環保；人文社會學群學群長陳定銘分享「心靈環保管理學」，鼓勵練習佛陀為弟子制定的「六和敬」規範，保持個人日常的清淨與和諧；佛教學系法籍講師齊哲睦（Luke Gibson）示範梵語唱誦，並以流利的中文分享自身學佛的生命故事。

「燈燈相傳」由常持法師帶領眾人，靜心從游心場經行至大願橋，面向六度池，每人手捧一盞心燈，為眾生許下溫暖願心。

有鼓手表示，對法鼓山的教育團隊及學習環境很有信心，會接引親友熏習佛法。

● 10.18

法行會中區分會會員大會
護法弘法續向前

法行會中區分會會員大會，果理法師（右六）與新任悅眾合影。

法行會中區分會於10月18日，在臺中寶雲寺舉行第九屆會員大會，寺院管理副都監果理法師到場關懷，除年度工作說明與分享外，會中並推舉新任會長，原任會長卓伯源接續連任會長，有近六十人參加。

果理法師說明新冠肺炎疫情，法行會協助布口罩的製作，捐贈至美國紐約，帶給當地民眾很大的溫暖，期勉法行會繼續往前，學佛護法路上，持續奉獻，讓社會更好、世界更平安。

連任的會長卓伯源，感謝悅眾團隊齊心合力，共同推動「提昇人的品質，建設人間淨土」各項活動，希望讓佛法深入每一個家庭、每一個地方、每一個人心。

會中播放《本來面目》影片，眾人了解於時代變遷中，聖嚴師父做好一位和尚的行履。有會員表示，師父就如一粒種子，能有無限的果實，將佛法播散到

世界各地，他願從己做起，與人分享佛法；也有會員期許，不論師父的大願已完成、未完成，都要繼續護持法鼓山。

● 10.19～2021.01.04期間

護法總會、慈基會關懷社區長者
文山歡樂屋活力開課

10月19日至2021年1月4日，護法總會、慈基會週一於文山分會舊址舉辦「文山歡樂屋」活動，為社區長者提供安頓身心的系列課程，內容包括園藝盆栽、手作DIY、法鼓八式動禪等，有近二十位長者參加。

首堂課中，長者隨著園藝治療師的指引，藉著說出最喜歡的植物，化解初次見面的羞澀，敞開心門。三小時課程豐富多樣，包括沖泡青草茶的口感體驗，

文山區長者參加歡樂屋課程，用花草黏貼自畫像。

以及長者最投入的花草黏貼自畫像，有人為自己的畫像貼上大紅花葉裙、有人在髮梢別上花穗，動腦又動手。

有長期投入長者關懷的義工觀察，子女們工作忙碌，無暇陪伴長者是最常見的問題，若有機會讓長者踏出門與人互動，不僅活絡筋骨，健康樂齡，也對身心有很大的助益。

● 10.21～12.16期間

青年院開辦樂齡關懷工作坊
為年老做前行功課

10月21日至12月16日，青年院週三於臺北德貴學苑舉辦樂齡關懷工作坊，邀請佛教蓮花基金會董事張寶方帶領，內容包括如何與長者溝通、互動，以及同理心學習、心態之調整等，共有三十六位青年學員參加。

長期在醫院從事臨終關懷的張寶方，分享二十八年的義工服務經驗，帶領學員認識老化的生理現象及心態轉折；也以案例說明關懷及陪伴長者的態度與方法，安排學員兩人一組，運用情境故事，練習只用眼神及輕微的肢體動作去關懷對方。

在「樂齡關懷工作坊」中，青年學員練習只用眼神與輕微動作，讓對方感受發自內心的關懷。

課程中，張寶方也帶領同理心的練習，學員分組扮演照顧者與重聽的長輩，引導照顧的一方思考如何與長輩溝通互動，而扮演長輩的一方也分享期望被如何對待。張老師提醒，自以為的關懷，其實是自己「想要」而非長輩的「需要」，期勉學員成為理性且有意識的關懷者。

工作坊包括五堂實體課程及一次安養中心的實習服務，深化陪伴長者的關懷能力。

● 10.31～11.01

大事關懷悅眾成長營
安己安人中體現悲智願行

10月31日至11月1日，關懷院於北投雲來別苑舉辦「2020大事關懷悅眾成長營」，由僧團法師及助念團資深悅眾，分享大事關懷的理念及實務經驗，共有一百零八位地區正、副召委，以及助念組正、副組長參加。

首日課程，僧團都監常遠法師談「執事與修行」，分享因助念團接引而出家的歷程，表示修學佛法的人，身心散發的安定感，具有影響他人的能力，鼓勵悅眾常觀想「香光莊嚴」，可增進智慧、體現慈悲；護法總會服務處監院常應法師介紹「大事關懷對護法體系的重要性」時，表示大事關懷是地區推動佛法的根，地區的發展則是法鼓山的根，鼓勵悅眾養成做定課的習慣，以強化願心，提昇願力。文化中心副都監果賢法師以「大事關懷與華嚴世界」為主題，說明因緣是重重無盡的因陀羅網，每個相遇的人都是有緣人，懂得因緣觀就會廣結善緣、盡心盡力，相信一切都是最好的安排。

常遠法師鼓勵悅眾常觀想「香光莊嚴」，可增進智慧、體現慈悲。

第二日的課程包括漫談民間信仰與喪葬習俗、生命園區介紹、悅眾進退場威儀演練及大堂分享。關懷院監院常哲法師強調，大事關懷是學觀音、做觀音的普門示現，提醒學員承擔大事關懷執事的使命，生起榮譽感、責任感、成就感，從中肯定自我的價值。

有高雄地區悅眾表示，正念仍需時時被提醒與深化，兩日的充電課程，可以更有力量面對受關懷家庭或蓮友。

11.01

義工團接待成長課程
學習當觀音菩薩的化身

義工團於11月1日在北投雲來寺舉辦「接待組成長課程」，由僧團都監常遠法師、弘化發展專案召集人果慨法師及悅眾等授課，方丈和尚果暉法師到場關懷，有近一百人參加。

上午的課程，首先由都監常遠法師分享「為什麼要當義工？」，說明前來道場當義工、聽聞佛法，如染香人熏染慈悲、智慧、法喜與讓身心安定

「接待組成長課程」中，常遠法師期勉義工與萬人結善緣。

的香氣，勉勵學員與人互動，要有良好的態度與威儀，用各自的所知、所能及所長，來結萬人的善緣，也讓萬人結各自的善緣。

「團隊共識」課程，學員們分享執勤經驗，進行討論交流。有悅眾表示，當義工要有歡喜心、恭敬心、感恩心、謙卑心，義工是修行，讓生命因奉獻而美好，因付出而快樂。

弘化發展專案召集人果慨法師於下午的課程中，講授「安心方法」，介紹七種觀音法門的修行，只要不斷練習安心法門，就能在驚濤駭浪中穩定前行；「接待實務演練」則安排資深悅眾講授齋堂、殿堂的基本禮儀，以及接待應對的技巧。

義工團輔導法師果舟法師期勉學員勤做定課，當義工之餘也要參與禪七、佛七與培訓課程，讓法水洗滌身心，福慧雙修。

12.06

榮董會聯席會議農禪寺舉行
全球悅眾分享疫情時代的弘化與推廣

榮譽董事會於12月6日在北投農禪寺舉辦全球悅眾聯席會議，方丈和尚果暉法師、僧團都監常遠法師等出席關懷，有近一百一十位悅眾參加。

方丈和尚致詞時，感謝各地區召集人在疫情期間用心關懷信眾，實踐了虛雲老和尚「空花佛事時時要做，水月道場處處要建」的理念；期勉大眾，面對生活中的種種問題與災難，更要相信「正法明如來」無遠弗屆的願力，可以求觀

榮董會聯席會議於農禪寺舉行，悅眾發願秉持初心，護持法鼓山。

音、念觀音、學觀音、做觀音。

榮董會會長黃楚琪說明面對後疫情時代，榮董會務落實數位時代、組織發展、教育關懷三大面向，具體內容包括：新增榮董會LINE官方帳號，即時布達活動訊息、榮董故事分享、活動報導等功能，期許眾人秉持初心，持續護持法鼓山。

會中，各區榮董會分享2020年會務經驗，包括美國東初禪寺、洛杉磯道場、舊金山道場，以及加拿大溫哥華道場、香港道場等，因應疫情而開展的網路弘化共修與推廣等；執行長陳宜志也回顧榮董會2020年大事記、介紹2021年工作計畫，期盼接引更多人親近法鼓山。

● 12.07

桃園市民政局參訪生命園區
了解植存理念及運作方式

12月7日，桃園市政府民政局局長陳靜航、副局長陳茹文率同三十二位同仁，參訪新北市金山環保生命園區，由關懷院監院常哲法師、生命園區主任陳高昌陪同，觀摩植存的理念及運作方式。

常哲法師為陳靜航局長一行介紹聖嚴師父以「四種環保」理念，推動「節葬、簡葬、潔葬」的自然葬法，打破傳統風俗的形式，已逐漸為現代人接受，法鼓山期望拋磚引玉，未來能有更多單位共襄盛舉。

陳高昌主任說明植存流程包括追思祝福、置入骨灰、獻上鮮花、覆土，歷時約十餘分鐘；並分享生命園區也是生態園區，不破壞環境，與自然共榮；不設塚、不立碑、沒有香燭供品，展現「回歸大地，自然永續」的環保觀念。

陳局長表示，感佩聖嚴師父以身示範的生命教育，桃園市的殯葬規畫也將朝環保

桃園市民政局一行參訪環保生命園區，由常哲法師（前排中右）、陳高昌主任（前排中左）介紹植存的理念及運作方式。

自然方向前行，期待未來繼續與法鼓山交流學習，為社會大眾提供更完善的身後選擇。

● 12.12～19

「悅眾禪修營」天南寺展開
放鬆身心　提起初心

護法總會於12月12至19日，在三峽天南寺舉辦「悅眾禪修營」，共有六十五位轄召、正副召委及會團長參加。

在僧團都監常遠法師、服務處監院常應法師帶領下，悅眾們在大自然的環境中，展開八天七夜的充電。靜下心來，放鬆身心，練習坐禪、八式動禪、戶外經行，並聆聽聖嚴師父的開示影片，練習調整身心，體驗「身在哪裡，心在哪

「悅眾禪修營」中，護法悅眾在經行中，放鬆身心，提起初心。

裡；清楚放鬆，全身放鬆」的禪修心法，感受身心和諧的平安自在。

每日並安排大堂分享，法師與悅眾相互交流，無論是學佛上的疑問，抑或個人的心得體會，法師契理契機、深入淺出引導眾人正知、正見、正行的修行觀念和方法，悅眾也一次次增強對佛法的信心，再次凝聚共識，提起初心，將法鼓山的理念、聖嚴師父殷殷的叮嚀和提點，深入於執事與生活之中。

● 12.12～2021.02.06期間

歲末關懷全臺展開
透過家訪、青年交流、手作　陪伴關懷戶

傳承師公東初老人冬令救濟悲願，慈基會12月12日至2021年2月6日，於全臺各地展開歲末關懷。因應防疫，並考量關懷戶多為長者、孩童與行動不便者，調整由地區分會辦理，關懷兩千一百多戶家庭。

12月12日，基隆精舍副寺果樞法師帶領多位義工於當地進行家訪，除了致贈禮金、禮券及年節物資，並實地了解關懷戶的生活需求；雙和地區的歲末關懷，也於同日進行，結合分會「做自己人生的GPS」系列講座，邀請關懷戶青年一同參與，聆聽心六倫種子教師張樹倫講授「認識情緒勒索」，並與參加課程的青年交流討論，打開彼此的視野。

13日，北投文化館的歲末關懷，由法師、義工、法青一起投入，法青帶領大、小朋友體驗靜心曼陀羅、彩繪平安鼠、手作「心心相印」吊飾。27日，新竹精舍也以御守DIY，讓關懷戶提前感受年節溫馨。

北投文化館歲末關懷，法青義工們帶領小朋友手作吊飾、彩繪，提前感受年節溫馨。

祕書長常順法師表示，法鼓山的慈善關懷不在於提供物資多寡，重要的是幫助關懷戶體驗安心、減除煩惱。在挫折時，有人陪伴、有方法能夠度過，將心靈環保的觀念與方法，分享至社會每一處需要的角落。

● 12.18起

護法總會關懷院成立讀書會
以書相會 歡喜看生死

12月18日起，護法總會關懷院每月第三週週五於臺北德貴學苑舉辦讀書會，共讀聖嚴師父著作《幸福告別》。首場監院常哲法師到場關懷，有近二十位新北市金山環保生命園區及助念團義工參加。

「培養寬容、包容的基本修養，增益自己的慈悲與智慧。」常哲法師表示，成立讀書會是依循聖嚴師父的七項指導，也就是涵養「聞、思、修」三慧，以及體驗「親近善士、聽聞正法、如理思惟、法隨法行」。法師並以借景喻理的著名詩句「問渠哪得清如許？為有源頭活水來」，期勉學員不斷學習、接受新事物，思想才能活躍和進步。

「學佛就是盡心盡力奉獻，人生雖是來受報，但也是來還願的。」有學員分享，藉由閱讀，可以讓自己坦然面對生死，了解生命的價值在於寬度而非長度。也有學員表示，許多人避諱談死亡，常在接到家屬申請助念電話時，感受到對方的慌亂和不知所措；閱讀聖嚴師父的著作，協助突破心理障礙，了解死亡就是往生，出生就是往死，因此對生死能抱持平常心。

關懷院義工發起讀書會，在閱讀交流過程中，分享彼此投入大事關懷的心得。

讀書會以凝聚共識及共同成長為目標，期盼每位學員分享心得，拓展彼此的視野。

涵養智慧養分的學習殿堂，
以研究、教學、弘法、服務為標的，
培養專業的佛學人才，
開啟國際學術交流大門，
朝向世界佛教教育園區的願景邁進。

博雅教育
自利利人防疫之道

新型冠狀病毒席捲全球的2020年，
大學院教育融合宗教、人文、社會等範疇於一爐，
持續透過學術研討、跨界對話、學校與推廣教育，
回應當代需求，建構佛法與世學兼備的教育環境，
以心靈環保落實漢傳佛法的社會關懷，
培育具「悲智和敬」能力與態度的領導人才，
成為安定世界人心的活水泉源。

2020年大學院教育在新型冠狀病毒（COVID-19）疫情的影響下，亟思應變、調整之道。整體而言，大學院各單位的海外內交流活動雖因疫情而延期、暫緩，課程、講座、研討會等也限縮現場的參與人數，但增加遠距教學、線上直播等方式，「疫起」不放逸，學習不間斷。

隨著「新冠時代」對人類生活方式的改變與因應，如同法鼓文理學院校長惠敏法師對全體師生的期勉：在疫情籠罩之下，人們被迫或主動減少外緣外務，有機會善學「獨處」的意義，可以專心於精神糧食，包括上課、讀書、研究，向內觀照，學習自利利人的防疫之道。

法鼓文理學院

受疫情影響，文理學院於2月3日成立防疫小組及LINE群組，隨時因應疫情變化。除第一學期延後開學，全面加強校園清消，綜合餐廳「禁語」、保持社教距離外，亦訂定「學生安心就學措施」、「停課、復課及補課處理原則」等，並啟動遠距教學。6月10日的畢結業典禮，也因應防疫措施，僅限畢業生與師長列席參加，並首度以線上直播供大眾觀禮，在師長搭菩薩衣及撥穗儀式中，有五十位畢結業生走出校園，懷抱利他願心，踏入社會。

2020年由於政府防疫措施得宜，國內疫情相對穩定，各項學術交流得以順利展開。2月24日至4月底，欽哲基金會「彌蘭王：培訓二十一世紀佛學教師計畫」二十餘位歐、美學員，於文理學院展開為期三個月的《現觀莊嚴論》研習，學員們對於漢傳佛教以悲智雙運修持菩薩道的精神留下深刻印象。11月，三場「雲端上的神聖場域——2020中國

佛寺志數位典藏」工作坊，學者從史學、文學、文獻史料數位運用，探索研究漢傳佛教發展的新材料、新取徑。

為培養跨學科人才，本年舉辦多場專題講座，1月聖嚴師父法子繼程法師主講「是非曲直總是禪」，分享以佛法應對煩惱、是非之道，以「四正勤」自我覺察。3月，曾任達賴喇嘛翻譯的蔣揚仁欽博士弘講「如何以般若而波羅蜜多？」，提醒學子透過每日聞思修，成就菩提心與空正見，認清煩惱根源，依智慧到達彼岸。中研院民族所研究員丁仁傑於5月主講「公共佛教到公民佛教」，引導學子反思佛教在入世與出世之間的行動與張力。

社區再造學程11月邀請新北市放生寺住持演觀法師講授「原鄉社企與長照」，分享遠赴臺東偏鄉創立社會企業，協助部落推動友善農耕，改善經濟，力行部落四攝法的心路歷程。12月，中央研究院歐美研究所特聘研究員單德興則分享「訪談的技藝」。每位主講者兼具實務與理論的弘講內容，為學子深化研究與修行的視野。

這場前所未見的新冠疫情，也促使人們反思當下的處境，並把握因緣展開利他行動。兩場以「疫情下的反思」為主軸的「終身學習菩薩行」工作坊，7月及10月分別在臺中寶雲寺與北投農禪寺舉行。師長們從經濟、醫療、環境與歷史等角度，帶領與會人士省思利他共善、人與自然共榮的契機，並期待更多人成為佛教人才，讓佛法扮演社會中的重要力量。

近年，文理學院響應大學社會責任（University Social Responsibility, USA），以盡量採購公益團體推出之產品、協辦「2019社會價值國際研討會」等行動，12月獲經濟部中小企業處·社會創新實驗中心「Buying Power社會創新產品及服務採購獎勵機制」肯定，為第一所獲獎的學校。此舉也是學校拓展社會創新發展，回應時代需求以實踐佛法的特色之一。

中華佛學研究所

以學術研究與出版交流為弘揚重心的中華佛學研究所，近年來致力於培養青年學者投入漢傳佛教研究。本年漢傳佛教英文碩博士生獎助學金，共獎助八位研究生，包括六位博士生與兩位碩士生，期許研究生繼起聖嚴師父一生心繫之漢傳佛教研究，成為思想的帶動者。

學術研討方面，6月先與中央研究院中國文哲研究所合辦「漢傳佛教在東亞座談會」，邀請中央研究院文哲所博士後研究郭珮君、中華佛研所博士後研究鐘可力（Corey Lee Bell），分別發表「《參天台五臺山記》中的天台佛教交流」與「抒情與詩禪——明清江南叢林『人本主義化』的佛教文學觀」。臺灣大學十多位選修「中國禪宗思想研究」課程的同學也參與會議，透過研討交流，學習多元整合的研究視角。

12月，所長果鏡法師應邀參加聖嚴教育基金會舉辦之第六屆「近現代漢傳佛

教論壇——漢傳佛教在臺灣」，擔任兩場次的主持人。

學術出版方面，2020年共發行四冊佛學專著，一冊佛學研究期刊。包括：「漢傳佛教譯叢——新亞洲佛教史」系列之《蓬勃發展的中世佛教：日本II》、「中華佛學研究所論叢」之《《般舟三昧經》「除睡眠」之研究》、「佛教會議論文彙編」之《撞倒須彌——漢傳佛教青年學者論壇論文集》，以及佛研所研究員陳英善老師的論文專書《華嚴與諸宗之對話》，內容涵括佛教史、教理教義與青年學者的研究成果。

另一方面，每年定期出刊的《中華佛學學報》，8月榮獲國家圖書館頒發「109年臺灣學術資源影響力」期刊長期傳播獎：哲學／宗教研究門期刊第四名，其影響力指標為近三十年被期刊、學位論文、專書、專書論文等文獻引用之總數統計。

法鼓山僧伽大學

培育漢傳佛教宗教師的僧伽大學，於2020年疫情之中，更能體會「無常是常」。1月底由僧大學僧籌備多時的「生命自覺營」因防疫停辦，改以善後暨祈福法會迴向疫情早日平息；也藉由師長的引導，體會接引眾生因緣具足之

參與「第六屆近現代漢傳佛教論壇」的學者，從不同面向暢談漢傳佛教在臺灣的多元並呈，以及在世界佛教中的獨特性。

必要，更珍惜親近三寶、出家的善根福德因緣。3月的招生說明會首度於網路舉行，線上參與的青年擴及兩岸、東南亞及澳洲等地，僧大師長鼓勵青年只要能發起廣度眾生的大悲願心，必能成為僧團中淨化人心、淨化社會的一股力量。

學習成果的呈現，如4月講經交流與6月的畢業製作暨禪修專題發表，展現出新世代學僧活潑多元的弘化創意與學習成果，包括善用媒體與圖文工具，或比較不同傳承的修持方法，不僅自己善用佛法，也讓大眾更能親近並理解佛法。

開啟學僧思想視野的專題講座，分別邀請中央研究院中國文哲所研究員廖肇亨分享「禪悅為食——舌尖上的禪宗公案義蘊探析」，透過味覺的開展，認識禪宗豐富的文化意涵。香港中文大學人間佛教研究中心主任陳建煌透過視訊主講聖嚴師父的禪、淨思想源流與實踐。常智法師詮解「佛教的讚偈」，以及法

鼓文理學院博士生張雅雯弘講「棒喝、話頭與經教——臨濟宗三峰派祖師的禪學思想與實踐」，帶領學僧回到當時的脈絡來理解祖師的用意，藉此檢視自身修行的局限，並掌握「應機」與「活用」才是祖師所重視的傳承。學僧自製刊物《法鼓文苑》12月出版的11期，專題「善財童子出任務——尋找防疫善知識」，回應與反思以佛法觀照新冠肺炎疫情的對應之道。

2020年，僧大共培育出七位畢業學僧，在師長、在校生的祝福下，投入僧團領執，全心奉獻僧命、弘法利生；並有九位學僧求度出家，發願以信、願、行解眾生苦。

聖嚴教育基金會

聖基會戮力推廣、弘傳聖嚴師父思想與理念，於漢傳佛教學術發展專案上，除獎助漢傳佛教碩博士撰寫論文，補助《臺大佛學研究》、《中華佛學研究》，也補助美國夏威夷大學出版社（University of Hawaii Press）於6月出版于君方教授新書《漢傳佛教專題史》（*Chinese Buddhism: A Thematic History*），書中重點介紹理解漢傳佛教至關重要的主題：主要經典、佛菩薩的信仰、儀式和節日、僧團、天台和禪宗等宗派、佛教與性別，以及臺灣的人間佛教和中國大陸的佛教復興等，是一本基於學術研究，易懂而權威的漢傳佛教概論書籍。

12月中旬，以「漢傳佛教在臺灣」為主題的第六屆「近現代漢傳佛教論壇」如期舉辦，並首度以跨國視訊會議線上直播，近三十位學者參與兩場圓桌論壇，五場論文發表，透過線上直播的總觀看人數近兩千七百人次。

本次論壇主題涵蓋近百年來臺灣佛教的發展面向，如二十世紀初期的本土佛教學者曾景來、林秋梧的思想轉變、香光尼僧團的發展、居士佛教代表李炳南與臺中蓮社理念研究、臺灣佛學研究論文主題走向等。政治大學哲學系名譽教授林鎮國認為，由臺灣的佛教學者來研究臺灣佛教的發展，在文化上特別具有話語權；法國東方語言與文化學院（Institut National des Langues et Civilisations Orientales, INALCO）副教授汲喆肯定漢傳佛教在臺灣的多元並呈與開展。

結論

綜觀2020年「疫」常的一年，大學院教育在培育僧才、佛教人才、推動佛教研究、學術研討與出版交流的腳步未曾停歇。因應防疫而啟動的線上直播、跨國視訊等數位工具，對於教學、學術交流、弘化等亦是一大助力。

學術的深化、人才的養成，需要持續耕耘、細水長流。大學院教育穩健地培養學生透過核心價值「心靈環保」的熏習，開發悲智和敬的生命質地，從人品的提昇到利益整體社會，成為推動世界淨化的一份力量。

● 01.01

僧大生命自覺營籌備說明會
以關懷陪伴啟發生命覺醒

生命自覺營籌備說明會，以「關懷陪伴」為主題。

1月1日，僧大於法鼓山園區舉辦第十七屆生命自覺營籌備說明會，由營隊總護常格法師以「關懷」精神為主軸，帶領展開營隊內外護培訓，透過人物故事分享，引導僧眾思考，學生問題行為背後的課題及內在需求。

常格法師說明，溫柔的身教、無所求，以及相伴而行的決心，就是最好的陪伴；並勉勵：「每一次的錯誤，都將成為下一次的老師；每一次的歷程，都在學習不忍眾生苦的菩薩精神。」期盼每個參與的人，不論是內外護法師、義工，或者學員，皆能從中自覺覺他、法喜充滿。

說明會上，副總護淨嚴法師也建議學員，每日安排時間誦《心經》、〈大悲咒〉或拜佛，照顧好身心，以當一個真正的出家人為決心，為出家體驗做好準備。

● 01.10

繼程法師禪修專題講座
以佛法為社會帶來安定力量

繼程法師指出，日常生活中要時時自我覺察。

法鼓文理學院、臺北安和分院於1月10日共同舉辦禪講活動，邀請聖嚴師父法子繼程法師主講「是非曲直總是禪」，帶領近七百五十位聽眾思考，如何以佛法面對世間的煩惱、是非曲直，為社會帶來安定的力量。

繼程法師表示，世間確實存在著是非善惡，真理卻不能愈辯愈明，因為凡所有立論皆有其相對性，一旦落入語言文字相，所有的「是」皆有其相對應的「非」，面

對是非之爭，應該以百丈禪師所說的「是非以不辯為解脫」，才是最好的對應之道。

從佛法的角度來看，戒律中的殺、盜、淫、妄等大戒，雖不容易犯，但佛教對善惡的區判，有更細膩的原則與層次之別，「四正勤」──已生善令增長，未生善令生起；已生惡令滅除，未生惡令不生。日常生活起心動念間，「未生惡」及「未生善」，是非常重要的自我覺察；而在對是非善惡了了分明之餘，面對世間是非曲直的紛擾，也必須精進修行到「如如不動」的程度，不要隨惡起舞。

法師叮囑，修行過程中不能忽略對「未生」的覺察，佛教徒應以「四正勤」為準則，好好把持自己的心，別找藉口，因為藉口形同「缺口」，一旦有了「缺口」，累積的善都將跟著流失，無法守住。

繼程法師勉勵大眾，既已學佛，就應以佛法的內涵作為是非判斷的依據，以佛法最高的層次作為修行目標；修行過程中，儘管看似沒有做出特別的事，但對身邊和社會已形成了一股非常重要且安定的力量。

● 01.18

文理學院舉辦佛教學系招生說明
校長惠敏法師介紹心靈環保創校理念

法鼓文理學院於1月18日舉辦佛教學系招生說明會，以「轉心，轉世界」為主題，校長惠敏法師率同各組老師與博、碩、學士班代表，介紹心靈環保的創校理念，以及博雅教育的辦學特色，共有六十多人參加。

與會師長說明佛教學系課程與國際接軌，也在研修梵、藏、巴利語文的同時，持續推動數位人文的現代化。系主任鄧偉仁指出，世界諸多一流學府如牛津、劍橋、哈佛、耶魯等大學，皆設有佛教相關研究所以培養人才，選擇法鼓佛教學系不只學習人類重要的文化知識遺產，同時也是生命價值與生活態度的選擇。惠敏法師也分享，在這個時代從事佛學研究，可說是學習「用人腦和電腦來面對煩惱」。

提問交流時，有來自香港、目前在博士班就讀的學生表示，由於幼年遭逢家庭變故，充滿悲傷、痛苦和抗爭，直到學習禪法、研讀聖嚴師父著作、參訪法

文理學院佛教學系招生說明會上，惠敏法師介紹心靈環保的創校理念。

鼓山之後，決意讓心回到真正的家，選擇來臺進修佛學，更發願「淨化心靈，淨化世界」，學習用心靈環保打造人間淨土。

● 01.29起

大學院啟動安心就學防疫措施
保障學子身心健康與學習權益

因應新冠肺炎疫情，法鼓文理學院於1月29日起啟動校園防護作為，實施學生安心就學措施，以保障教職員生身心健康與學生學習權益。

許多外籍生就讀的法鼓文理學院，疫情爆發之初，已於校內設置居家隔離、居家檢疫與自主健康管理專區，要求有相關旅遊史、群聚史之教職員生依規定辦理。為使開學後群聚傳染的風險降至最低，108學年第二學期延後至2月25日開學，至6月29日學期結束；佛教學系也取消每學期必修的期初禪七，另訂補救方案。

校方並擬定「因應新型冠狀病毒肺炎疫情學生安心就學措施」，含括選課、註冊、修課、考試、請假、休退學及復學、畢業資格、輔導機制等九大項目，例如：開學以後，在確保學生學習品質的前提下，對暫時無法入境的外籍學生，可彈性實施遠距教學，以協助學生修讀課程。

另一方面，僧伽大學受疫情影響而取消的生命自覺營，原是學僧寒假實習的重要課程，改為三次「禪二加一日放香」，鼓勵學僧安排自修生活，練習在生活中運用方法，自我覺察；師長每天也帶領學僧將修行的功德迴向給全世界遭逢疫病、戰爭、天災人禍而受苦受難的地區與民眾，祈願早日解脫一切苦難。而滯留在國外無法入境的學僧，則就近安排於海外道場實習，讓學習不因疫情中斷。

● 01.30 02.14

僧大生命自覺營因防疫停辦
以祈福法會迴向眾生

「第十七屆生命自覺營」因防疫停辦，僧大於1月30日舉辦「自覺營善後暨祈福法會」圓滿營隊，所有參與籌備的內外護法師、義工，經由持誦〈大悲咒〉七遍，迴向眾生平安度過疫情。

另一方面，也於2月14日舉辦「自覺營感恩分享會」，由營隊總護常格法師帶領，法師以爬山為喻，認為旨不在登頂，而是在登山過程中自覺覺他，期盼

每位參與者，皆能從過程中自覺覺他、法喜充滿。

自覺營的籌備，包括課程安排、朝山動線規畫、衣物與書冊準備，乃至戒台搭設等。參與學僧並分享其中的體驗，行政組學僧體認到，接引眾生須有各種助緣，實

自覺營善後暨祈福法會中，參與籌備的內外護法師、義工持誦〈大悲咒〉，迴向眾生平安度過疫情。

在不容易；有課程組法師則重新審視自己出家過程的艱辛，期許成為護持他人用功、不退轉的力量。也有錄取自覺營的法青學員表示，對於停辦雖感失落，但見到民眾因疫情而恐慌，開始思考該如何讓自己和眾生平安，更深刻感受到親近三寶的重要。

● 03.15

僧大舉辦網路招生說明會
鼓勵有志青年發願行願

3月15日，僧大首度舉辦網路招生說明會，主題是「TO BE・Start from Here」（成為・當下），由多位師長介紹辦學精神、課程規畫及生活照護，在校學僧也分享出家初發心、應考經驗等，包括臺灣及澳洲、印尼、越南、馬

僧大師長分享出家人最大的挑戰是面對自己的內心，鼓勵有志報考的青年為生命做出最好的選擇。

來西亞、香港、中國大陸等地青年線上參與。

「出家後第一件事，也是成為光頭，猶如初生的孩子。」副院長常寬法師勉勵考生，如同初生的龍、象、鳳凰，雖然資質尚不足，但可透過發願，生起大悲願心來廣度眾生；期許佛教青年加入僧團，一同學習「悲智和敬」的精神，

邁向淨化人心、淨化社會的行列。

針對考生的提問「出家後可以聯絡家人嗎？」「名下財產如何處理？」「佛學系跟禪學系有何不同？」「畢業後領執，能選擇想去的分院嗎？」「如何維持道心？」學務長常格法師建議，報考前可閱讀《出家五十問》，或線上收看聖嚴師父開示的《大法鼓》；面試時，再度確認是否相應於道場生活。

說明會中，也安排學僧分享應考心得，有學僧推薦閱讀《佛教入門》、《心的經典》，瀏覽App版《法鼓全集》，更重要的是，將佛法運用在生活中，自然應答如流、不會緊張；也有學僧表示，每一個應考準備的當下，都是修行的過程，過程中的種種考驗，都是出家的決心。

● 03.25

法鼓文理學院舉辦佛法講座
蔣揚仁欽分享般若智慧

蔣揚仁欽以「如何以般若而波羅蜜多」為題，分享幸福心靈的般若智慧。

法鼓文理學院於3月25日舉辦佛法講座，邀請哈佛大學博士、曾任達賴喇嘛華語翻譯的蔣揚仁欽主講「如何以般若而波羅蜜多？」，分享幸福心靈的般若智慧。

蔣揚仁欽以《心經》「三世諸佛，依般若波羅蜜多故，得阿耨多羅三藐三菩提」的經文表示，智慧是通往彼岸的唯一入場券，包含兩大核心，一是自然任運、非造作的「菩提心」，珍視一切眾生，並削減「愛我執」；二是「空正見」，理解一切煩惱皆源於不了解真相所致的錯覺。「成就菩提心和空正見的智慧，有賴止觀雙運的修持，以及每日聞思修的堅持。

蔣揚仁欽提出三個解決煩惱的智慧處方。首先是「以智慧抉擇」，遇到問題時，理性上應知有正負二面，但感性上應遠離悲觀；其次是「認清煩惱緣」，理解所有負面情緒皆源於「愛我執」，而能明白他人乃至仇敵，正是幫助自己消除「愛我執」的唯一資源；最後是「認清煩惱根源」，鬆開對真實與絕對性的執著。

講座最後，蔣揚仁欽提醒，以智慧生起的菩提心，因能理解真相、理解他人也受到煩惱的操控，較不容易退轉；並砥礪大眾，為了自他的幸福、世界的和諧，應理性分析負面情緒，以智慧到達彼岸。

● 04.18～19

僧大舉辦講經交流會
展現新世代學僧多元弘化創意

僧大於4月18至19日舉辦「第十二屆講經交流會」，共有二十二位「演」字輩學僧，以理念結合實踐，或將經典融入生活，分享弘揚佛陀的慈悲與智慧，包括副院長常寬法師、青年院監院常炬法師、果禪法師及多位指導師長到場關懷，有近一百人參加。

本屆講經主題多元豐富，包括高僧行誼、禪法、淨土、戒律、梵唄、生活佛法、法鼓山理念，以及《心經》、《維摩詰經》、

學僧善用多媒體與圖文輔助講述，活潑闡釋經典內涵與法鼓山理念。

《法句經》等經典。「遭逢打擊時，如何不起瞋心？」演文法師由生活實例切入「忍辱波羅蜜」的精髓，並從祖師大德的行誼汲取心要，學習跳脫出硬生生吞忍，而能理解因緣，乃至慈悲對待自他；演揚法師引用懷讓禪師的公案：「磨磚既不能成鏡，坐禪又豈得成佛？」進一步釐清，打坐雖為頓悟的前方便，但仍須放下對於頓悟的執著與追逐，回到當下，保持心的覺照。

演根法師以實地錄製的梵唄法音開場，引領大眾進入音聲法門的修行內涵；演漸法師全程使用閩南語介紹三皈五戒的意義，並結合童趣的手繪插畫，引導長者、孩童看圖說故事，認識佛法。

擔任講評的果禪法師，肯定學僧穩健的台風，能因小見大、從故事深入教理，乃至勇於分享自身經驗與內心轉變；常炬法師欣見學僧廣博多聞、從中整理出自己的修行方法，甚至融合當代社會所需，助益於漢傳佛教的傳播。常寬法師則讚歎學僧活潑的弘講形式、善用媒體與圖文呈現，期勉相互切磋法義，學習用不同表達方式讓大眾親近、理解佛法。

● 04.29

僧大專題講座
張雅雯分享「棒喝、話頭與經教」

僧大於4月29日舉辦專題講座，由法鼓文理學院在學博士生張雅雯，分享「棒喝、話頭與經教——臨濟宗三峰派祖師的禪學思想與實踐」，期許學僧對於臨濟宗祖師更加了解，傳承禪法之餘，更能因應當前環境而靈活變化。

法鼓文理學院博士生張雅雯與學僧分享臨濟禪法的宗風與承先啟後。

張雅雯表示,晚明時期密雲圓悟秉持禪宗祖師的棒喝家風,強調不著語言、文字的純禪法;弟子漢月法藏則是自證自悟,並自成「三峰宗派」,開展出與師父截然不同的宗風,承襲憨山德清、紫柏真可復興經教的思想,主張「禪教相印」,並開啟晚明清初時期的禪宗論辯:是否定公案、經典、淨土、儒釋思想等融會,力求純化的禪法?抑或融通禪教,在無次第中開展有次第的引導,提出方便應機的禪法?

「要回到當時脈絡,才可以理解祖師的用意。」張雅雯指出,明太祖將佛寺分為禪、講(經教)、教(儀軌懺法等)三類,此後三百多年產生許多流弊,三峰派祖師則開展出「全光譜教學」,有具德弘禮以兵法鍛鍊,發揚「鐵骨」禪風;晦山戒顯著《禪門鍛鍊說》,活用五家綱宗;剖石弘璧融通禪教;仁山寂震導正偏禪、偏教等弊病。

張雅雯引用聖嚴師父在《明末佛教研究》一書中所言:「如果強調發展某一種特定的法門,這是宗師的責任,如果能夠顧及全面佛法的普遍發展,那才是大師的胸襟。」透過三峰派祖師的論辯,可以檢視自身修行過程中的局限。經教為諸佛菩薩的智慧,禪籍為歷代祖師的開示,皆可作為修行上的引導,然而應機、活用才是祖師所注重的傳承,如此無論任何宗派,皆可通向「莊嚴國土」的目標。

● 04.30

法鼓文理學院協助義大利防疫
募款挹注公益活動

法鼓文理學院響應創建義大利上智大學(Sophia University Institute)的國際性組織「普世博愛運動」(Focolare Movement),在臺灣發起的口罩製作經費募捐計畫,截至4月30日為止,包括全校師生、中華佛研所及義工在內共計捐出五十九筆善款,挹注義大利當地發送口罩的公益活動。

鑑於義大利的新冠肺炎疫情急遽擴展,數以萬計民眾確診並深受影響,「普世博愛運動」在臺灣舉辦募捐活動,文理學院也在校園發起響應,並將募得的善款委由國際事務組劃撥轉出,作為購買口罩製作機械及材料的資金。收到善款後,「普世博愛運動」對善眾表達真摯的感謝,並祈禱疫情早日平息。

「普世博愛運動」為天主教在家信眾組成的教會組織，長期致力於社會慈善、跨宗教交流。2013年文理學院與上智大學締結為姊妹校，舉辦多次宗教對談與合作，2019年授予其校長皮耶羅‧高達蒙席（Msgr. Piero Coda）為榮譽教授。

● 05.24

僧大畢業製作暨禪修專題呈現
師長期勉轉化利他僧命

僧大於5月24日舉辦「2020畢業製作暨禪修專題呈現」，發表的主題包括禪學義理、聖嚴師父著作翻譯、佛法應用等，副院長常寬法師及多位指導師長到場關懷，共有六位學僧運用多元媒體素材，呈現學習成果。

有感於漢傳佛教在越南的發展困境，淨嚴法師發願將生活化佛法帶回家鄉，以中、英語對照，將聖嚴師父的《禪門第一課》翻譯為越文，並計畫回常住寺

學僧發表活化運用有機廢棄物的心得，分享過程中禪法為自己帶來的轉化。

院推廣「禪在日用中」的精神。法師感謝僧大師長的培育，更期許不愧於法鼓山習得的出家人行儀，由內而外修行。

賦予漢傳禪法新的詮解，演相法師分析默照禪與大手印的修持異同，進而體會漢傳、藏傳祖師在接引眾生的應機與悲心，並指出聖嚴師父為了因應現代人緊繃的身心，才在默照禪的修行次第中，加入了放鬆身心的入門方法。

演澤法師從如來藏思想，整理聖嚴師父於2007年話頭禪四十九的開示，進而體會如何運用話頭來「把自己心中的佛，從煩惱之中選出來」；演禧法師回溯三峰派晦山戒顯禪師的《禪門鍛鍊說》，運用平易近人的現代語言，演繹包括願心、訓練學生、培養師資等教學系統。

展現佛法善巧應用於生活的實務面，演楷法師學習有機肥製作，推廣自然環保理念，在勞動過程中，同時觀照自身習氣的消長；演新法師進行自我轉化的生命書寫，透過寫信給童年的自己，誠實面對心中陰暗面，發現書寫過程猶如禪修，也經由慚愧、懺悔，與過去和解。

常寬法師鼓勵學僧，在僧大如蝶採蜜，能向各方善知識學習；畢業後領執更要如蜂採蜜，把蜜源帶回蜂巢，不僅自己用佛法，還能運用佛法自利利他。

● 05.27

「公共佛教到公民佛教」專題講座
佛教倫理與公民社會的思辨

丁仁傑研究員以「由公共佛教到公民佛教」為題，開啟佛教與社會的對話。

5月27日，法鼓文理學院舉辦專題講座，邀請中研院民族所研究員丁仁傑主講「由公共佛教到公民佛教」，由佛教學系主任鄧偉仁擔任引言人。

「人間佛教看似世俗化，其實它的本質，正是為了打破入世與出世的界線！」丁仁傑從民眾佛教的崛起，談到由「福報」概念所形成的「公共佛教」基礎，令許多佛教徒走向入世行善的行動。不過，公共佛教基本上仍與政治、社會議題保持相當距離，而「人間佛教」在融合超越性與實用性的嘗試上，則有機會銜接上「公民佛教」的關懷，如聖嚴師父提倡人間淨土的理念。

丁仁傑指出，如果僅投入社會救助，卻反對多元價值並與官方體系靠攏，仍遠離公民佛教的關懷，因其內涵應是「與社會弱勢站在一起」，且行動上能尊重市民社會的民主程序；在修行路徑上，透過相互依存性（interdependence）的思維，也能理解到自己對社會有一份責任。

針對一行禪師倡議的「入世佛教」、斯里蘭卡的「抗議佛教」，臺灣卻未曾形塑出近似公民佛教的團體，也引發現場熱烈的討論。

總結時，鄧偉仁主任表示，佛教可向公民意識學習為人權、社會弱勢發聲，而積極為社會議題奔走的人，亦可運用佛法、禪修，減除貪、瞋、癡等煩惱，彼此互相增上。

● 06.10

文理學院舉辦畢結業典禮
期勉畢業生懷抱利他願心

6月10日，法鼓文理學院舉辦畢結業典禮，在〈三寶歌〉、〈菩薩行〉、〈法鼓頌〉的歌聲中，師長為畢業生搭菩薩衣、撥穗，祝福佛教學系學士班、碩士班及人文社會學群五十位畢結業生，邁向淨化人心、淨化社會的旅程。受疫情影響，典禮首度透過網路直播，邀請親友線上觀禮。

方丈和尚果暉法師以「心靈環保」掛軸與畢業生結緣，並以「學習，為奉

「獻」鼓勵實踐利他行，開展慈悲與智慧的自家寶藏。校長惠敏法師則期勉學子保持身心健康，方能自護護他。

典禮中，畢結業生也展現跨領域的學習成果，有佛教學系學士班畢業生以水墨白描技法繪製〈法華禮讚圖〉，跳脫傳統技法局限，在一念稱佛中，一筆一畫勾勒出心中的佛國淨土，盼能令觀者生起信心與清淨心；護理師背景的環境與發展學程碩士班畢業生，發願從檢測病患身心狀態，到以佛法守護生態，整合所學回饋社會。

文理學院畢業生在師生們祝福下，發願回饋社會，實踐利他的菩薩行。

● 06.12

佛研所舉辦漢傳佛教在東亞座談會
青年學者交流漢傳佛學研究

中華佛研所與中央研究院中國文哲研究所，於6月12日在法鼓山園區共同舉辦「漢傳佛教在東亞座談會」，共有兩位青年學者發表論文，佛研所所長果鏡法師並率領十多位選修「中國禪宗思想研究」的臺灣大學學子到場見習。

座談會由中研院文哲研究所研究員廖肇亨擔任主持人，首場論文發表人為中研院文哲所博士後研究郭珮君，以「《參天台五臺山記》中的天台佛教交流」為題，探討日僧成尋於宋朝年間巡禮五臺山的日記，深入研究後，了解天台佛教的逆輸入，藉此勉勵青年學子，歷史文獻中，存在許多第一眼難以發現的細節，透過自身研究的關懷，便能深入這些有趣的現象。佛研所博士後研究員鐘可立（Corey Lee Bell）發表「抒情與詩禪：明清江南叢林『人本主義化』的佛教文學觀」，探究明末清初的詩禪，如何由重視心性的山水詩，轉為性情相融的抒情詩。

有臺灣大學藝術史研究所學生對郭珮君介紹的《敦煌壁畫五臺山圖》印象深刻，在理解圖像、造像之餘，更深入背後的文化與思想史；歷史研究所學生也

廖肇亨老師（中右）、果鏡法師（中左）與青年學者交流，推動漢傳佛教研究的風氣。

表示，經由文學、詩、禪宗的角度，了解明清知識分子積極參與社會文化，期許自己的研究也能朝向多元整合的視角。

● 07.01～08.31

僧大學僧暑期實習
走入生活與生命學習

於弘化院法務室實習的學僧，透過帶領法會，培養領眾與整體觀照力。

7至8月暑假期間，僧大安排學僧至體系各單位實習，內容包括大寮出坡、莊嚴殿堂、義工培訓、地區慰訪、臨終關懷等，為日後的弘化，扎下實務的根基。

在弘化院法務室實習的學僧，學習殿堂擺設、供果、物力協調，並參與引禮組義工培訓、義工關懷等。學僧體會到寺院的運作仰賴眾人的護持與照料，發願照顧義工的身心，藉由帶領義工禮佛、放鬆與迴向，讓出坡成為修行助緣；也有學僧學習放下習氣，培養整體觀照力。

於關懷院，則協助臨終關懷、居家皈依、告別式等現場，有學僧將內心撞擊消化沉澱，並重新在聖嚴師父著作中，獲得新的啟發；也從帶領臨終者念佛的過程中，看見當事者的身心轉化，增強對佛法的信心。學僧期許自己成為一座橋樑，傳遞佛法的智慧與溫暖，陪伴臨終者與家屬安度生死關卡。

在慈基會實習的學僧，參與例行慰訪，帶領長者念觀音、按摩穴道、分享佛法故事；有學僧對受助家庭的孩子雖環境艱苦，卻長出堅韌的性格，深受感動，期盼能運用佛法協助他人重建心靈。

僧大女眾學務長常格法師期勉學僧，除了熟悉寺院運作，也理解到修行不只有打坐、讀經，而能透過作務和弘化，體會到工作即修行。

● 07.04

僧伽大學畢業典禮
方丈和尚期勉奉獻報恩　僧命無限

僧大於7月4日在法鼓山園區舉辦108學年度畢業典禮，在〈菩薩行〉的莊嚴歌聲中，方丈和尚果暉法師、男眾副院長常寬法師、女眾學務長常格法師為七

位畢業學僧搭菩薩衣、頒授證書，有近一百位僧團法師、俗家親友觀禮祝福。

方丈和尚勉勵學僧進入僧團領執後，要從身、口、意三儀來成長自己。「身儀」，是隨眾作息；「口儀」，是和樂無諍、以愛語來表達；「意儀」則是秉持道心、發菩提心，全心奉獻自己；也提醒，如果出家眾對社會沒有貢獻，人們將不知道佛法的好。

僧大畢業僧在師長、在校師兄弟們及俗家父母親友祝福下，開啟無限僧命。

代表畢業僧致詞的演一法師，感恩所有俗家父母難捨能捨，每位學僧身上，都帶有父母良善奉獻的精神，就像俗家老菩薩「但願子女得離苦」，無形中，也轉化為自己「但願眾生得離苦」的出家動力。

畢業僧演提法師表示，過去身心易受外境影響，如今能以佛法化解人際、合作上的問題，由於清楚內外因緣，不僅照見自己的習氣，也看見他人的因緣，較能平靜接納眼前一切；來自越南的淨嚴法師，克服了文化、語言不同的學習環境，順利圓滿學業，並將聖嚴師父的《禪門第一課》翻譯成越語，希望帶回家鄉分享，為越南佛教的現代化盡一份心力。

典禮中，在校的師兄弟們，也透過短劇、紀錄片，表達對畢業學僧的祝福。

● 07.25

「終身學習菩薩行」工作坊臺中展開
探索疫情下的反思

7月25日，法鼓文理學院於臺中寶雲寺舉辦「終身學習菩薩行」工作坊，由人文社會學群長陳定銘率同碩士學程、佛教學系師長，與全臺各地七十二位學員探索疫情下的種種反思，展開一趟菩薩行的學習。

「新冠疫情反思與關懷」對談由生命教育學程主任楊蓓主持，陳定銘學群長、社會企業與創新學程主任葉玲玲、心靈環保中心主任黃信勳，以及慈基會祕書長常順法師四人與談。陳定銘學群長從經濟層面分析，表示疫情讓人感受到經濟主體須朝「利他共善」發展，轉化成共利、共用、共榮的向善經濟。

葉玲玲主任就醫療觀點而言，除了照顧好自己，提昇免疫力，也要讓心理保持健康，用聖嚴師父的「四它」，以正確的知識和觀念去處理，盡力就好。黃

文理學院師長陳定銘（左二）、葉玲玲（左一）、黃信勳（右一）與慈基會祕書長常順法師（右二）對談「新冠疫情反思與關懷」。

信勳主任從環境及歷史視角，提到人類不斷入侵自然界，而全球化更讓疫情迅速傳播，人類不是受害者，當我們省思人和自然的關係，更可看出何者該為，何者不該為。常順法師分享疫情期間，法鼓山展開各項安心行動，包括於網路平台設安心專區、舉辦線上法會及課程、「大悲心LINE起來」手機持咒、持續大事關懷、布口罩製作等，協助社會大眾安身安心。

工作坊並安排大願校史館主任辜琮瑜分享「三生有幸、四生安樂」，說明人社學群將生命、生產、生活「三生」，開展出「四生」：生命教育心學習、社會企業心經濟、環境發展心生態、社區再造心生活等四個碩士學位學程，培育學生活出有價值的生命。佛教學系系主任鄧偉仁則分享「西行求學與法鼓佛教學系」，介紹佛教學系不僅承擔「培養國際佛學研究人才」的重任，並與人社學群結合，實踐聖嚴師父的興學大願。

● 09.05

僧大舉辦溫馨茶會
求度行者感恩親友成就出家宏願

方丈和尚果暉法師關懷求度行者俗家親眷。

感恩親友、師長與各方善緣的成就，僧大9月5日於法鼓山園區國際宴會廳為九位即將剃度的學僧舉辦茶會，邀請俗家親友們分享在法鼓山上的學習和成長。

方丈和尚果暉法師親臨關懷，感恩並讚歎家長們將不捨昇華，以慈悲心成就子女出家的慧命。方丈

和尚說明出家是在眾生中學做觀音,學習普門示現扮演各種角色,接引有苦有難的眾生,得到佛法利益、離苦得樂;期勉學僧,以信願行解眾生苦。

九位男女眾求度行者,準備自製的短片,向俗家親眷展現在僧大的學習成果與體悟。四位男眾行者也以輕鬆詼諧的訪談方式,回顧身心的轉化;來自俄羅斯的演誓行者,更以流利的中文分享,遠渡重洋來到法鼓山學習佛法,也在過程中感受到跨越國境及語言的自在與安定。

有女眾老菩薩分享,孩子已成為媽媽的心靈導師,期許學僧莫忘初發心、提起菩提心、滋長智慧心,讓自己開心,親眷就會更安心與放心。

● 09.30

「臺灣社會創新永續發展協會」揭牌
校長惠敏法師分享「十八般博雅武藝」

由法鼓文理學院師生共創的「臺灣社會創新永續發展協會」,9月30日於臺北德貴學苑舉辦揭牌儀式,邀請前副總統陳建仁與校長惠敏法師揭牌,並由惠敏法師主講「博雅教育 5X5 倡議」,共有六十位師生參加。

惠敏法師以長年推廣的博雅教育,作為社創人才的修練之道。

惠敏法師說明,法鼓山的教育理念,不只是學校場域的知識傳授,更致力於社會實踐,因此「博雅教育」的三大特色,係指推動心靈環保、博學雅健及栽培跨界轉型人才。法師引述聖嚴師父的創校宗旨「為社會培育更多淨化人心的種子」,表示文理學院秉持的教學與學習精神,便是積極將學術與實務議題結合,創造提昇社會的能力。

法師以長年推廣的「博雅教育 5X5 倡議」作為社創人才的修練之道,將博雅「十戒」(戒學)、調和「五事」(定學、慧學)、時安康(淨土學)「三管」,整合為「十八般博雅武藝」,作為現代人培養身心永續的生活型態。

惠敏法師期勉學員,從培養個人身心永續的生活型態,擴展至世界的永續發展,不僅提昇全民體能與智能,也增進生活品質與公民素養。

● 10.14　12.30

僧大作務與弘化課程
開辦「優質專案」工作坊

楊麗香老師（右）與學僧一同討論活動的規畫。

僧大「作務與弘化」課程，於10月14日、12月30日，邀請淡江大學資訊工程學系兼任助理教授楊麗香，開授「任務大挑戰，打造優質專案」工作坊，提昇學僧的團隊溝通與活動規畫技巧。

楊麗香老師指出專案管理是理論與實務並重的應用知識，除了強化思維，更要找到行動準則。與例行活動不同的是，專案活動講求創新價值，因此更能因應大環境變化，深入人心需求；但創新不能偏離組織的核心價值，如「法鼓山的共識」具體提出理念（願景）、精神（使命）、方針（目標）、方法（策略）。

楊老師以近年管理趨勢「敏捷專案管理」、「僕人式領導」為例，認為以傾聽、無為、接納、互助等特質，進行團隊互動、與客戶合作並響應變化，更貼近佛法的關懷。

工作坊並安排學僧分組，練習規畫生命自覺營的「章程」，在熱烈的討論中，思索營隊目標、參與對象，以及在大環境的變動間，進一步設定不同階段的里程碑。

有學僧表示，「敏捷專案管理」是一套很有系統的管理方法，特別是僕人式領導，符合六和敬的精神，也讓人思考如何在團隊合作中調整心態，促進團隊合作。

● 10.21

僧大專題講座
廖肇亨探析舌尖上的公案

10月21日，僧大舉辦專題講座，邀請中央研究院中國文哲研究所研究員廖肇亨，以「禪悅為食——舌尖上的禪宗公案義蘊探析」為題，帶領學僧優遊禪師

的味覺饗宴,品嘗禪悅的滿溢清香。

廖肇亨老師從佛陀「應病與藥」的事例中,闡明病、藥、飲食互為一體的觀念,《典座教訓》:「調辦供養物色之術,不論物細,不論物粗,深生真實心、敬重心為銓要。」禪師以食物為喻,更是因應不同根器,善巧引領人通達智慧解脫之道。

廖肇亨老師從飲食的微觀角度,探析禪的生活、修行及文化交流。

禪宗史上,除了「曹山酒」、「趙州茶」、「雲門餅」、「金牛飯」四大飲食公案;還有顓愚觀衡請見月讀體吃苦瓜,令其「不能咽,復不敢吐」,比喻修行「先苦後甘」的歷程;懶殘禪師邊流涕邊以牛糞火煨芋,警醒世人不著於相,重在修行;而梅子、荔枝、橄欖、茄子等,更被用來形容修行境界的成熟與香氣。

廖老師表示,西方學界近年關注「感覺史」研究,而禪宗講究「餘味悠長」的境界,透過味覺的開展,更能豐厚禪宗的文化意涵。

● 10.25

文理學院舉辦「終身學習菩薩行」工作坊
菩薩心行　學無止盡

法鼓文理學院於10月25日,在北投農禪寺舉辦「終生學習菩薩行」工作坊,由人文社會學群學群長陳定銘率學院師資,以及僧團三學研修院副都監果光法師,透過主題講座、小組分享、工作坊等,帶領學員規畫自己的終生學習地圖,有近一百人參加。

「『終生學習』是由出生

「終生學習菩薩行」工作坊中,學員熱烈分享個人的終身學習地圖。

至死，生命中所有的相遇，『菩薩行』是自利利他、自安安人，與法鼓山提倡的三大教育環環相扣。」大願校史館主任辜琮瑜以「三生有幸、四生安樂」為題，指出在時間上三世（過去、現在、未來）環環相扣，在空間上四生（卵、濕、胎、化，意指眾生）緊密連結，提醒在當下做出改變，與整體連結。

佛教學系系主任鄧偉仁在「有盡人生無限學習」中，分享年近三十才讀大學，以及前往印度、美國求學的歷程，勉勵學員：「成為佛教人才，讓佛法扮演社會中的重要力量！」

由生命教育學程主任楊蓓主持的「安心之道」對談，由心靈環保中心主任黃信勳解析氣候變遷與守身安心的關聯；社會企業與創新學程主任葉玲玲就醫療觀點，分享保健頭腦與免除煩惱的方法；陳定銘學群長引用《金剛經》中「應無所住而生其心」，強調社會企業的發心；果光法師分享近日陪伴罹癌友人經歷的一堂生死課，並引導學員透過放鬆、靜坐，回到簡單的初心。

有從事特殊教育工作的學員表示，從講師身上，見識到以佛法為根基的豐富學養，也砥礪自己在陪伴腦性麻痺孩子的過程中，提昇教育品質、散發安定的力量。

● 10.30

南臺科技大學「通識教育大師講座」
惠敏法師講睡眠與禪定

惠敏法師於南臺科技大學講睡眠與禪定。

法鼓文理學院校長惠敏法師於10月30日，應南臺科技大學「通識教育大師講座」之邀，於該校主講「為何要睡覺？睡眠與禪定」，講授「睡眠科學」的正確觀念與知識，包括校長盧燈茂，共有兩百三十多位師生參加。

為什麼須要睡覺？惠敏法師引用科學家馬修沃克（Matthew Walker）研究，表示「睡出健康與學習力，夢出創意的新科學」。現今網路發達及3C產品廣泛使用，年輕人經常熬夜，勉勵學子日常作息要規律，尤其要「睡好」，有充足的睡眠，讓腦細胞重生，身心才會健康，也才能精進學習。法師以科學的理論印證睡眠與禪定的關係，闡述以鬧鐘叫醒而縮短「快速動眼睡眠」期、不規律的睡眠與睡眠不足會損傷記憶、注意力等與學習有關的能力。

惠敏法師強調，若能按照晝夜生理時鐘循環的習性，養成「早睡自然醒」的習慣，以及運用「止觀雙運」的禪修原則，培養良好的生活作息，可提昇免疫力（腦中第七感），減低各種疾病的侵襲。

● 11.04

僧大專題講座
常智法師詮解佛教讚偈

僧大於11月4日，舉辦專題講座，由常智法師主講「佛教的讚偈」，帶領學僧透過曲調格律、文義詮解，重新體會佛曲的內涵，領受讚偈之美。

常智法師首先從佛教梵唄源流談起，宋代以後，由於佛教梵唄與民間曲調合流，因此全部採用南北曲調，其中，「曲牌」是曲調名稱，規範了曲調、唱法、字數、四聲平仄及韻腳等格律；更表示了解讚偈文體後，當有修訂詞句之需，便能知道依何標準；看到不同版本的讚偈，也能辨別是否合乎格律。

常智法師詮解佛教讚偈，引導學僧體會佛曲的內涵。

法師強調理解上下語境的重要，如〈楊枝淨水讚〉文句中，出現「福壽廣增延」、「餓鬼免針咽」兩種截然不同的版本，對照平仄與文義後，使用「餓鬼免針咽」，才符合利益六道眾生之意。

經過大量的讚偈賞析與腦力思考，學僧紛紛提問，如：「讚偈可以用其他方言唱誦嗎？」「如何拿捏佛曲創作與『不故往觀聽』的差別？」常智法師表示，從古印度佛教開始，便透過曲調來讚頌三寶，如果不是為了讓五根享樂的目的，就不違背「不故往觀聽」的戒律。

● 11.10

文理學院社區再造學程專題演講
演觀法師成立社企深耕原鄉

11月10日，法鼓文理學院於臺北德貴學苑舉辦專題講座，邀請南山放生寺住持演觀法師主講「原鄉社企與長照」，分享於臺東縣偏鄉成立社會企業的心路歷程，有近五十人參加。

演觀法師表示，2012年，有信眾將一批文具捐贈給臺東土坂部落，隨後收到孩子手繪的感謝卡，走一趟部落後，卻發現農作遭盤商剝削、傳統文化失落、青年就業等問題，也立下了在原鄉弘化的願心。因此除創立「茲摩達司社會企業」，推廣紅藜等有機農作外；並陪伴青

演觀法師分享於臺東縣偏鄉成立社會企業的心路歷程。

年，在社區規畫中醫義診；開辦「巫師論壇」，邀請法師、神父與巫師對話，期許增進理解、尊重部落傳統，而族人也逐漸敞開心房。如今部落不僅有了佛教徒，也有青年吃素、戒酒。

面對種種逆增上緣，法師秉持六度精神，力行「部落四攝法」：以購買取代捐款的方式，支持產業推展（布施）；以了解充實交流的內涵，讚歎傳統文化（愛語）；以關懷建立溝通管道，落實利他事務（利行）；以尊重作為互動基礎，參與各項活動（同事）。

人文社會學群學群長陳定銘讚歎演觀法師善巧的弘化方式，表示法師的經驗值得借鏡，證明了社會企業可以實踐佛法，這也是文理學院學程的大方向。

● 11.11 11.18 12.11

三場「中國佛寺志數位典藏」工作坊
雲端上巡禮神聖場域

11月11日至12月11日，中華佛研所、法鼓文理學院舉辦「雲端上的神聖場域」工作坊，共三場，邀請歷史、文學、數位化相關學者，分享「中國佛教寺廟志」的研究成果。

首場邀請清華大學通識教育中心助理教授張繼瑩講授「明清方志面面觀」，從史學角度，解析方志的源流、體例與功能，也以清道光年間《偏關志》為例，內容藏著反清復明人士的事跡，提醒研究者，要能穿透表象，從字裡的蛛絲馬跡，找到編撰者的弦外之音。

11月18日，臺灣大學數位人文研究中心曹德啟博士以「中古寺院巡禮──以DocuSky平台再讀《洛陽伽藍記》」為題，帶領聽眾實際操作「DocuSky數位

人文學術研究平台」，借助標記與建庫、材料整理與分析，現代研究者可以輕鬆進行文獻比對。

第三場工作坊於12月11日舉行，邀請成功大學中文系助理教授簡凱廷主講「佛寺志的利用與研究——從『中國佛教寺廟志數位典藏』談起」，強調在傳統學術研究訓練上，

學者張繼瑩以明清地方志為例，提醒研究者可從字裡行間找出編撰者的弦外之音。

查找資料常局限在藏經的材料或僧傳，而藏經以外的材料也需要關注，佛寺志的內容有別於一般的論述性文體，雖然並非原創作品，反更能代表各時代該佛寺的文獻史料紀錄，是研究晚期中國佛教發展的重要參考。

文理學院圖書資訊館館長洪振洲指出，明清時期各佛寺興起修撰史志的風潮，內容詳盡多元，對於理解中國禪宗的發展、祖師傳承等，是很好的著力點，鼓勵研究者開拓新視野。

● 11.30～12.31

法鼓文理學院「圖書館週」展開
鼓勵學子善用圖書館資源

2020年法鼓文理學院圖館週活動，於11月30日起展開。本年主題是「正念樂活」，內容包括主題演講、電影欣賞、書展、中西參大賽、五分鐘書評等。

12月2日進行的主題演講，由助理教授溫宗堃主講「正念——只是這樣，擁抱多舛的生命」，介紹「正念」是全心全意地專注在當下發生的事，包括身體的感覺，到整體環境的變化；也是不帶立場、不批判地觀察當下的自己。核心概念就是「覺察」，也就是觀察、同時保持好奇心，不帶任何評斷批判的心態，觀察並接納自己所有的念頭。

《怒火地平線》（*Deepwater Horizon*）、《咖啡、牛奶和糖的生產貿易經濟》（*Coffee, Milk and Sugar*）兩場電影，前者引導師生反思現代科技對自然生態的破壞與浩劫，後者以三項產品凸顯全球經濟結構，指出在全球化體制下，公平貿易的可行性。

深受歡迎的「五分鐘書評活動」於7日舉辦，多位法鼓山園區專職與大學院

師生以書會友，分享閱讀之樂。校長惠敏法師鼓勵學子藉著說書活動，訓練思考與表達，學習說出適當的言語。

● 12.01

《中華佛學研究》第21期出刊
收錄「漢傳佛教青年學者論壇」學者論文

《中華佛學研究》第21期為「漢傳佛教青年學者論壇」專刊。

由中華佛學研究所發行的《中華佛學研究》第二十一期，於12月1日出刊，內容為青年學者論壇專刊，涵蓋禪學、詩偈、俗文學、歷史等佛教藝術、文化人類學等主題。

自2015年開辦「漢傳佛教青年學者論壇」，青年學者們透過田野調查、文獻考證等方法，細膩進行分析與探究，成果分別發表於第十八期《中華佛學研究》、甫出刊的第二十一期，以及《無盡燈》和《撞倒須彌》兩本專書。

中華佛研所所長果鏡法師表示，《中華佛學研究》第二十一期出版，青年學者論壇完成了階段性使命，未來將轉型進入另一個新階段，持續搭起漢傳佛教的對話平台。

● 12.08

單德興文理學院分享「訪談的技藝」
兼備理論與實務

法鼓文理學院12月8日舉辦專題講座，邀請中央研究院歐美研究所特聘研究員單德興主講「訪談的技藝」，有近兩百位師生參加。

單德興老師表示，1983年訪談作家兼老師王文興，整理出三萬多字的訪談錄，不僅在《聯合文學》發表，也是後人研究王文興的重要資料。爾後隨著個人的興趣和關懷，薩伊德（Edward Wadie Said）、齊邦媛、余光中、金聖華等當代中外作家與學者，都成了訪談的對象，內容橫跨文學、歷史、社會學等領域。

單老師說明，訪談是學問又是經驗，要研究又要實踐。主訪者有自己的發言位置與關懷，事前閱讀資料、準備題目，現場隨機應變，引發受訪者分享個人

經驗、學思歷程、專業洞見與人生智慧，提供當事人的第一手資料，引導讀者進入其內心世界；訪談者更要主動，有趣的問題能刺激受訪者思考。

有生命教育學程學生表示，單德興老師分享的訪談技藝，不僅助益於自己研究人物生命故事，對於從事紀錄片訪談人物，也提點甚多。

單德興老師講「訪談的技藝」，幽默風趣、平易近人的分享，帶給文理學院師生豐富的「技藝」饗宴。

12.18～19

聖基會第六屆「近現代漢傳佛教論壇」
展望漢傳佛教在臺灣的發展

12月18至19日，聖基會於臺大集思會議中心舉辦「第六屆近現代漢傳佛教論壇」，以「漢傳佛教在臺灣」為主題，共有二十三位學者及教界代表參與五場論文發表、兩場圓桌論壇，內容涵蓋人間佛教、全球化、多元傳承、女性教團、新宗義與新宗派等議題。本年首度透過網路直播，讓國內外學者及大眾能在線上即時與談及交流。

開幕式中，方丈和尚果暉法師感謝大眾及學者專家，對聖基會學術論壇的支持及參與；由於全球人類正共同承擔疫情的考驗，期許學者專家立足漢傳佛教，結合學術專業，共同關注人類與環境共存的課題。

於18日「臺灣佛教面面觀」圓桌論壇中，東海大學哲學系教授嚴瑋泓從哲學研究的脈絡切入，引用希臘神話普羅米修斯（Prometheus）「盜火」的譬喻，探討二十世紀初期，臺灣兩位本土佛教學者林秋梧、曾景來，其佛教哲學思想除了受中、日兩大佛教傳統「雙元匯流」影響外，也受歐洲哲學啟蒙，如林秋梧引馬克思「階

第六屆「近現代漢傳佛教論壇」首度透過網路直播，讓國內外學者及大眾能在線上即時與談及交流。

級鬥爭」探討佛教平等觀，曾景來用康德的平等人格討論佛性論；玄奘大學宗教與文化所教授侯坤宏以「人物類型」看臺灣近代佛教史，認為可仿效藏經史傳部高僧傳的分門，從人物專長如經懺、講經、傳戒、禪修、教會組織、佛教文化、經論師、教團組成等類別，介紹百年來臺灣佛教舞台上的僧俗人物，寫就當代的高僧傳；政治大學宗教所教授李玉珍，則聚焦香光尼僧團，以十年為一個階段，加上多年田野調查，探討香光尼僧團建置「現代清規」過程中，如何顧及尼眾本身宗教需求的改變與質變。

19日第二場圓桌論壇中，法國東方語言與文化學院（Institut National des Langues et Civilisations Orientales, INALCO）副教授汲喆，討論臺灣漢傳佛教與全球現代性，認為戰後臺灣的佛教發展特別在國際化方面，應該尋找道統的正當性，期望臺灣佛教發展在全球化過程中，成為全球佛教現代主義典範。

● 12.26

僧大視訊講座
陳劍鍠分享聖嚴師父禪淨思想源流與實踐

香港中文大學人間佛教研究中心主任陳劍鍠，以視訊連線方式，為僧大師生分享聖嚴師父的禪淨思想及體證。

僧大於12月26日舉辦視訊講座，邀請香港中文大學人間佛教研究中心主任陳劍鍠，以「聖嚴師父的禪淨思想及其體證──以『淨念相繼』的詮釋為核心」為題，分享聖嚴師父禪、淨思想的源流與實踐。

《楞嚴經‧念佛圓通章》一向是淨土行者的重要經論依據，陳劍鍠指出，而聖嚴師父在禪七時常以守護六根來詮釋〈念佛圓通章〉的「都攝六根」，並視之為禪修的好方法，同時結合了念佛禪觀與人間淨土思想，提出「一念相應，一念是佛，一念見淨土」。無論念佛或禪修，都是鼓勵大眾把握當下一念心，自淨其意，以提昇人的品質來完成人間淨土的建設。

陳劍鍠主任豐富的學識與活潑的表達方式，引發學僧熱烈的討論，禪學系三年級學僧分享，打完禪七後再聽這場演講，對聖嚴師父提倡念佛禪中的「事一心」、「理一心」，有更加清楚的了解；也有佛學系學僧表示，想深入理解根塵識的作用，以及浮塵根、淨色根之別，進而修持「耳根圓通法門」。

肆【國際弘化】

為落實對全世界、全人類的整體關懷，
透過多元、包容、宏觀的弘化活動，
經由禪修推廣、國際會議、宗教交流……
消融世間的藩籬及人我的對立與衝突，
成就普世淨化、心靈重建的鉅大工程。

世界一家
疫中精進無時差

2020年，法鼓山海外各分支道場因應新冠疫情的蔓延，
於國際間投入各項救援專案，也強化對信眾的關懷，
並藉由無遠弗屆的線上雲端道場，串起全球無時差的共學共修，
引領大眾把握當下，與諸佛菩薩的悲智連線，自安安人、自助助人，
以智慧洞見疫情危機下的希望與契機，
透過現代數位科技，拉近彼此的「心」距離，
祈願疫情退散，世界轉危為安。

聖嚴師父曾說：「人間永遠是有希望的，也有我的祝福和期許。」新冠肺炎席捲下的2020年，海外各道場以安定人心為方向，以佛法「無緣大慈，同體大悲」的智慧領航，援助醫療人員、弱勢機構和族群，乃至迴向祝福往生者；疫情看似危機，卻也是人們在現實環境中體驗佛法、行菩薩道的契機。

弘化交流　年初如常

2019年底發生的新冠疫情，於2020年初的北美地區，尚未感受明顯的威脅，1月底至2月初新春期間，美國東初禪寺、洛杉磯、舊金山道場、普賢講堂、新澤西分會、西雅圖分會，以及加拿大溫哥華道場、多倫多分會陸續如期舉辦各項新春法會、講座、園遊會、法鼓傳燈法會等活動。

其中，東初禪寺新春特別講座由副住持果元法師主講年度主題「培福有福」；舊金山道場兩場專題講座分別由常炬法師、常寬法師講說「人生財務表」及「聖嚴法師的宗教思想──從《比較宗教學》到全球倫理」；而洛杉磯道場則由果廣法師主講「自家寶藏──如來藏思想概說」，以講座引領大眾認識經藏與佛法的日常運用。

同時，舊金山大覺蓮社僧俗四眾於1月底參訪舊金山道場，分享彼此弘揚漢傳佛教的共同方向；加拿大羅德健康學院（Rhodes Wellness College）師生則於2月底至溫哥華道場參訪，了解佛教基本觀念，同時體驗禪坐，領略漢傳禪法的清涼。

世界一家　跨地域支援互助

1月底，新冠肺炎疫情蔓延東亞，鑑於亞洲各國疫情緊繃，民眾人心

惶惶，法鼓山美國佛教協會（Dharma Drum Mountain Buddhist Association, DDMBA）啟動援助專案，北美各道場及分會發揮同舟共濟的精神，從美國各地購得醫用防護服、護目鏡，運抵中國大陸分送至江浙、武漢各醫院。

海內外分支道場於疫情期間，開設許多線上共修課程，讓無法到寺院的信眾也不缺席。圖為溫哥華道場的線上念佛共修。

而在東亞地區新冠疫情漸次蔓延之際，美國、加拿大也零星傳出民眾確診，北美各道場及分會以保護信眾身心健康為念，依醫療專業建議和政府公告，超前部署各項應變計畫，包括：準備防疫物資、推行防疫措施、規畫弘化替代方案等。3月，新冠疫情在北美爆發後，美國面臨嚴厲考驗，為支援保護大眾的第一線醫護人員，DDMBA將援助轉向當地，各分支道場共同發起「佛法救濟」（Dharma Relief）專案，捐贈口罩給醫療院所及弱勢團體，同時獲得北美眾多知名佛教團體及出版社響應，一同匯集援助力量，展現佛教入世的救援精神。

亞洲地區的泰國護法會也因應疫情，與駐泰國臺北經濟文化辦事處共同成立「泰國臺僑胞疫情聯合應變小組」，5月中，將醫療及民生物資，捐贈資源缺乏的曼谷僧人醫院（Priest Hospital），不僅提供及時援助，也為南、北傳佛教搭起交流的橋樑。

11月，寺院管理歐美區副都監暨溫哥華道場監院常悟法師，應英國劍橋大學佛學社（Cambridge University Buddhist Society）之邀，藉由視訊教導社員運用禪修的方法與觀念，發現內心的和平喜悅。同月底，常悟法師又應溫哥華當地衛生局及善終照護小組的邀請，參與「跨宗教臨終關懷」座談會，與基督教、天主教的代表進行視訊對談，法師分享佛教的生死觀、臨終關懷的做法，祈願所有往生者都能平安地走向下一階段的生命旅程。

疫情契機　線上修學新模式

2020農曆新春之際，新冠病毒已在亞洲各地造成衝擊，1月23日小年夜當日武漢宣布封城，香港同日傳出首宗確診病例，法鼓山位於九龍及港島的香港道場第一時間採取防疫措施，暫停對外開放，首先將舉辦多年的「約咗佛陀拜年去」新春活動，改成網路直播，避免群聚風險；為讓居家防疫的信眾安住身心，2月起，展開系列網路線上共修活

動，包括：《藥師經》及藥師法門、禪修、觀音法會等，並首度製播布偶劇場「家家有座法鼓山」，於線上與居家防疫民眾分享生活佛法。

位於東南亞的馬來西亞，2月底，當地於一場大型宗教集會後，爆發千人大規模感染，馬來西亞道場即刻落實嚴格的防疫措施；3月中，配合大馬政府頒布「行動管制令」，隨即停辦各項活動，同時展開線上關懷及學習方案安定浮躁的人心。

原先僅數起病例的北美地區，自3月起疫情轉趨嚴峻，東初禪寺、普賢講堂、新澤西州分會隨即提高防疫規格，停辦所有實體活動，西岸洛杉磯道場進行中的「《法華經》與改變的力量」課程，隨即改為網路直播。4月起，全美五十州進入「重大災難狀態」（Major Disaster），各道場及分會全部停止對外開放，平日例行念佛、禪坐、法會等共修，調整於網路進行，帶領信眾在家中用功，安身安心。日常共修之外，道場常住法師也不定期於線上帶領持〈大悲咒〉、誦《地藏經》，帶領大眾以慈悲、安定的心念，祈願疫情早日消退。

東初禪寺於8月舉辦「2020安心平疫中元三時繫念法會」，由象岡道場住持果元法師主法，透過YouTube網絡直播，以聲聲「阿彌陀佛」帶領全球信眾共同祈願，所有疫情中的往生者，蒙佛接引，速往西方淨土。

雲端共修　弘法關懷不斷線

在全球性「隔離、不群聚、保持社交距離」的防疫政策下，有效阻斷病毒擴散的同時，大眾遭遇巨大的生活衝擊，也為法鼓山海外道場弘法的多元模式，帶來新的改變與契機，各分支道場因應驟變，加速雲端學習數位化。其中，東初禪寺開設系列網路中英文講座，包括：《阿含經》概說、「東方明珠——中華禪」、週日講經《永嘉大師證道歌》、《大乘起信論》概說，以及「禪素食」系列課程等，引領大眾在家中用功，學佛不斷線。

洛杉磯道場則有「法華三昧懺儀研習營」、「線上共學《六祖壇經》」、「從一開始就發展——學習禪的根源和早期教導」、「新聞寫作培訓」等線上講座、研習與培訓，此外還有關懷青年與兒少的共學活動，其中「Fun心‧工作趣」三場講座，由資深悅眾與青年朋友分享在疫情下，隨順因緣、把握因

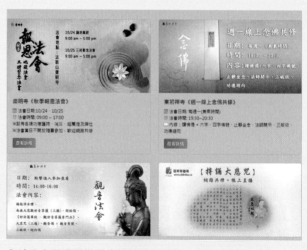

全球分支道場開辦了多樣的線上課程，讓修行不中斷。

緣、創造因緣的職涯應對之道，老、中、青信眾共聚雲端，開啟難得的跨世代交流學習。

舊金山道場於線上開辦「禪境雙修怎麼修」、「高僧行誼」、「佛法入門」等佛學課程，5至9月也開設分享古典音樂和現代佛曲的「線上音樂饗宴」；9、10月並首次於線上舉行義工中文禪一、初級禪訓班。其中「高僧行誼」四堂課程，由在臺灣的僧大師長於臉書上直播，介紹四位近代大師在艱苦環境中，精進修持的人格典範，為青年朋友帶來生命的啟發。

溫哥華道場主辦的網路共學活動，包括大事關懷共修、「菩薩行願」系列講座、「《法華經》的跡與本」講座等，9月開課的聖嚴書院佛學班，更首度於視訊平台上進行，一百多位學員克服種種困難，同步線上共學；12月透過視訊，關懷分布於溫哥華各社區的心靈環保讀書會，法師鼓勵成員居家期間照顧好身心，也不忘關懷他人。

香港道場針對日益嚴峻的疫情，製作了《食點心，點心燈》、《有求必應》及《搵素食艱難》的網路對談節目。《食點心，點心燈》邀請心理學家、瑜伽老師，與監院常展法師進行四場對談，分享疫情下的生活轉變及因應之道；《有求必應》由演清法師與悅眾，分享佛法在日常生活及職場的應用經驗，引領大眾調伏身心煩惱，找到生活的和諧與平衡。

馬來西亞道場則推廣線上學習行事曆，包括：「處處是道場，學習零距離」、「生活的日常，步步皆是禪」等專案，並於FB上推廣禪法觀念、禪修的生活實踐；9月並特別開辦「成佛必備的資糧──菩薩戒」線上課程，學習做菩薩，成長自己，利益他人。

應對疫情　拉近「心」距離

疫情期間，網路直播廣泛運用，也讓全球各地域有共享學佛資源的因緣，5月香港道場舉辦觀音法門網路共修，澳洲雪梨分會的信眾透過連線參與；臺灣北投農禪寺於12月舉辦彌陀佛三暨八關戒齋，加拿大溫哥華道場信眾也藉由直播同步精進；各道場的線上講座及共修，皆有全球不同時區的信眾參加。另一方面，各地舉辦的線上講座和共修，參與人數大幅增長，如香港道場於疫情期間進行的《藥師經》線上共修，每週參與人數平均三千六百人，是平日實體道場的數十倍，除了彰顯網路不受空間限制的特質，也說明在局勢動盪不安之際，人們愈需要以佛法來安身安心。

疫情示現無常，雲端取代實體道場，成了弘法和學佛的主要場域；疫情之下，看似被孤立的道場和信眾，透過現代數位科技，重啟生活程式，串起共學共修的網路，連結成全球性的雲端道場，拉近彼此「心」距離。面對無常功課，法鼓山持續與國際接軌，以漢傳禪佛法的慈悲與智慧，跨越地域之別，實踐弘法利生無國界，讓世界平安，處處光明。

● 01.23～27

海外分支道場迎新春
禪修拜願　迴向和諧世界

東、西方信眾齊聚東初禪寺，一同拜懺迎新。

1月23日（小年夜）至27日（初三）新春期間，除了全臺各分支道場規畫系列活動外，海外包括美國東初禪寺、洛杉磯道場、舊金山道場，加拿大溫哥華道場，以及馬來西亞道場、香港道場等，也同步舉辦迎鼠年新春活動，以祈福法會、拜懺精進，邀請信眾度過一個充滿法味的好年。

北美地區，舊金山道場首先於23日，由常源法師帶領以半日禪迎接新的一年，鼓勵信眾透過持續修行面對自己身心的問題，不氣餒，堅持地往修行道路前進。

東初禪寺於25、26日分別舉辦三昧水懺、普佛法會，東、西方信眾一同拜懺迎新。26日的普佛法會中，監院常華法師開示普佛的源起、演變以及內涵，並祝願個人、地區、國家、乃至全世界都能擁有美好的一年；隨後的佛法講座，由象岡道場住持果元法師主講「培福有福」，法師結合「羅漢托空缽」、「大象披瓔珞」的典故，並分享聖嚴師父於細行中惜福，以及自己生活上的見聞，提醒大眾，福生於微，禍生於忽，要以感恩的心珍惜擁有的福報。

洛杉磯道場於25日至27日，接連舉行平安法會、念佛共修、普佛法會，民眾也於「迎春茶禪」中，體驗放鬆身心、一期一會的美好因緣；加拿大溫哥華道場也於同日舉辦春節親子活動，結合腦、手、眼、口，藉由英文版鈔經、書法揮毫，讓西方民眾充滿法喜。

在亞洲地區，香港道場於除夕首次舉辦跨年祈福法會，並透過網路連線法鼓山園區撞鐘祈福活動；受疫情影響，大年初三「約咗佛陀拜年去」改以網路直播，法師持誦聲聲佛號，為大眾心靈注入慈悲的力量。馬來西亞新道場於25日舉行普佛法會，以花藝展現道場莊嚴，信眾於普佛時依〈普賢行願品〉發願迴向，願以菩提行提昇自己，共創平安和諧的世界。

泰國護法會的普佛法會，由果器法師主法，法師開示說明八十八佛的來歷，

並因應新冠病毒疫情流行，提醒維持良好衛生習慣、注意自身健康與勤念觀世音菩薩，為全人類的平安健康祈福；平安齋後，大眾靜心專注鈔寫《延命十句觀音經》，並將經文裝入御守袋，帶著法喜與祝福，迎接幸福的鼠年。

2020 海外分支道場新春主要活動一覽

區域	地點	日期	活動名稱／內容
北美	美國東初禪寺	1月25日	慈悲三昧水懺祈福法會
		1月26日	普佛法會、佛法講座
	美國洛杉磯道場	1月25日	平安法會、迎春茶禪
		1月26日	念佛共修、迎春茶禪
		1月27日	普佛法會
	美國舊金山道場	1月23日	半日禪
	美國普賢講堂	1月25日	普佛法會
	美國新澤西州分會	1月25至26日	普佛法會、禪藝體驗
	加拿大溫哥華道場	1月25至26日	祈福法會、親子園遊會
亞洲	馬來西亞道場	1月25日	普佛法會
	香港道場	1月24日	連線法鼓山園區除夕跨年祈福法會
		1月27日	「約咗佛陀拜年去」新春活動
	泰國護法會	1月25日	普佛法會

● 01.26

舊金山道場「培福有福」講座
常炬法師分享創造無相人生財務表

美國舊金山道場於1月26日舉辦「培福有福」講座，由行政中心財會處監院常炬法師主講「人生財務表」，分享先從「有相」的人天福報開始培養福德資糧，進而提昇自我，由小我、大我到無我的功德，創造「無相」的人生財務表。

「以佛法來說，財務代表

常炬法師於舊金山道場分享「無相」的人生財務表。

的是『果』，日常運作模式是『因』。人生財務表是行為的累積，也依此造就下一世。」法師表示，修行可視為是個人因果的報表，因為修行能讓我們往內看，得到內心的平靜與自在；強調要賺「慈悲智慧財」，用佛法的智慧磨掉貪、瞋、癡等習氣，以觀音菩薩的慈悲來分享快樂、拔除痛苦。

常炬法師提點修行的兩個方法：對於貪、瞋、癡種種煩惱，要由熟轉生，慢慢淡化；對於慈悲與智慧，要不斷運用於生活上，由生轉熟，成為自己的生活態度。

法師鼓勵大眾善用人身，以利他來自利，幫助他人時，自然會看到自己的習氣與不足，減少慢心，如此水漲船高，自己的福德資糧也會愈來愈多。這正是廣結善緣、培福有福的真正意義。

● 01.27

大覺蓮社衍璇法師參訪舊金山道場
交流弘化經驗

常惺法師（中立解說者）為衍璇法師等一行，介紹舊金山道場的各項弘化課程。

香港大覺福行中心暨美國舊金山大覺蓮社住持衍璇法師，於1月27日帶領九位法師、十二位義工參訪美國舊金山道場，由監院常惺法師和常源法師接待，進行交流。

常惺法師概要介紹道場成立的因緣，並說明「禪修」與「佛學」為道場主要的弘化定位，並據此規畫學習地圖和課程講座。接著由悅眾介紹道場從聯絡處，經歷辦公室出租、遷移、興建的歷史，並分享義工在各個組別支援活動的影片；常惺法師感恩表示，每位義工皆是成就、圓滿道場諸多活動的萬行菩薩，期盼能有更多義工前來，同霑法益。

衍璇法師勉勵發心義工應善護彼此之間的修行道心，強調「互相學習」的重要性；大覺蓮社的宗旨「護持三寶，宏揚正法，淨化人心，服務社會」，正與法鼓山「提昇人的品質，建設人間淨土」理念相應，期盼兩道場有更多互動，共同倡導漢傳正信佛教，讓佛法能深入人間，融入生活中。

● 02.01～02

舊金山道場傳燈講座
常寬法師講聖嚴師父宗教思想

2月1至2日，美國舊金山道場舉辦傳燈日專題講座，由僧大副院長常寬法師主講「聖嚴法師的宗教思想——從《比較宗教學》到全球倫理」，共有一百二十多人次參加。

法師首先說明聖嚴師父早期與《聖經》相遇的因緣，以及如何捲入宗教的筆戰，因而寫

常寬法師於舊金山道場講述聖嚴師父的宗教思想。

下《比較宗教學》一書。常寬法師引用師父所言，比較宗教學綜合人文及社會科學，從歷史的事實、彼此的同異、心理的分析來求真理和解答問題，可以指導我們正確地選擇信仰，而文化的歷程需經過改革，才能從保守到開放。

2日的講座，常寬法師分享聖嚴師父歷年參加國際會議的歷程，也說明師父如何以佛法的智慧和世界溝通，如出席國際宗教領袖和平會議、聯合國宗教暨精神領袖高峰會、世界經濟論壇等會議，倡導超越宗教、種族與文化的全球性倫理，並用「心靈環保」、「心六倫」來落實。

有全程聆聽的信眾表示，從講座中了解到聖嚴師父在國際會議中，運用善巧智慧，協助達成決議、提出有建設性的建議，更能體會師父的智慧與慈悲。

● 02.01～07

海外法鼓傳燈
禪修、講座、法會緬懷師恩

聖嚴師父圓寂十一週年，法鼓山海外分支道場、分會於2月1至7日期間，以禪修週、法會、專題講座等方式緬懷師恩，東西方四眾弟子「傳心燈、起願行」，願在不同地方發光發熱，接續師父在西方弘揚漢傳佛教的大願。

美國東初禪寺於2月1至7日，舉辦為期七天的傳燈禪修週，每日上午及下午各兩炷香，搭配著經行、法鼓八式動禪、坐姿動禪、立姿動禪等伸展活動，動靜調和，信眾共聚道場精進共修。舊金山道場於1至2日舉行傳燈日專題講座，由僧大副院長常寬法師主講「聖嚴法師的宗教思想——從《比較宗教學》到全

象岡道場住持果元法師於新澤西州分會,為信眾點亮續佛慧命的心燈。

球倫理」,介紹聖嚴師父的宗教思想;洛杉磯道場則於2日舉行傳燈法會,由果廣法師主法,共有八十多人參加。

新澤西州分會於1至2日舉辦精進禪修及傳燈儀式,由象岡道場住持果元法師帶領大眾修行,並說明傳燈的意義,佛陀在二千六百年前親證實相,於恆河兩岸弘法,之後代代祖師不遺餘力弘傳,而聖嚴師父傳承曹洞、臨濟禪宗法脈,今日才能以禪法來修行。西雅圖分會於1日首度舉辦傳燈法會,青年院監院常炬法師在「永傳無盡燈,紹佛大悲行」聲中,一一為信眾點燈,共願西雅圖早日成就道場建設,讓北美更多人得受法益。

加拿大溫哥華道場於1日舉辦傳燈法會,六十餘位信眾到場參與。監院常悟法師分享當年剃度前跪謝師恩的感動,以多年來的心路鼓勵大眾,人生不論遇到什麼困難,時時練習用佛法,即使用得不好也要以願心堅持,終能領受法益。

2020 海外分支道場「法鼓傳燈日」活動一覽

區域	主辦單位	日期	活動內容
北美	美國東初禪寺	2月1至7日	法鼓傳燈禪修週
	美國洛杉磯道場	2月2日	傳燈法會、專題講座
	美國舊金山道場	2月1至2日	傳燈日專題講座
	美國普賢講堂	2月1日	傳燈法會
	美國新澤西州分會	2月1至2日	精進禪修、傳燈儀式
	美國西雅圖分會	2月1日	傳燈法會
	加拿大溫哥華道場	2月1日	傳燈法會

● 02.02

洛杉磯道場專題講座
果廣法師說解如來藏思想

美國洛杉磯道場於2月2日傳燈法會圓滿後,舉辦專題講座,由果廣法師主講「自家寶藏——如來藏思想概說」,共有七十多人參加。

法師首先點出漢傳佛教從印度傳入，融合中華文化，經過歷代祖師大德體證，是非常重要的智慧文化遺產，值得傳承並與世界分享，而漢傳禪佛教的主流思想，就是具備適應性、包容性、普及性的如來藏思想；並進一步從原始佛教的核心義理「緣起無我」說起，簡述大乘三系：中觀、唯識、如來藏思想的起源與發展。原始佛教中，佛陀依緣起現象，也就是依因緣生起的事實中，體悟到沒有獨立自主的「我」存在，

洛杉磯道場舉辦如來藏思想講座，大眾深入聖嚴師父弘揚漢傳禪佛教的重要基礎。

所以說「無我」；大乘三系則依緣起的法性，說明一切法無我；如來藏進而以「清淨法性」為基礎，闡述法性因被無明覆蓋，而生起萬象和生命流轉。

講座中，果廣法師提醒定課與拜懺的重要，為如來藏思想提供明確的修行方向及著力點；也期許僧俗四眾實踐與弘揚漢傳禪佛教，讓更多人受用於漢傳佛法的生活智慧。

● 02.10～16　03.10～27期間　04.06～26期間

香港道場藥師法門網路共修
祝禱疫情消退　處處有平安

香港道場於2月10日至3月27日期間，在九龍會址舉辦「《藥師經》消災祈福網路共修」，由常住法師帶領誦持《藥師經》，凝聚大眾善念願力，祝禱新冠肺炎疫情早日消退，眾生消災免難，人間平安有福。

4月6至26日，每週一至五接續舉辦的「藥師法門網路共修」，則藉由持名念佛、持誦〈藥師咒〉、讚佛，最後以藥師法會圓滿活動，將積累的善念延續推展。

監院常展法師表示，因應疫情，以七天為一期的《藥師經》共修，提醒學佛人以藥師佛為典範，感受眾生的苦痛，幫助他人，只要依照藥師佛的本願修行，便能解除世間橫禍災難，救濟眾生身心困厄，在人間造就一方淨土。

香港道場舉辦《藥師經》消災祈福網路共修，由常住法師帶領，祝禱疫情消退。

● 02.15

美西道場合辦網路平安法會
祝禱全世界人人平安

舊金山道場首度進行線上直播觀音祈福平安法會,有二十餘位信眾到場參與。

美國西岸洛杉磯道場、舊金山道場,於2月15日聯合舉辦「觀音祈福平安法會」,由舊金山道場監院常惺法師主法,洛杉磯道場監院常悅法師擔任監香。

法會首次透過網路,進行線上直播,雖然鼓勵信眾在家參與網路共修,仍有二十餘位信眾到場參與。常悅法師說明,期盼藉由法會,祝禱疫情早日消退,眾生消災免難,勉勵大眾以慈悲的心念、安定的心情,凝聚善心願力,祝禱全世界平安。

信眾隨著法師,誦念〈楊枝淨水讚〉、《普門品》、〈大悲咒〉以及觀世音菩薩聖號,大眾的願力凝聚一堂,最後在〈發願〉、〈三皈依〉、〈迴向偈〉後,圓滿莊嚴又攝受人心的法會。

舊金山道場視訊組義工,在有限的設備下各司其職,平穩掌鏡播出,讓網路共修的大眾,體驗到法會安定人心的力量。

● 02.22～03.01

果慨法師洛杉磯道場弘法
學習法華智慧助己利人

2月22日至3月1日,弘化發展專案召集人果慨法師美國洛杉磯道場弘法關懷,主要進行佛法講座、帶領研習營等。

法師先於每週六、日舉辦佛法講座,主講「《法華經》與改變的力量」,概說《法華經》於佛教中的地位、各品精華,到現象與實相的關係及修持的方法。講座第一週有逾百

果慨法師鼓勵大眾背誦《法華經》經句,如理思惟、受持,發菩提願心、成就菩提願行。

人次到場聆聽，為了避免群聚感染，第二週課程改以網路直播方式，護念大眾修學佛法的願心。

果慨法師開宗明義說明，修行佛法最重要是建立正確的知見和觀念，經教必須搭配實修，身體力行才能淨化自己與社會。《法華經》如大海能納百川，將三乘歸於一佛乘，肯定眾生皆能成佛。鼓勵大眾背誦重要經句，時時思惟、受持，並且要發起菩提心，才能有菩提願、菩提行，先發願才會精進。

法師提醒，建構佛國淨土即是斷塵沙惑，想讓度化的眾生離苦得樂，必須清楚佛陀的藥方，對症下藥；期勉學員，練習建構自身的佛國淨土，用功前先發願，並起而實踐，修行才會有方向。

25至28日展開「法華三昧懺儀研習營」，由果慨法師指導拜懺，引領學員從懺悔、誦經至禪觀中體會經句意涵。

● 02.26

羅德健康學院訪溫哥華道場
體驗禪修對身心的照護

加拿大羅德健康學院（Rhodes Wellness College）二十位師生，2月26日由教師亞歷山德拉·戈德韋爾（Alexandra Goldwell）帶領參訪溫哥華道場，由監院常悟法師接待，並介紹佛教的基本觀念、佛法的生命觀，及禪修對身心的照護。

法師首先概要介紹道場歷史、環境與成立因緣後，以貼近當地生活文化的語言及例子，從因緣與因果、自性和無常觀，以及四聖諦三個主題解說佛教的基本觀念，說明解決人生痛苦煩惱的根源。

接著，常悟法師引導學子練習禪修七支坐法，從放鬆去感受身體的覺知。學生中有固定打坐者，也有第一次接觸禪修者，一炷香後，大家熱烈地提出對治妄念的問題，並表達對精進禪修及日常生活中運用禪法的興趣與好奇。

有學生表示，印象最深刻的是法師解說「Everything has its history.」（每一件事情都有其過去因緣），啟發了對人、事、物的觀察有更深廣的視野。

常悟法師為羅德健康學院師生介紹佛法的基本觀念及禪修方法。

● 02.27起

香港道場以布偶劇推廣生活佛法
「家家有座法鼓山」共學無時差

由香港法青組成的製作團隊，擔綱編劇、服裝、道具、布景、攝影、後製等工作。

自2月27日起，香港道場於網路禪修後，在線上首播布偶帶狀劇場「家家有座法鼓山」，每週播放兩集，並於週日重播。

布偶劇的內容表達三代同堂的布偶家庭中，成員呈現各年齡層之價值觀、學佛觀的差異，以及對修行的疑問，透過尋找答案的過程，引導大眾掌握正信佛法、禪修知見，以及在家修行的方法。

劇場播出後，許多觀眾回應表示，內容傳遞佛法知見外，具創意又用心、生動活潑、老少皆宜，為共修加添活潑和輕鬆的氣氛。

布偶劇場的發想，緣於新冠肺炎疫情改變道場共修型態，因而引發戲劇弘法的構想。劇場由監院常展法師監製，十位法青組成製作團隊，擔綱編劇、服裝、道具、布景設計、演員、攝影與後期製作等。

● 02.29

西雅圖分會走入社區
舉辦觀音祈福法會　祈願消災

西雅圖分會走入社區，舉辦觀音法會，為疫情消災。

美國西雅圖分會於2月29日，在當地樂敘之家（Aegis Gardens Retirement Community）文化館舉辦觀音祈福法會，由果增法師帶領，大眾共同祈願疫情早日消除，也將功德迴向給眾生。

法師說明，雖然無法想像罹病者的處境與心情，但可以觀想觀音菩薩的功德與慈悲，讓受難者都可以得到救濟及心安。法師表示，只要誠懇專注，人人都可以展現安定的力量。

　　果增法師也分享聖嚴師父於2003年SARS期間的開示，災害和疫情一直都可能有，學習和應用佛法的智慧，就能比較平靜地面對和適當地處理各種境界；提醒大眾，相信並配合專家的指導，保持平常心，發揮同舟共濟的精神互相關懷。

　　配合防疫，會場除準備口罩，大眾入場前皆先用酒精消毒雙手，進入殿堂後，即開始誦念觀音菩薩聖號，讓身心安定。

● 03.07～05.30期間

東初禪寺佛學課程
果廣法師闡述《阿含經》教義

　　3月7日至5月30日，美國東初禪寺週六舉辦網路佛學課程，由果廣法師主講「《阿含經》概說」，每堂有近一百六十人在線上參與。

　　法師闡述《阿含經》在佛教經典中的特殊地位，以及對於佛法修行的重要性。課堂中，法師將原始佛教、大乘佛教對「空」性的解釋進行對比，包括《大般若經》與龍樹菩薩中觀學派的學說。從「亦空亦不空」、「真空妙

果廣法師從四聖諦闡釋「緣起無我」，依「緣起」說「無我」，依「無我」而說「空」。

有」、「空有無礙」三個方面，闡釋對於緣起法性的理解。強調早期原始佛教到大乘佛法所說，都圍繞佛法的核心義理，對生命本質進行解釋。

　　果廣法師總結《阿含經》的核心意義，即是根據釋迦牟尼佛發現的生命起源，依「緣起」而說「無我」，依「無我」而說「空」。期許大眾深入大乘佛法及禪法的根源與主軸，在學習經論與禪修的同時，了解佛法根本教義起源，進而對佛法的理解與實踐，更能有提綱挈領的作用。

● 03.08～05.31期間

東初禪寺週日講經
果醒法師網路講說《永嘉大師證道歌》

　　美國東初禪寺行之有年的週日講座，於3月8日至5月31日，由禪修中心副都監果醒法師於法鼓山園區禪堂，透過網路講說《永嘉大師證道歌》，課程以中

英雙語進行,每堂有近兩百人線上參與。

果醒法師以「絕學無為閑道人,不除妄想不求真;無明實性即佛性,幻化空身即法身」指出,種種感受、想法,如同海上的波浪或水中的倒影不斷變遷,當看到妄想或是現象時,它就已經消失了,然而,佛性本身是不動的,就如同波浪起起落落,海水依然萬年不動地存在一般。

法師提醒,凡夫之所以煩惱,皆因不知佛性是真我,誤認身體為我,故將所感知的對象,分為有「我的身體」和有「所感知的外境」,就像將夢境當真,或是照鏡子時,將鏡中的影像誤認為是自己一般。

課程最後,果醒法師以「後念碰不到前念」,鼓勵大眾運用於日常修行,遠離妄想,才能有效對治煩惱。

● 03.15～04.26期間

舊金山道場佛學系列課程
常惺法師分享禪淨雙修法門

舊金山道場舉辦線上佛學課程,由常惺法師分享禪淨雙修法門。

3月15日至4月26日,美國舊金山道場每週日舉辦「禪淨雙修怎麼修」線上佛學課程,由監院常惺法師主講,首堂課有來自美國、加拿大及臺灣,近四百人參與。

常惺法師首先說明,新冠肺炎疫情造成人心惶惶,所有人都希望能「平安無事」,如何在世間發生種種變化的事相下,心中依然有平安?漢傳佛教提供的兩個安心之道便是禪修和念佛,亦即結合禪淨、透過修持達到安心。

課程主題包括漢傳佛教禪宗略史、漢傳佛教淨土思想、法鼓山的禪淨雙修,法師表示,禪法在中國經過初期的學習印度禪法,到後來的融合、吸收,最後發展成漢傳禪法,如聖嚴師父指出純禪時代的特色,是不會廢棄經典教義,但也不拘泥於經句,而是活潑地抓住佛的精神所在,因此師父說:「禪法就是心法,禪法就是佛法。」

佛陀傳授「六念法門」——念佛、念法、念僧、念施、念戒和念天,亦是讓弟子用以安心修行,因此,禪修和淨土皆是重要法門。聖嚴師父教導的禪淨雙修,是以念佛禪的方式,將念佛結合禪修法門,禪淨雙修是自力與他力相輔相成,人間淨土是修行的著力點,自心淨土則是最終目標。

法師提醒，不論是一種法門深入修行，或不同法門融會，除了正確的知見，最重要的是持續的精進力，才能有所體證。

● 03.31起

北美分支道場發起「佛法救濟」專案
籲請全球齊心抗疫

三月中旬起，北美地區新冠肺炎疫情爆發，確診人數激增，造成醫療物資嚴重短缺。為支援第一線保護大眾的醫護人員，3月31日起，法鼓山北美分支道場發起「佛法救濟」專案（Dharma Relief），捐贈口罩給當地醫療院所及弱勢機構。

「佛法救濟」專案獲得許多知名佛教團體及出版社的響應贊助，包括：巴瑞佛教研究中心（Barre Center For Buddhist Studies）、

北美分支道場發起「佛法救濟」專案，捐贈口罩給當地醫療院所與機構，廣獲響應贊助。

內觀禪修中心（Insight Meditation）、香林臨濟禪修中心（Korinji Rinzai Zen Community）、美國舍衛精舍（Sravasti Abbey）、香巴拉出版社（Shambhala Publications），以及加拿大知名《獅子吼與佛法》雜誌（*Lion's Roar and Buddhadharma*）。

寺院管理歐美區副都監常悟法師表示，口罩優先發給美、加疫情被列為一級（嚴重）的州、省及當地醫院，主要挑選病床數量大、有檢測新冠肺炎及收治新冠病患的醫院；由於疫情持續嚴峻，一級醫院增多，醫療物資不敷需求，希望能盡快將口罩提供醫護人員使用。

至4月11日止，「佛法救濟」專案已運送三十多萬片口罩，捐贈給美國二十七州、加拿大兩個省，共百餘家醫院，也改變了北美社會大眾認為佛教徒消極的印象。

● 04.25～05.16

舊金山道場「高僧行誼」網路課程
悲願行誼啟發青年學子

美國舊金山道場4月25日至5月16日期間，開辦四堂「高僧行誼」網路課程，由僧大師長講授，同時設有臉書直播，累計共逾八千人次參與。

課程分別由教務長常啟法師講述虛雲老和尚、太虛大師，課務組組長常正法師講倓虛大師，常燈法師講見月律師，共同修持大師典範。虛雲老和尚苦行清修、行腳參方，秉持「空花佛事，時時要做；水月道場，處處要建」的精神，致力復興道場、安僧度眾，每建完一寺又繼續行腳；太

生於清光緒15年西元1889
示寂於西元1947年

一生經歷
維新變法 1889
義和團排外 1900
八國聯軍 1900
辛亥革命 1911
洪憲帝制 1915-16
軍閥割據 1916-1928
國民革命軍北伐 1926-1928
五四運動 1919
八年抗戰 1937-1945
日本投降
國共內戰 1946-1949~

應舊金山道場之邀，僧大師長於線上講授「高僧行誼」，為青年朋友介紹大師典範。

虛大師講經辦學、創辦雜誌、遊化歐美等，並大刀闊斧改革佛教、提昇僧伽素質，促成佛教現代化；中年甫出家的倓虛大師，出家前廣涉諸學，得與外道辯論法義，並修建古剎、興辦僧學、改革經懺，最終復興中國東北的佛教，讓僧俗得聞正法；見月律師唯法是親，絲毫不徇人情，自出家後，無日不在艱苦卓絕中精進修持，一言一行，無一處不可與後世作模範。

常啟法師表示，大師們所欲建設的是人間淨土，而非外在環境的淨土，道場壞了還可以重蓋，人才是佛法相續的關鍵，重要的是傳承僧才，並在成住壞空的自然歷程中，讓人少一點煩惱，得以修持慈悲與智慧。期勉大眾，時時仰望清淨的誼範，像明鏡般照見自己，便能立足方向、增上修行。

● 05.02～06.20期間

香港道場「食點心、點心燈」網路對談
引導以禪修找到身心平衡

5月2日至6月20日，香港道場舉辦「食點心、點心燈」網路對談，共四場，邀請輔導心理學家袁家慧、瑜伽老師劉汝君與監院常展法師對談，分享居家防疫期間的生活轉變與因應之道。

點心 —— 食點心、點心燈   5月2日 (六) 3-4PM
第一談：疫境下的自我覺察

香港「食點心、點心燈」網路對談，左起依序為袁家慧博士、常展法師、劉汝君老師。

首場主題是「疫境下的自我覺察」，袁家慧博士強調不要因慌亂、恐懼或猜疑，讓疏離、苛責、汙名化操控內心，而失去判斷與覺察的能力；5月9日「疫境中與他人相處」座談中，常展法師

提醒在逆境中要為他人的需要多行一步，以同理心建立互助關懷的新文化價值，豐富個人生活。6月13日的主題是「病從何處來」，三位與談人分享自身的病苦經驗；其中，劉汝君老師說明從改變心念開始，也將瑜伽本意的「連結、合一」，放進生活中練習，進而逆轉病苦。

6月20日最後一場的主題是「看見習氣，看不見習氣」，常展法師指出，藉由修行改變習氣，改變面對環境的心態，開發內在的智慧，即使再惡劣的處境都可以沉著以對，讓自己，也讓周遭的人身心安樂。

四場講座，引導閱聽者以禪修提昇覺察力和敏銳度，調伏身心煩惱，讓身與心連結，和自己好好相處，也在與他人的互動中，找到和諧的平衡。

● 05.08～06.12　08.07～09.11

舊金山道場音樂饗宴
將療癒力帶入義工菩薩的家

5月8日至6月12日、8月7日至9月11日，美國舊金山道場每週五舉辦線上音樂饗宴，邀請音樂藝術博士許亦蓮授課，分享古典音樂、現代佛曲的創作意涵，並帶領聆聽賞析。

每堂課程中，許亦蓮老師翔實介紹古典音樂發展史，包括作曲者閱歷、時

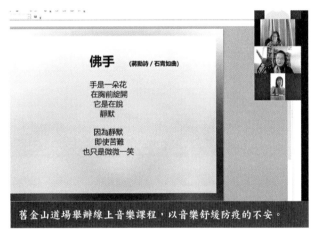

舊金山道場舉辦線上音樂課程，以音樂舒緩防疫的不安。

代背景、樂譜解說、樂器和自然界音聲的串連、樂曲創作背後的啟發故事等，強調宗教音樂（Sacred Music）又稱「聖樂」，對心靈的療癒作用，深獲歐洲社會的認同，並以巴哈（Johann Sebastian Bach）為例說明，在六十五年的生命歲月中，就創作過相當多的宗教聲樂與器樂，也幾乎是在教會度過人生。

8月7日的課程上，安排蔣勳老師詩作《佛手》，並由作曲人石青如分享編曲因緣，表示詩作中以心傳心，拈花微笑的詩句，正如禪宗的不立文字；而以有聲來表現無聲的創作，透過抽象的音符，讓人與人間互相交流，正是音樂最神奇之處。

有學員表示，在線上音樂課程中，不僅了解了四百年的音樂發展史，更體驗到淨化身心的功能。

● 05.18

泰國護法會援助曼谷僧人醫院
相互守護　搭起南北傳佛教橋樑

泰國護法會援助曼谷僧人醫院醫療及民生物資，協助防疫，搭起南北傳佛教交流橋樑。

　　泰國護法會與駐泰國臺北經濟文化辦事處，共同成立的「泰國臺僑胞疫情聯合應變小組」，於5月18日前往首都曼谷僧人醫院（Priest Hospital），捐贈醫療及民生物資，包括白米、防護衣、隔離衣、N95口罩、血壓器等，由常空法師帶領十餘位當地信眾出席，辦事處代表童振源也到場參與。

　　護法會會長蘇林妙芬表示，僧人醫院平常住院人數近百位，護法會贊助營養餐已達七、八年；新冠肺炎疫情爆發後，當地援助的重心多以大型醫療院所為主，護法會便著力關懷資源較為缺乏的僧人醫院。

　　捐贈儀式後，院方帶領常空法師一行參訪已有五百年歷史的寺院，該院僧眾並為眾人灑水祝福，為南、北傳佛教搭起交流的橋樑。

● 06.07～08.30　10.11～12.27

洛杉磯道場線上共學
以安定的心面對無常

　　6月7日至8月30日、10月11日至12月27日，美國洛杉磯道場每週日舉辦「線上共學《六祖壇經》」，由監院常悅法師帶領禪坐、拜懺，並由學員各自誦讀《壇經》經文後，再由法師開示經文要義，有近一百一十人參加。

　　法師說明佛教經典中只有記錄佛的言行方可稱為「經」，《六祖壇經》是佛教著作中，不是記錄佛的言行，仍被尊稱作「經」的文本，全書記載惠能大師一生得法傳法的事蹟和啟導門人的言教，闡明了禪宗的傳承、南宗的禪法，以及南宗對智慧、定慧、坐禪、頓漸、一行三昧、無相、無住、無念等問題的解釋。常悅法師並詳細解說聖嚴師父對《六祖壇經》的開示精華，引領學員認識經文要義。

　　常悅法師提醒學員，學習諸佛菩薩的廣大無邊心量，時時以無住的心，慈悲待人、喜捨結緣，也以安定的心，面對疫情的無常示現。

● 06.20～07.04期間

溫哥華道場三場「菩薩行願講座」
學習並實踐菩薩的悲智願行

6月20日至7月4日，加拿大溫哥華道場每週六舉辦「菩薩行願講座」，由監院常悟法師、常惠法師、常惟法師主講，並進行網路直播，與大眾分享普賢菩薩、文殊菩薩、觀音菩薩的悲心願行。

講座中，常悟法師說明普賢菩薩的「普」，即願行遍一切處，「賢」，即妙善之義，意為菩薩以菩提心所起之願行，遍及一切處所、利及一切眾生，平等、慈悲且具備眾德；也介紹普賢菩薩所持十種廣大願行。常惠法師介紹文殊菩薩的德行，講析〈淨行品〉，期勉學員每天善用己心，把握當下隨事，為一切眾生發心立願，就能成為菩薩。

常惟法師講解修持〈大悲咒〉、《延命十句觀音經》、《普門品》、大悲懺等觀音法門，而持名念佛是最簡單的法門，只要能讓觀音菩薩聖號入心，當下便能安定，有如與觀音菩薩常相左右，念念平安，處處吉祥。

三位法師諄諄提醒，發心學習普賢菩薩的大願行、文殊菩薩的大智慧和觀音菩薩的大悲心，發願成為菩薩道上的實踐者。

● 07.11～08.01期間

溫哥華道場網路佛學講座
常諦法師講《法華經》

7月11日至8月1日，加拿大溫哥華道場每週六舉辦網路佛學講座，由常諦法師講「《法華經》的跡與本」，有近一千人次參加。

法師開宗明義介紹《法華經》是一部廣受尊崇而被信奉的經典，不但具有文學價值，號稱「經中之王」，跡門是上求佛道的智慧相，本門是下化眾生的功德相，言簡道出福慧雙修、自利利人的佛陀本懷。

四堂課程的安排依據唐代天台湛然大師選出的四要品，分別為〈方便品〉、〈安樂行品〉、〈如來壽量品〉以及〈觀世音菩薩普門品〉。〈方便品〉為令一切眾生都能成佛，指出十方佛土中唯有一乘的教法，屬於「教」；〈安樂行品〉內容是凡夫修行，在身、口、意、誓願等四項行持的方法，屬於「行」；〈如來壽量品〉則說明世尊久遠劫來早已成佛的事實，明示久遠本覺之佛身，屬於「體」；〈觀世音菩薩普門品〉乃是示現十方諸佛，以大悲心及不可思議的神通應化，利益眾生的功德力，屬於「用」。法師說明這四品亦為發心、修

行、菩提、涅槃的四要點。

　　常諦法師期勉學員，要發自內心，學習、實踐教法，解脫煩惱，了生脫死，悟入佛知見。

● 07.20～09.05期間

香港道場「藥師法門」網路共修
以誦經、持名、持咒等安住身心

香港道場舉辦藥師法會，圓滿數月來的「藥師法門」網路共修。

　　7月20日至9月5日，香港道場舉辦「藥師法門」網路共修，內容包括誦持〈藥師咒〉、鍊心鈔寫《藥師經》及藥師法會等。

　　其中，藥師法會自8月30日起展開，至9月5日圓滿後，四位常住法師及線上共修的信眾，一同恭誦一百零八遍〈藥師咒〉，仰仗藥師如來的本願力，集眾人的善根福德，祈祝疫情平息，眾苦解脫。

　　監院常展法師開示時，提到藥師法門的現世法益，正是世界當前的疫災所需要，多月共修的努力，也許未必立見成效，但定能與所修法門相應。法師期勉眾人堅定信念，學習藥師如來發大悲願心，隨緣奉獻，將修行的力量延續到生活中。

　　數月來，香港道場邀請大眾藉由誦經、持名、持咒、憶念恭敬藥師如來，安住身心，網路共修暫告一段落後，持續鼓勵眾人實踐《藥師經》的修行方法，捨惡修善，為充滿貪、瞋、癡的身心排毒，發菩提心，饒益有情，讓智慧與慈悲不斷增長，即能惡難不臨，災劫自消。

● 07.22

聖琉長老示寂
常悅法師代表教團緬懷致意

　　聖嚴師父舊時好友，美國洛杉磯萬緣寺及泓星寺創辦人聖琉長老，7月10日在泓星寺禪堂安詳捨報，世壽九十二歲，僧臘六十八秋。洛杉磯道場監院常悅法師於22日代表方丈和尚果暉法師及法鼓山教團前往致意，表達緬懷。

聖琉長老與聖嚴師父的法緣可溯及1960年，師父從軍中退役，因訪十普寺而與聖琉長老結識。十年後，師父赴日本留學前，前去慧日講堂辦理出國庶務，與當家師聖琉長老再有數面之緣。

聖嚴師父曾推崇聖琉長老慈悲心深厚，長老赴美弘法近四十年，創立萬緣寺及泓星寺，一生致力弘揚淨土法門，推廣佛法至西方社會，德行令人敬重。

● 08.08～12.13期間

「法青與兒少」網路共學
疫外萌芽的新世代共修

8月8日至12月13日，美國洛杉磯道場隔週週日舉辦「法青與兒少」網路共學活動，引導深入認識心靈環保的理念，共有三十位在校學生、六位甫畢業青年參加。

首堂課由法鼓文理學院生命教育學程助理教授辜琮瑜，帶領線上分組討論工作坊。為了兼顧中、英翻譯及師生對話，開課前沙盤推演多次，結束後，從學員們填寫的問卷，了解從課程學習到以更寬廣的心態，去看待自己與別人的關係，也從人際互動中，認識到自己的慣性。

9月份，由常濟法師分享「不完美的喜悅」（The Joy of Imperfection）和「不值得的發呆」（The Trance of Unworthiness）兩個主題，帶領學員檢視並探討時下一些模稜兩可的生活價值觀。有學員表示，法師講授內容非常切身有幫助，也打開了視野；也有學員回饋，父母因早期移民的辛酸，轉而將許多期待加在子女身上，無形中累積了不少壓力，聽了具有相同成長背景的法師一席分享，內心有如釋重負的感受。

監院常悅法師表示，「法青與兒少」鼓勵青少年參加道場線上共學活動，化解居家防疫的苦悶與不安。

● 09.05～12.12期間

溫哥華道場佛學班開課
各地學員齊聚線上精進

9月5日至12月12日，加拿大溫哥華道場週六舉辦聖嚴書院佛學班課程，因應新冠肺炎疫情，課程改以網路方式進行，首堂課程，共有一百一十四位學員出席，其中一位在加拿大東岸多倫多上線，三位在臺灣。

普化中心副都監果毅法師特別錄製開示影片，跨海傳遞對溫哥華學員的勉勵

與祝福：「無論是線上，還是實體學習，都值得珍惜，尤其在線上，更能考驗和訓練持續力、專注力，還有耐心，讓自己在佛法的熏習上，不會因形式改變而中斷。」

本學期課程進入觀音法門和禪修，由常惟法師授課。開課前，法師和悅眾們費心籌畫，透過關懷員對學員悉心指導。開學前十天，學員們即收到電子郵件，邀請加入網路課程，並試著完成法師設計的小作業，以熟悉操作流程。

監院常悟法師讚歎學員抱著對佛法的好樂之心，克服網路軟體的障礙，進入課堂精進學習。

● 10.18　11.01　12.06

洛杉磯道場「Fun心·工作趣」講座
疫外職涯挑戰有覺招

「Fun心·工作趣」講座線上互動熱烈，青年學員與悅眾共同學習成長，安定身心。

10月18日、11月1日及12月6日，美國洛杉磯道場舉辦網路「Fun心·工作趣」講座，由悅眾與青年學員交流，分享面對新冠疫情，職涯挑戰的應對之道。

第一場線上講座，由美國護法會副會長鹿博文（Ivan Lu）以「對立與雙贏」為主題，分享積極面對挑戰的人生經歷；曾在以為人生會平步青雲時，忽然遭到解僱，伴隨的是一段經濟拮据的日子，對於年輕人受疫情衝擊，工作前景不樂觀等狀況，鹿博文以「當一個長跑選手」鼓勵青年，將疫情當作短暫考驗，以正面思考來引導自己往長遠的大方向前進。

11月1日第二場講座，由美國護法會前副會長、洛杉磯道場前召集人林博文（Paul Lin）分享「時時覺察、覺照自己的念頭」（Aware of Awareness），表示學佛、做義工，是這輩子最有意義的工作，並勉勵年輕人以技能來利益他人，以覺察、願力和感恩的心來面對工作。

在第三場「補位的精神」講座中，資深悅眾孫雄生指出，不願讓人補位、不願為人補位，都是自私的表現，成員互相補位、互助合作，是團體成功的必備條件。

監院常悅法師亦參與討論，以佛法角度解答學員工作和生活的疑惑與問題。

法師以聖嚴師父的開示：「隨順因緣、把握因緣、創造因緣」，勉勵青年，有機緣宜把握，沒有機緣要營造，機緣未熟不強求，人生的起起落落，都是成長的經驗與契機。

● 11.07～12.12期間

洛杉磯道場佛學講座
接引西方眾認識禪宗史

11月7日至12月12日，美國洛杉磯道場每週六，舉辦網路英文佛學講座，邀請聖嚴師父的西方法子吉伯・古帝亞茲（Gilbert Gutierrez）主講「從一開始就發展——學習禪的根源和早期教導」（Development of Chan from the Beginning），有近六十人參加。

課程內容包括佛教的歷史背景、大小乘經典的發展，以及漢傳禪佛教在日常生活中的應用。吉伯介紹佛教的基本教義和禪宗的要旨，如因果不爽、十二因緣、非空非有、念念不相見的諸法空相等，並以清淨對治煩惱的實際案例，帶領學員體會禪修是不斷創造修行環境的「動詞」。

吉伯強調正知見的重要，眾生不斷地受苦，就是因為不了解心的運作；緣起法清楚說明因緣與因果是不滅的法則，唯有持續用心覺照當下，看到緣起、了解緣起，並且清楚認知每一個當下的身、口、意行為，進而做出明智的選擇。吉伯鼓勵學員，每個人心中皆有佛性，只是被「我執」和「慢心」所遮蔽，只要經由不斷地練習，就可以喚醒心中的佛。

洛杉磯道場網路佛學講座・接引西方眾認識禪宗發展史。

● 11.18

英國劍橋大學佛學社視訊講座
常悟法師解析「真正的快樂」

溫哥華道場監院常悟法師於11月18日，應英國劍橋大學佛學社（Cambridge University Buddhist Society, CUBS）之邀，透過網路視訊舉行演講，講題為

「發現和感受喜悅」（Finding and Feeling Joy），包括倫敦共修處七位成員，共有四十五人參加。

常悟法師首先引導與會者打坐，從局部到全身放鬆，十五分鐘後，詢問是否感受到平靜和一絲喜悅（Joy）。法師從「喜悅」的定義談起，說明一般人所謂的「快樂」（Happiness），多依賴外在感官刺激，如好聽的音樂或好吃的食物，一旦這些消失就感到失落，快樂的感受無法持久；而更深一層快樂，稱為喜悅或真正的快樂（True Happiness），也就是來自於和諧的關係，自己的身與心、自己與他人、與環境之間緊密的連結。

法師說明，多數人已習慣於身與心不協調的狀態，長久以來的生存機制，讓我們會編織故事來說服自己，將行為合理化，甚至矇騙自己，「心」太忙碌，身體在執行某個動作，心卻塞滿了其他不相關的念頭。只有當心和身在一起，活在當下，清楚知道身體的覺受、動作，才是擁有明靜和喜悅的開始，這也是重要的基礎工夫。

● 11.26

溫哥華「跨宗教臨終關懷座談會」
常悟法師對談佛教臨終關懷的實踐

11月26日，加拿大溫哥華道場監院常悟法師應溫哥華海岸衛生局（Vancouver Coastal Health）、列治文整體善終照護小組（Richmond Integrated Hospice Palliative Care Team）之邀，於其透過網路視訊進行的「跨宗教臨終關懷座談會」中，與聯合基督教會（United Church）牧師馬奇‧瓦特哈蒙（Rev. Maggie Watts-Hammond）、羅馬天主教神父羅伯特‧王（Fr. Robert K. Wong）進行對談，共有四十多人與會。

這場座談為針對溫哥華醫護人員舉辦的系列教育課程之一，與談人以生命最後一程為主題，分享不同宗教的理念、信仰和儀式。主持人首先請常悟法師介紹佛教觀點，「佛教認為死亡不是結束，這期生命是我們無數期生命中的一段旅程。」法師表示，每期生命都有活著的意義和目的，佛教臨終關懷的目的，是讓人們能平安圓滿地走向下一個光明的未來旅程。

對於臨終關懷的實踐，常悟法師說明，佛教的做法，先是疏導當事人放下各種牽絆和不捨，再引導一心稱念「阿彌陀佛」，使其內心安定祥和，藉由佛菩薩的願力往生淨土。類似佛教的助念，馬奇牧師、王神父說明基督教和天主教也會為當事人禱告、讀經或唱詩。雖是不同宗教，對死亡則同樣重視，都會提供宗教儀式和信仰上的關懷，也會給予親屬安慰。

大事記

1月 JANUARY

01.01

◆ 《人生》雜誌第437期出刊，本期專題「培福，就有幸福」。

◆ 《法鼓》雜誌第361期出刊。

◆ 法鼓文化出版新書：《培福有福 —— 廣結善緣，大家來培福；感恩知足，人人有幸福。》（人間淨土系列，聖嚴法師著，法鼓文化編輯部選編）、《48個願望 —— 無量壽經講記（二版）》（現代經典系列，聖嚴法師著）、《福慧自在 —— 金剛經講記與金剛經生活（大字版，二版）》（家中寶系列，聖嚴法師著）。

◆ 《金山有情》季刊第71期出刊。

◆ 《法鼓文理學院校刊》第22期出刊。

◆ 《護法季刊》復刊第21期出刊。

◆ 迎接元旦新年，北投農禪寺邀請大眾做早課，共持《心經》、〈大悲咒〉，以清淨莊嚴、自在安定的方式，邁入新的一年，有五百多人參加。

◆ 迎接元旦新年，臺北安和分院舉辦念佛禪一，由禪堂監院常乘法師帶領高聲念佛、慢行、快步或安坐，自在安定的融入佛號聲中，有近一百六十人參加。

◆ 迎接元旦新年，桃園齋明別苑於1至5日舉辦「書畫迎新」書法班成果展，廣邀民眾闔家蒞訪，體驗書法與禪結合的美感與智慧。

◆ 迎接元旦新年，臺中寶雲寺邀請大眾做早課，共有六百六十多位民眾以持誦〈楞嚴咒〉迎接自心第一道曙光；早課圓滿後，果廣法師分享《大乘起信論》的修行要點：正念、樂修諸善行、欲拔眾生苦，提點大眾日常生活要培養柔軟心，如法修行，便能開啟自心的如來寶藏。

◆ 迎接元旦新年，臺南分院邀請大眾做早課，共持〈楞嚴咒〉，共有一百六十多人參加；法會圓滿後，接續舉辦禪一，由果明法師擔任總護，有近一百二十人參加。

◆ 慈基會延續2019年12月7日起舉辦的108年度「法鼓山歲末關懷」系列活動，至2020年1月23日期間，陸續於全臺各地分院、護法總會分會展開，合計四十四個關懷據點，共關懷近三千八百戶家庭。

◆ 僧大於法鼓山園區舉辦第十七屆生命自覺營籌備說明會，由營隊總護常格法師以「關懷」精神為主軸，帶領展開營隊內外護培訓，透過人物故事分享，引導僧眾思考，學生問題行為背後的課題及內在需求。

01.02

◆ 僧團副住持果祥法師與高雄紫雲寺監院常參法師，率同多位僧團法師代表前往高雄市美濃區朝元寺，參加慧定長老尼追思會，表達緬懷。

◆ 法行會於臺北國賓飯店舉辦例會，由常諦法師主講《法華經‧譬喻說》，有近兩百人參加。

01.03

◆ 3至10日，禪堂舉辦精進禪七，邀請聖嚴師父法子繼程法師主七，共有一百四十多人參加。

◆ 1月3日至9月20日，關懷院於護法總會淡水、內湖、豐原、彰化、員林等多處分會，舉辦「大事關懷列車」，共十五場，由監院常哲法師、助念團團長黃欣逸等悅眾，與地區助念組義工交流，分享正向的生死觀念，也凝聚共識。

◆ 1月3日至12月25日，人基會與教育廣播電臺合作製播《幸福密碼》節目，邀請各界人士及專家學者，分享生命故事及人生經歷，分季由劇團導演蔡旻霓、《點燈》節目製作人張光斗、人基會顧問張麗君、資深媒體工作者石怡潔擔任主持人，節目於每週五上午十時至十一時在該臺各地頻道播出。

01.04

◆ 傳燈院於北投雲來寺舉辦Fun鬆一日禪，由常因法師擔任總護，共有五十多人參加。

◆ 香港道場於九龍會址舉辦祈福皈依大典，由副住持果品法師授三皈依，有近一百二十人成為正信的三寶弟子。

01.05

◆ 護法總會及各地分院聯合舉辦「邁向2020培福有福 ── 歲末感恩分享會」，於國內法鼓山園區、北投農禪寺、三峽天南寺、桃園齋明寺、臺中寶雲寺、臺南雲集寺、高雄紫雲寺、臺東信行寺、蘭陽分院以及花蓮分會，共十個地點同步展開，方丈和尚果暉法師於農禪寺主現場，與各地僧團法師、近萬名信眾，互道祝福，凝聚護法弘法的向心力。

◆ 美國東初禪寺舉辦週日講座，邀請聖嚴師父西方弟子哈利・米勒（Harry Miller）主講「從A到B ── 原因和條件、依附的起源」（Getting from A to B - Causes and Conditions, Dependent Origination），共有三十多人參加。

◆ 香港道場於九龍會址舉辦慈悲三昧水懺法會，由住持常展法師帶領，共有四百二十多人參加。

01.06

◆ 法鼓山社大於臺北德貴學苑舉辦「2020講師共識營 ── 『培福有福』四福工作坊」，由人基會心六倫宣講團種子教師帶領，增進學員對法鼓山精神理念的深入認識，有近五十位北海、新莊、北投三校區講師及義工參加。

01.08

◆ 僧團於法鼓山園區、開山紀念館舉辦歲末圍爐及辭歲禮祖，除了觀看聖嚴師父的開示影片，也接受方丈和尚果暉法師的祝福，共有兩百多位僧眾參加。

01.09

◆ 北投農禪寺舉辦禪一，由常鐘法師擔任總護，共有一百五十多人參加。

01.10

◆ 法鼓文理學院、臺北安和分院舉辦專題講座，邀請聖嚴師父法子繼程法師主講「是非曲直總是禪」，引領大眾思考如何以佛法面對世間的是非曲直，為社會帶來安定的力量。有近七百五十人參加。

01.12

◆ 蘭陽分院舉辦緊急救援暨慰訪組培力課程，由監院常法法師主講「慈善與修行」，期勉學員共學佛教的助人方式，以及在利他的同時，提昇自己的智慧與慈悲，有近七十人參加。

◆ 臺中寶雲寺舉辦禪一，由果雲法師擔任總護，有近一百三十人參加。

◆ 高雄紫雲寺舉辦念佛禪一，由監院常參法師擔任總護，共有一百二十多人參加。

◆ 12至19日，禪堂舉辦中階禪七，由常啟法師擔任總護，有近一百五十人參加。

◆ 護法總會2020年首場悟寶兒童營於桃園齋明別苑舉辦，以「生活環保」與「自然環保」為主題，展開別具意義的綠色之旅，共有四十多位小學員參加。

◆ 1月12日至10月25日，美國東初禪寺週日舉辦講座，由常灌法師主講《華嚴經·入法界品》，有近一百人參加。

◆ 馬來西亞道場舉辦歲末感恩活動，監院常慧法師感恩義工長期護持與奉獻，期勉大眾接引更多人廣種福田、修學佛法，共有兩百二十多人參加。

01.14

◆ 1月14日至3月31日，法鼓山社大於臺北德貴學苑舉辦彩繪班師生成果聯展，除彩繪各類生活小物外，也將聖嚴師父「108自在語」做成別具特色的畫作，共有六十七件作品參展。

01.15

◆ 1月15日至3月31日，文化中心於心靈網路書店舉辦「2020法鼓文化國際書展線上展」，以「行願，幸福的開始」為主題，提供優質好書及影音出版品，引領讀者透過閱讀，以佛法為實踐生命的指引。

01.16

◆ 方丈和尚果暉法師於北投雲來寺大殿，對僧團法師、全體專職精神講話，主題是「修福有福，農閒之福」，全臺各分院道場同步視訊連線聆聽開示，共有兩百二十多人參加。

◆ 16至19日，臺中寶雲寺舉辦「法華三昧懺儀研習營」，由弘化專案召集人果慨法師帶領，透過拜懺、誦經、禪觀，漸次深入《法華經》的修持，有近一百四十人參加。

01.18

◆ 法鼓文理學院於園區舉辦佛教學系招生說明會，以「轉心，轉世界」為主題，由校長惠敏法師率同各組老師、博碩學士班代表，介紹心靈環保的創校理念，以及博雅教育的辦學特色，共有六十多人參加。

01.19

◆ 慈基會受邀參與新北市政府消防局於板橋區浮洲藝術河濱公園舉辦「厚植防災‧安居新北 —— 119消防節誌慶暨新北市災害防救志工大會師」，並藉由防災一級棒、福慧雙全疊疊樂、丟沙包等互動遊戲，傳達心安平安及自助觀念。

01.22

◆ 1月22日至2月20日，三峽天南寺舉辦新春「願願相續，培福有福 —— 法鼓山天南寺十週年」回顧展，適逢天南寺啟用十週年，透過老照片、剪影插畫、3D影像裝置，展演寺院的建造歷史、禪修教育理念及義工身影。

01.23

◆ 美國舊金山道場舉辦半日禪，由常源法師擔任總護，帶領禪眾練習觀照自身，回到「簡單」的生活，有近四十人參加。

01.24

◆ 法鼓山於園區舉辦「除夕撞鐘跨年祈福」，由方丈和尚果暉法師、首座和尚惠敏法師、總統蔡英文、前總統馬英九、國策顧問李伸一等共同敲響最後的一百零六至一百零八響，迎接新年；方丈和尚隨即揭示法鼓山年度主題「培福有福」，與三千餘位民眾祝福共勉，祈願國家、社會及全世界平安。

◆ 香港道場於九龍會址舉辦新春祈福法會，由監院常展法師帶領；並透過網路連線總本山除夕撞鐘祈福活動，有近三百七十人參加。

01.25

◆ 1月25日起，北投農禪寺於開山農舍舉辦新春「南宗禪的急先鋒 —— 神會禪師」特展，帶領大眾，一窺神會禪師的傳奇故事，領略其禪學思想。

◆ 25至27日，北投農禪寺舉辦「五福臨門5夠好」新春系列活動，除安排各項寓教於樂、適合闔家體驗的遊戲，每日上、下午均於大殿展開平安祈福法會，由僧團法師帶

領以拜願的清淨心迎接新的一年。丈和尚果暉法師於26日到場關懷,勉勵大眾,環境污染不離人為,人為不離人心,如能時時存好心、做好事、說好話,以利他為利己,來落實心靈環保的觀念和方法,則隨時隨地都會感到平安。

◆ 25至27日,北投中華佛教文化館舉辦新春千佛懺法會,由監院果諦法師帶領,共有三百多人次參加。

◆ 臺北安和分院舉辦新春普佛法會,由監院果旭法師主法,法師以聖嚴師父的開示分享「培福有福」的真諦,期勉大眾時時思索如何協助他人、欣賞學習對方的優點,共有兩百二十多人參加。

◆ 蘭陽分院舉辦新春祈福法會,由果傳法師主法;25至27日並有「樂不思鼠」禪藝活動,透過春聯DIY、再生藝術手作、合力鈔《法華經》等,體驗惜福、培福的真義。

◆ 25至29日,三峽天南寺舉辦新春系列活動,包括祈福法會、供燈、禪修體驗、音樂饗宴與鈔經、茶禪等,引領民眾在生活中運用佛法,在遊戲中體驗禪修,有近一千人次參加。

◆ 25至27日,桃園齋明寺舉辦新春慈悲三昧水懺法會,由常隨法師主法,共有一千零五十多人次參加。

◆ 1月25日起,桃園齋明寺舉辦「齋明徧照 —— 齋明寺一八〇週年」特展,於古寺外圍紅磚牆上,以展版方式展示古蹟禪寺悠久的歷史、法鼓山的承先啟後,以及齋明寺之美,引領參訪者一窺古剎百年風華。

◆ 桃園齋明別苑舉辦新春普佛法會,由副寺常林法師帶領,共有一百二十多人參加;25至27日,另有點燈、茶禪、親子DIY、藝文展覽等活動,與大眾共度充滿法味的新春佳節。

◆ 臺中寶雲寺舉辦新春普佛法會,由常智法師主法,法師開示以信、戒、慚、愧、聞、施、慧等七種成佛資糧,在菩提道上增上精進,有近四百人參加。

◆ 南投德華寺舉辦新春普佛法會,由副寺常庵法師帶領,共有五十多人參加。

◆ 臺南分院舉辦新春普佛法會,由果本法師主法,有近一百人參加;25至26日,另舉行四場「與法師有約」的茶禪,分別由果本法師、監院常宗法師擔任茶主人,邀請大眾品茗並開示法義。

◆ 臺南雲集寺舉辦新春普佛法會,由果明法師主法,有近三百人參加。

◆ 25至27日,高雄紫雲寺舉辦新春千佛懺法會,由護法總會服務處監院常應法師主法,法師勉勵大眾以恭敬懺悔、虔誠感恩祝福的心來禮拜綿亙過去、現在、未來的三千佛,有近六百人次參加;同時間另有叩鐘祈福、園遊會、親子闖關遊戲等,接引大眾法喜迎新春。

◆ 臺東信行寺舉辦新春普佛法會,由果勤法師主法,共有九十多人參加。

◆ 美國東初禪寺舉辦新春慈悲三昧水懺法會,由監院常華法師帶領,共有七十多人參加。

◆ 美國洛杉磯道場舉辦新春祈福法會,由監院常悅法師帶領,共有六十多人參加;25至26日並有新春園遊會,包括「禪心揮毫」、「定心鈔寫」、「法住法位」、「所求圓滿」等活動,迎接新年。

◆ 美國舊金山道場舉辦新春祈福法會,由監院常惺法師帶領,法師鼓勵大眾好心發願、持續祈願、努力行願,終究滿願;同時間並有親子園遊會,共有三百五十多人參加。

◆ 25至26日,加拿大溫哥華道場舉辦新春祈福法會,由監院常悟法師帶領;法會圓滿後

並有結合手、腦、眼、口的親子遊戲，以及茶禪、英文版鈔經、揮毫迎春等活動，讓西方眾也充滿法喜。

◆ 馬來西亞道場舉辦新春普佛法會，由監院常慧法師帶領，大眾於普佛時依〈普賢行願品〉發願迴向，願以菩提行提昇自己，共創平安和諧的世界，有近一百七十人參加。

◆ 25至26日，美國新澤西州分會舉辦新春普佛法會；法會圓滿後，並有新春活動，內容包括點燈、茶禪、鈔經等，共有一百三十多人次參加。

◆ 美國普賢講堂舉辦新春普佛法會，由副寺常玄法師帶領，共有六十多人參加。

◆ 泰國護法會舉辦新春普佛法會，由果器法師主法，有近一百人參加。

01.26

◆ 臺中寶雲寺舉辦新春大悲懺法會，由常智法師主法，有近三百人參加。

◆ 臺東信行寺舉辦新春觀音法會，由果勤法師主法，共有九十多人參加。

◆ 美國東初禪寺舉辦新春普佛法會，由常浩法師帶領；並由象岡道場住持果元法師開示「培福有福」，鼓勵大眾福慧雙修，同時間並有新春禪藝活動，共有兩百六十多人次參加。

◆ 美國洛杉磯道場舉辦新春念佛共修，由監院常悅法師帶領，有近六十人參加。

◆ 美國舊金山道場舉辦「培福有福」新春講座，由行政中心財會處監院常炬法師主講「人生財務表」，分享先從「有相」的人天福報開始培養福德資糧，進而提昇自我，由小我、大我到無我的功德，創造「無相」的人生財務表，共有四十多人參加。。

◆ 美國普賢講堂舉辦新春藥師法會，由副寺常玄法師帶領，共有五十多人參加。

01.27

◆ 臺北安和分院舉辦新春大悲懺法會，由監院果旭法師主法，有近兩百人參加。

◆ 臺中寶雲寺舉辦新春慈悲三昧水懺法會，由常智法師主法，法師說明學佛人有「自不作罪」及「作已能悔」兩種殊勝，鼓勵大眾精進學習、持續不懈，共有三百二十多人參加。

◆ 南投德華寺舉辦新春大悲懺法會，由副寺常庵法師帶領，共有四十多人參加。

◆ 臺南分院舉辦新春大悲懺法會，由果本法師主法，有近兩百人參加。

◆ 臺南雲集寺舉辦新春大悲懺法會，由果明法師主法，有近一百一十人參加。

◆ 臺東信行寺舉辦新春大悲懺法會，由果勤法師主法，共有一百一十多人參加。

◆ 27至31日，美國東初禪寺舉辦「《法華經》研習營」，由弘化發展專案召集人果慨法師帶領，引導學員深入了解與進入「法華三昧」的意涵，有近四十人參加。

◆ 美國洛杉磯道場舉辦新春普佛法會，由監院常悅法師帶領，有近六十人參加；27至28日並舉辦「迎春茶禪」，藉由泡茶、品茗過程，體驗茶禪一味。

◆ 香港大覺福行中心暨美國舊金山大覺蓮社住持衍璇法師，帶領九位法師、十二位義工參訪美國舊金山道場，由監院常惺法師、常源法師代表接待，進行交流。

◆ 香港道場於九龍會址舉辦「約咗佛陀拜年去」，受新冠肺炎（COVID-19）疫情影響，改以網路直播，由監院常展法師帶領持誦聲聲佛號，為大眾心靈注入慈悲的力量，共有一千六百多人參加。

01.28

◆ 新竹精舍舉辦新春普佛法會，由副寺常湛法師帶領，有近七十人參加。

◆ 高雄三民精舍舉辦新春普佛法會，由果稱法師主法，法師期勉大眾學佛修行時隨時保持清楚的覺知、覺照能力，把自己的念頭看顧好，則日日將是好日，年年都會是大好年，有近九十人參加。

01.29

◆ 因應全球新冠肺炎疫情，法鼓山展開各項防護與關懷措施，同時於1月29日正式公告，為顧及大眾健康安全，暫停2月所有活動；後決定暫停活動至8月31日。

◆ 因應新冠肺炎疫情，普化中心即日起暫停包括聖嚴書院各地佛學班、福田班、禪學班、快樂學佛人、長青班及經典共修等實體課程；停課期間，普化中心透過心靈環保學習網五個頻道，隨時提供聖嚴師父講經、佛學經典講座，每週並有直播課程，鼓勵大眾藉由數位學習，持續修行增上。

01.30

◆ 「第十七屆生命自覺營」因新冠肺炎疫情停辦，僧大特舉辦「自覺營善後暨祈福法會」圓滿營隊，由總護常格法師帶領，參與籌備的內外護法師、義工，經由持誦〈大悲咒〉七遍，迴向眾生平安度過疫情。

2月 FEBRUARY

02.01

◆ 《人生》雜誌第438期出刊，本期專題「聆聽吉祥 梵音之美」。

◆ 《法鼓》雜誌第362期出刊。

◆ 法鼓文化出版新書：《出家50問》（學佛Q&A系列，法鼓文化編輯部編著）、《佛法的知見與修行》（學佛入門系列，聖嚴法師著）。

◆ 因應新冠肺炎疫情引發人心不安，2月1日起，僧團於每日早晚課後，持誦「南無觀世音菩薩」聖號五分鐘，祈願觀音菩薩護念法界眾生，也為全世界遭逢疫病、戰爭、天災人禍而受苦受難的地區與民眾迴向祈福。

◆ 法鼓山於園區舉辦第十一屆「大悲心起‧願願相續 ── 法鼓傳燈法會」，因新冠肺炎疫情影響，首度以連線方式現場直播，由方丈和尚果暉法師帶領近百位僧團法師、僧大學僧，共同持誦〈大悲咒〉及觀世音菩薩聖號，迴向祝福受疫情影響的地區與民眾。

◆ 因應新冠肺炎疫情，大學院教育單位包括法鼓文理學院、僧伽大學，均啟動校園防護措施，實施學生安心就學方案，以保障教職員身心健康與學生學習權益。

◆ 聖嚴師父圓寂十一週年，美國東初禪寺於1至7日舉辦「法鼓傳燈禪修週」，由監院常華法師擔任總護，東西方信眾共聚道場以精進共修，接續師父在西方弘揚漢傳佛教的大願。

◆ 聖嚴師父圓寂十一週年，美國舊金山道場於1至2日舉辦傳燈日專題講座，由僧大副院長常寬法師主講「聖嚴法師的宗教思想 ── 從《比較宗教學》到全球倫理」，共有一百二十多人次參加。

◆ 聖嚴師父圓寂十一週年，加拿大溫哥華道場舉辦傳燈法會，監院常悟法師帶領信眾唱誦〈傳法偈〉，並依序到佛前點燈，點亮傳法的願心，共有六十多人參加。

◆ 聖嚴師父圓寂十一週年，美國新澤西州分會於1至2日舉辦精進禪修及傳燈儀式，由東初禪寺住持果元法師擔任總護，共有六十多人次參加。

◆ 聖嚴師父圓寂十一週年，美國波士頓普賢講堂舉辦傳燈法會，由副寺常玄法師帶領，有近三十人參加。

02.02

◆ 2月2日至3月22日，臺北安和分院舉辦《地藏經》線上共修精進課程，藉由誦持《地藏經》，安定人心。

◆ 聖嚴師父圓寂十一週年，美國洛杉磯道場舉辦傳燈法會，由果廣法師主法，共有八十多人參與；法會圓滿後並舉辦講座，由果廣法師主講「自家寶藏 ── 如來藏思想概說」，共有七十多人參加。

◆ 聖嚴師父圓寂十一週年，美國西雅圖分會舉辦傳燈法會，由青年院監院常炬法師帶領，共有三十多人參加。

02.04

◆ 因應新冠肺炎疫情，法鼓山官方臉書自即日起，於每日上、下午六時網路直播早、晚課影片；全球各分支道場也於早、晚課結束後，邀請民眾共同持誦「南無觀世音菩薩」聖號五分鐘，期許疫情早日消退、人人健康平安。

02.05

◆ 5至25日，普化中心每週三晚上於北投農禪寺舉辦「法鼓講堂」佛學課程，由法鼓文理學院佛教學系主任鄧偉仁主講「佛陀最後的教化 ── 大般涅槃經」，因應新冠肺炎疫情影響，課程不開放現場聽講，同時於「法鼓山心靈環保學習網」線上直播，提供全球學員上網聆聽。

02.06

◆ 配合政府防疫政策，法鼓山社大以教學影片提供學員居家學習，首先於社大臉書推出「開箱校長室 ── 與曾濟群校長有約」教學示範影片，由校長介紹社大的歷史。

◆ 2月6日起，法青會桃園、新竹、高雄等地分會，成立「桃竹高@精進用功心」線上共

修群組，於每週二、四上線，持誦《藥師經》，由演無法師帶領社群共修學習。

02.07

◆ 高雄市副市長李四川率領市府同仁，參訪高雄紫雲寺，由寺院管理副都監果理法師代表接待，進行交流。
◆ 7至27日，普化中心每週四或五舉辦「法鼓講堂特別講座」，由方丈和尚果暉法師主講「安定身心之道」，講述《佛說八大人覺經》及《普門品》，為大眾開示如何在變動中，安定身心，也安定他人，因應新冠肺炎疫情影響，課程不開放現場聽講，同時於「法鼓山心靈環保學習網」線上直播，提供全球學員上網聆聽。

02.09

◆ 美國東初禪寺舉辦週日講座，邀請聖嚴師父西方弟子哈利‧米勒主講《法華經》，共有四十多人參加。

02.10

◆ 10至16日，香港道場舉辦「《藥師經》消災祈福網路共修」，凝聚大眾善念願力，祝禱新冠肺炎疫情早日消退，眾生消災免難，人間平安有福。

02.13

◆ 2月13日至3月5日，馬來西亞道場應拉曼大學（Universiti Tunku Abdul Rahman, UTAR）雙溪龍佛學會之邀，每週四於該校帶領初級禪訓班，由監院常慧法師、演明法師帶領，有近二十人參加。

02.14

◆ 「第十七屆生命自覺營」因新冠肺炎疫情停辦，僧大特舉辦「自覺營感恩分享會」，營隊總護常格法師以爬山為喻，說明旨不在登頂，而是在登山過程中自覺覺他，勉勵參與的內外護法師、義工或者學員，皆能從中自覺覺他、法喜充滿。

02.15

◆ 為落實防疫，慈基會召集近三十位百年樹人獎助學金受助學子、參與「服務學習」的青年及義工，於北投雲來寺共同製作五百份可更換濾材的布口罩，完成後並走訪北區養護機構及關懷家庭，將安心物資致贈給關懷戶。
◆ 美國舊金山道場、洛杉磯道場共同舉辦「觀音祈福平安法會網路共修」，由舊金山道場監院常惺法師主法，引導大眾以慈悲、安定的心念，凝聚善心願力，祝禱世界平安，有近一百一十人參加。

02.16

◆ 因應新型冠狀病毒對於社會、個人造成的衝擊,法鼓山全球資訊網於即日起設置「安心專區」(https://www.ddm.org.tw/event/care),內容包括安心妙錦囊、線上法會(課程)、防疫須知、相關資訊下載與連結等單元,傳遞心安就有平安的正向防疫觀。

◆ 中國佛教會前任理事長淨心長老,2月15日於高雄市光德寺示寂,退居方丈果東法師於16日代表僧團及方丈和尚前往致悼。

◆ 16日及23日,美國東初禪寺舉辦週日講座,由果乘法師主講「長蘆寺宗賾慈覺禪師的坐禪儀」,有近六十人參加。

02.17

◆ 慈基會於17日及18日,分別在臺南市文南社區、高雄市六龜寶來社區,舉辦社區長者關懷活動,除宣導正確的防疫觀念與方法,並致贈「防疫五寶袋」,有近五十位長者參加。

02.18

◆ 因應新冠肺炎疫情,慈基會與護法總會於全臺各地護法分會設立「安心服務站」,首站於18日在臺北市文山分會設立,祕書長常順法師帶領護法悅眾及慰訪組義工,前往萬隆里及萬和里提供安心服務,傳遞佛法的關懷與安心的觀念。

02.19

◆ 慈基會與臺北市視障者家長協會合作,將禪修教學、聖嚴師父安心著作等轉換成為點字版,提供視障者閱讀;祕書長常順法師帶領視障朋友體驗放鬆、呼吸,達到安身安心共同防疫,並以義工製作的布口罩結緣。

02.22

◆ 2月22日至3月1日,美國洛杉磯道場每週六、日舉辦佛學講座,由弘化發展專案召集人果慨法師主講「《法華經》與改變的力量」,概說《法華經》於佛教中的地位、各品精華,到現象與實相的關係及修持方法;第一週有逾一百人次參加;為避免群聚感染,第二週改以網路直播,護念大眾學佛的願心。

02.24

◆ 護法總會新莊分會舉辦「聖嚴師父墨寶捐贈儀式」,由法鼓山社大校長曾濟群將收藏的師父墨寶真迹「常以種種形遊諸國土,恆施大無畏普濟群生」,捐贈給新莊分會收藏。

◆ 2月24日起,香港道場每週二、四舉辦網路禪修,內容包括禪坐、法鼓八式動禪、經

行等,並將音聲法門契入禪修,動禪由美國象岡道場住持果元法師聲音引導,禪坐則配合頌缽演奏家曾文通的聲音禪修,藉由敏銳的耳根,聆聽寧謐禪意的音聲,導引入禪。

02.25

◆ 25至28日,美國洛杉磯道場舉辦「法華三昧懺儀研習營」,由弘化發展專案召集人果慨法師帶領,有近五十人參加。

02.26

◆ 慈基會「關懷弱勢守護計畫」,26日在演道法師帶領下,五位僧大學僧、慰訪義工和專職,分別造訪新北市金山地區十二戶家庭,致贈防疫物資,並宣導防疫訊息。

◆ 加拿大溫哥華羅德健康學院(Rhodes Wellness College)二十位師生,由教師亞歷山德拉‧戈德韋爾(Alexandra Goldwell)帶領參訪溫哥華道場,由監院常悟法師介紹認識佛法的生命觀,並體驗禪修對個人身心的照護功能。

02.27

◆ 2月27日起,香港道場於網路禪坐共修圓滿後,在線上首播布偶帶狀劇場「家家有座法鼓山」,每週播放兩集,並於週日重播;內容表達三代同堂的布偶家庭中,成員間之價值觀、學佛觀的差異,及對修行的疑問,透過尋找答案的過程,為共修增添活潑和輕鬆的氛圍。

02.29

◆ 美國西雅圖分會於當地樂敘之家(Aegis Gardens Retirement Community)文化館舉辦觀音法會,由果增法師帶領大眾共同祈願新冠肺炎疫情早日消除,有近三十人參加。

3月 MARCH

03.01

◆ 《人生》雜誌第439期出刊,本期專題「魔來,魔去」。

◆ 《法鼓》雜誌第363期出刊。

◆ 法鼓文化出版新書:《楞嚴禪心》(智慧人系列,釋果醒著)。

◆ 因應新冠肺炎疫情持續擴展,3月1日至5月3日,僧團每週日於法鼓山園區祈願觀音殿舉辦「心安平安祈福法會」,由方丈和尚果暉法師帶領,並透過網路直播,邀請大眾持誦《普門品》,以佛法祝福提供安心的力量。

◆ 3月1日起，蘭陽分院舉辦「深心念觀音·涓滴皆迴向 —— 精進持誦大悲咒」活動，邀請大眾於防疫期間猶能保持精進，將憂慮轉化成祝福，凝聚心力持誦〈大悲咒〉，祈願疫情早日平息，人人心安平安。

◆ 文化中心出版結緣新書《心自在，身自在》，內容選輯聖嚴師父開示，引導讀者轉化負面的情緒，放下無謂的擔憂和不安，讓身心安然自在。

03.04

◆ 4至25日，普化中心每週三晚上於北投農禪寺舉辦「法鼓講堂」佛學課程，由常諦法師主講「地藏懺法」，因應新冠肺炎疫情影響，課程不開放現場聽講，同時於「法鼓山心靈環保學習網」線上直播，提供全球學員上網聆聽。

◆ 3月4日至6月3日，新加坡護法會每週三舉辦網路佛學課程，由常空法師導讀《大莊嚴論經》。

03.05

◆ 為引導大眾應對防範新冠病毒疫情時，仍能保持身心安定，慈基會印製七萬本《心安平安》隨身手冊，提供政府部門、機關學校及各地安心服務站，也藉由全聯福利中心協助結緣，期以聖嚴師父開示助益大眾安身安心。

03.06

◆ 方丈和尚果暉法師應人基會與國立教育廣播電臺共同製播的《幸福密碼》節目之邀，分享四種環保的防疫心法，訪談內容並於4月2日播出。

◆ 6至27日，普化中心每週五舉辦「法鼓講堂特別講座」，由僧大副院長常寬法師主講「安心方程式」，因應新冠肺炎疫情影響，課程不開放現場聽講，同時於「法鼓山心靈環保學習網」線上直播，提供全球學員上網聆聽。

03.07

◆ 3月7日至5月30日，美國東初禪寺週六舉辦網路佛學課程，由果廣法師主講「《阿含經》概說」，闡述《阿含經》在佛教經典中的特殊地位，以及於佛法修行的重要性，每堂有近一百六十人線上參與。

03.08

◆ 3月8日至11月22日，人基會週日於臺北德貴學苑舉辦「家長陪伴成長」系列課程，由專家學者主講，引導家長安住身心，讓親子關係緊密。3月8日進行首場，邀請心理師陳怡婷主講「增進家庭親密與歸屬感 —— 引導孩子面對害怕，看見自身勇敢」，帶領家長思考如何引導孩子從身安到心安。

◆ 僧團於法鼓山園區曹源書苑舉辦護法總會名譽總會長陳嘉男追思會，感念其三十餘年

來對法鼓山的護持，並承擔二十一年護法總會總會長執事，全力協助聖嚴師父及教團推展法務。因正值新冠肺炎疫情期間，追思會除了陳總會長親友、僧團及護法總會相關代表出席外，現場透過網路直播，讓教團四眾得以視訊追思祝福。

◆ 3月8日至5月31日，美國東初禪寺週日舉辦講座，由禪修中心副都監果醒法師於法鼓山園區禪堂，透過網路講說《永嘉大師證道歌》，課程以中英雙語進行，每堂有近兩百人線上參與。

03.09

◆ 3月9日至5月21日，法青會每週一舉辦「青年初階梵唄」課程，由演信法師帶領，進行線上共修。

03.10

◆ 10至27日，香港道場每週一至五舉辦《藥師經》消災祈福網路共修，由常住法師帶領，祈願諸佛菩薩加持，世界除病免難。

03.11

◆ 11至12日、12至13日，僧團分別於法鼓山園區禪堂、曹源書苑舉辦進階禪修帶領培訓課程，內容以初級禪訓班課程架構為基礎，由禪堂監院常乘法師、傳燈院監院常襄法師，以及僧伽大學教務長常啟法師帶領，共有九十三人參加。

◆ 3月11日至4月17日，行政中心於北投雲來寺舉辦「防疫心生活講座」，共三場。11日進行首場，邀請臺北榮民總醫院大腸直腸外科主治醫師陳維熊主講，主題是「善護念‧安眾生」，透過網路視訊直播，從醫護與病患、民眾自身心靈、民眾與民眾、人類與環境等面向，分享如何彼此護念與關懷，開展防疫心生活，為社會帶來溫暖、安定的力量。

03.12

◆ 方丈和尚果暉法師應邀出席北投彌陀寺新任住持堅如法師陞座典禮；彌陀寺由淨良長老於1953年創建，長老在2005年，曾應邀於法鼓山落成開山典禮上，為祈願觀音開光主法。

◆ 慈基會「關懷弱勢守護計畫」，12日由專職及義工分赴新北市新店偏遠地區的龜山國小、屈尺國小，以及臺南市文南社區分送防疫物資，表達對日常生活的關心，並宣導防疫訊息。

03.13

◆ 鑑於新冠肺炎進入全球大流行，世界各大宗教團體配合防疫，取消大規模聚會活動，法國新聞通訊社（L'Agence France-Presse, AFP）於北投農禪寺採訪方丈和尚果暉法師，

了解法鼓山的因應及共修方式的改變，並全程拍攝「法鼓講堂」線上課程的運作。

◆ 慈基會「關懷弱勢守護計畫」，13日由會長柯瑤碧、副會長王瓊珠、總幹事陳高昌，率同專職及地區義工前往苗栗縣「幼安教養院」、「苗栗特殊教育關懷協會」關懷，並致贈防疫物資。

◆ 行政中心「防疫心生活講座」，13日邀請臺大金山分院感染科主治醫師林冠吟，以「彼此護念　人生健康」為題，透過網路視訊直播，介紹新型冠狀病毒的成因、症狀與預防方法。

03.14

◆ 緬懷淨心長老畢生護念法鼓山，方丈和尚果暉法師、副住持果品法師於14日率同南部地區僧俗弟子，在「一代宗師上淨下心老和尚圓寂讚頌會」舉辦前，前往高雄市光德寺向本靜長老、修懿法師等法眷同參致意；大眾頂禮悼念長老色身雖遠，典範長存，祈盼長老乘願再來，廣度有情。

03.15

◆ 僧大舉辦網路招生說明會，以「TO BE·Start from Here」（成為·當下）為主題，由多位師長介紹辦學精神、課程規畫及生活照護，也分享出家初發心、應考經驗等，包括臺灣及澳洲、印尼、越南、馬來西亞、香港、中國大陸等地青年線上參與。

◆ 3月15日至4月26日，美國舊金山道場每週日舉辦「禪淨雙修怎麼修」線上佛學課程，由監院常惺法師主講，首堂課有近四百人參與。

03.18

◆ 3月18日至至4月17日，僧團於僧大舉辦「話頭禪研討」課程，共六堂，由中華佛學研究所助理研究員許淑雅主講，內容包括話頭禪的起源與發展、教理依據、實修方法，共有二十多位僧眾參與交流和討論。

◆ 18至22日，馬來西亞道場舉辦「安心安身」《地藏經》網路共修，由常施法師帶領，有近五十人參加。

03.23

◆ 3月23日至4月5日，安和分院舉辦清明報恩祈福法會網路共修，內容包括地藏法會、《地藏經》，由監院果旭法師帶領，每日均有逾兩千人參加。。

◆ 慈基會每月於臺北市文山區舉辦的「圓緣心靈分享會」，因應配合疫情，改於戶外進行讀書會，由慰訪義工帶領閱讀聖嚴師父著作《放下的幸福》，並練習法鼓八式動禪，學習調心與健身。

03.24

◆ 慈基會應新北市政府社會局之邀，於淡水區的北海岸社福中心舉辦關懷活動，為第一

線社工人員提供心靈喘息服務,十四位社福與家暴暨性侵害防治中心的社工,透過參與「蝶谷巴特」手作活動,體會在專注中放鬆身心,減輕工作壓力。

03.25

◆ 法鼓文理學院舉辦專題講座,邀請曾任達賴喇嘛華語翻譯的蔣揚仁欽主講「如何以般若而波羅蜜多?」,分享幸福心靈的般若智慧。

03.29

◆ 3月29日至4月4日,臺中寶雲寺舉辦梁皇寶懺法會,因應新冠肺炎疫情,首度採用網路直播共修,串起萬眾的慈悲願力,祝福人間平安;法會圓滿後,並將贊普的生鮮蔬果、米油麥麵、乾糧等物資,分送至中部地區各兒少、教養院等社福慈善機構,以及弱勢家庭,共有六百七十多戶受益。

03.31

◆ 法鼓山北美分支道場發起「佛法救濟」專案(Dharma Relief),捐贈口罩給當地醫療院所及弱勢機構,知名佛教團體及出版社響應贊助,包括:巴瑞佛教研究中心(Barre Center For Buddhist Studies)、內觀禪修中心(Insight Meditation)、香林臨濟禪修中心(Korinji Rinzai Zen Community)、美國舍衛精舍(Sravasti Abbey)、香巴拉出版社(Shambhala Publications)、加拿大《獅子吼與佛法》雜誌(*Lion's Roar and Buddhadharma*)等。

◆ 3月31日起,美國洛杉磯道場每週一至週四舉辦〈大悲咒〉網路共修,由常住法師帶領持咒、誦念《心經》、功德迴向等,祈願疫情早日平息,眾生得安樂。

4月 APRIL

04.01

◆ 《人生》雜誌第440期出刊,本期專題「禪居──打造心靈空間」。

◆ 《法鼓》雜誌第364期出刊。

◆ 法鼓文化出版新書:《歸程(四版)》(寰遊自傳系列,聖嚴法師著)、《聖嚴法師教話頭禪(大字版)》(家中寶系列,聖嚴法師著)、《延命十句觀音經》(平安鈔經本系列)。

◆ 《金山有情》季刊第72期出刊。

◆ 《法鼓文理學院校刊》第23期出刊。

◆ 《護法季刊》復刊第22期出刊。

◆ 1至30日,美國東初禪寺舉辦「清明地藏三十法會」網路共修,由監院常華法師帶領大眾共同為面臨嚴峻疫情的世界祈福。

04.03

◆ 3至24日，普化中心每週五舉辦「法鼓講堂特別講座」，由常隨法師主講「通往禪的《金剛經》」，因應新冠肺炎疫情影響，課程不開放現場聽講，同時於「法鼓山心靈環保學習網」線上直播，提供全球學員上網聆聽。

04.04

◆ 4至18日，美國舊金山道場每週六舉辦網路甘露門，由僧大副院長常寬法師、道場監院常惺法師、常源法師、演柱法師帶領禪修放鬆、梵音唱頌，大眾並可於線上向法師請益，充實安心的資糧。

04.06

◆ 4月6日起，青年院於法鼓山全球資訊網「安心專區」、臉書粉絲專頁，陸續播放五部《禪修心體驗》系列短片以及佛曲〈日出〉，分享年輕世代運用專長及創意，為社會注入安心的祝福與安定的力量。

◆ 繼「《藥師經》消災祈福網路共修」圓滿後，6至26日，香港道場每週一至五接續舉辦「藥師法門網路共修」活動，邀請大眾藉由持名念佛、持誦〈藥師咒〉、讚佛，將積累的善念延續推展。

04.07

◆ 4月7日至6月2日，新加坡護法會每週二舉辦網路佛學課程，由普化中心副都監果毅法師導讀《法鼓全集》。

04.08

◆ 8至22日，普化中心每週三晚上於北投農禪寺舉辦「法鼓講堂」佛學課程，由蘭陽分院監院常法法師主講「《普門品》的修行法門」，因應新冠肺炎疫情影響，課程不開放現場聽講，同時於「法鼓山心靈環保學習網」線上直播，提供全球學員上網聆聽。

04.09

◆ 9至30日，舊金山道場每週四舉辦網路佛學課程，由演道法師主講「禪門第一課」。

04.10

◆ 4月10日起，僧團透過手機通訊軟體LINE平台，開設「大悲咒LINE起來」服務，鼓勵大眾隨時隨地持誦〈大悲咒〉，迴向疫情早日平息。

04.11

◆ 4月11日至5月30日,新加坡護法會每週六舉辦網路佛學課程,由果舟法師主講《地藏經》。

04.12

◆ 4月12日至5月24日,慈基會於全臺各地舉辦「第三十六期百年樹人獎助學金」頒發活動,共四十五場,共有一千兩百五十一位學子受獎。

04.17

◆ 行政中心「防疫心生活講座」,17日邀請臺北仁濟院總院院長李龍騰與方丈和尚果暉法師對談,主題是「正面解『毒』的心靈處方」,透過網路直播,與全球分支道場專職及義工分享安定身心的防疫之道。

04.18

◆ 18至19日,僧大舉辦「第十二屆講經交流會」,副院長常寬法師、果禪法師及多位指導師長到場關懷,共有二十二位學僧分享學習成果。

04.19

◆ 人基會「家長陪伴成長」系列課程,19日邀請森林小時光咖啡館負責人劉柳樺主講「成為最棒的你 —— 快樂手防疫保健」,說明調理情緒與身體臟腑的關係,達到穩定情緒與保健的功效,進而能較放鬆地回應生活中的緊張與壓力。

04.21

◆ 4月21日至5月31日,僧團於法鼓山園區法華書苑舉辦默照禪四十,禪期分為四梯次禪七、一梯次禪十二,由禪堂監院常乘法師擔任總護,禪期間全程聆聽聖嚴師父默照禪開示,共有一百五十一人次參加。

04.22

◆ 適逢「世界地球日」(World Earth Day)環保運動五十週年,法鼓山邀請大眾,透過手機、平板等行動裝置,於全球資訊網「我為你祝福 —— 祈願樹」專區,將心願播種成樹,一同培福有福、分享幸福,也期望匯聚良善力量為世界祈福。

◆ 4月22日至6月24日,慈基會義工每週三於新竹市北區區公所協助市政府分裝口罩,22日首次活動有二十二位義工,與銀髮族協會等多個團體,在衛生局人員指導與示範下,共同協助藥局分裝七千包兒童口罩。

04.24

◆ 法鼓文理學院校長惠敏法師應金門大學之邀,於該校主講「為何要睡覺?睡眠與禪定」,分享如何面對雙A(人工智能與高齡化)時代、善用「自家寶藏」:免疫系統、睡好與止觀雙運、睡眠四階段與禪修等經驗;並與金門大學校長陳建民簽署兩校學生短期交換研修及學術交流合作協議。

04.25

◆ 4月25日至5月16日,美國舊金山道場每週六開辦「高僧行誼」線上教學,共四堂,分別由僧大教務長常啟法師講述虛雲老和尚、太虛大師,課務組長常正法師講談虛大師,常燈法師講見月律師;並設有臉書直播,累計逾八千人次觀看。

04.26

◆ 4月26日至6月26日,慈基會舉辦端午關懷活動,除攜帶應景素粽前往關懷家庭表達祝福外,慰訪義工並分別至各地社福機關、安養機構,與院民歡度佳節,共計關懷一千零二十七戶。

04.28

◆ 慈基會響應北美道場「佛法救濟」專案,訂購七萬份布口罩持續援助,護法總會義工團自4月28日起,分批於北投雲來寺協助包裝作業,並於6月3日完成裝箱,送往美國東初禪寺轉贈美國遊民中心。

04.29

◆ 僧大舉辦專題講座,由法鼓文理學院博士生張雅雯主講「棒喝、話頭與經教 —— 臨濟宗三峰派祖師的禪學思想與實踐」,期許學僧深入了解臨濟宗祖師,傳承禪法之餘,更能因應當前環境而靈活變化。

04.30

◆ 適逢農曆4月8日佛誕日,因應防疫期間,法鼓山於全球資訊網舉辦線上浴佛活動,引導民眾如臨實境,掬舀香湯,零距離的灌沐悉達多太子寶像,圓滿浴佛祈福的心願。

◆ 法鼓文理學院響應創建義大利上智大學(Sophia University Institute)的國際性組織「普世博愛運動」(Focolare Movement),於臺灣發起的口罩製作經費募捐計畫,截至4月30日為止,包含全校師生、中華佛研所及義工,共計捐出五十九筆善款,挹注義大利當地發送口罩的公益活動。

5月 MAY

05.01

◆ 《人生》雜誌第441期出刊，本期專題「勇氣 心的修練」。

◆ 《法鼓》雜誌第365期出刊。

◆ 法鼓文化出版新書：《迎向現實人間 —— 聖嚴法師的倫理思想與實踐》（智慧海系列，林其賢著）、《解開生命的密碼 —— 八識規矩頌講記》（智慧人系列，釋寬謙著）、《佛陀50問》（學佛Q&A系列，法鼓文化編輯部編著）、《心的經典 —— 心經新釋（三版）》（現代經典系列，聖嚴法師著）。

◆ 1至29日，普化中心每週五晚上於北投農禪寺舉辦「法鼓講堂特別講座」，由禪修中心副都監果醒法師主講「楞嚴禪心」，因應新冠肺炎疫情影響，課程不開放現場聆講，同時於「法鼓山心靈環保學習網」線上直播，提供全球學員上網聆聽。

◆ 5月起，護法總會透過每月召委會議，籲請全臺鼓手們透過「大悲咒LINE起來」平台做定課，匯聚日常持咒的力量，祈願疫情早日平息，眾生身心平安。

◆ 馬來西亞道場舉辦線上佛一暨八關戒齋，由常寂法師帶領，有近四十人參加。

05.02

◆ 5月2日至6月20日，香港道場舉辦「食點心、點心燈」網路對談，共四場，邀請輔導心理學家袁家慧、瑜伽老師劉汝君與監院常展法師對談。2日展開第一談，主題是「疫境下的自我覺察」，提醒大眾不要因慌亂、恐懼或猜疑，讓疏離、苛責、汙名化操控內心，而失去判斷與覺察的能力。

05.06

◆ 6至27日，普化中心每週三晚上於北投農禪寺舉辦「法鼓講堂」佛學課程，由果見法師主講「認識娑婆所在之華嚴莊嚴世界海 —— 《華嚴經·華嚴世界品》略解」，因應新冠肺炎疫情影響，課程不開放現場聆講，同時於「法鼓山心靈環保學習網」線上直播，提供全球學員上網聆聽。

05.08

◆ 青年院於三鶯共修處舉辦「心靈環保法鼓山國際青年論壇 —— 為全人類及地球開創出可持續的世界」義工培訓籌備計畫會議，由演無法師帶領，共有十多位法青參加。

◆ 5月8日至6月12日、8月7日至9月11日，美國舊金山道場每週五舉辦網路音樂饗宴，邀請音樂藝術博士許亦蓮授課，分享西方古典音樂、現代佛曲的創作意涵，並帶領聆聽賞析。

◆ 行政中心於北投雲來寺近郊舉辦戶外禪，由僧團都監常遠法師、行政中心副執行長常順法師帶領，繞行寺院後方綠地公園和湖畔，共有五十位專職與義工參加。

05.09

◆ 香港道場「食點心、點心燈」 網路對談，9日展開第二場，邀請輔導心理學家袁家慧、瑜伽老師劉汝君與監院常展法師對談「疫境中與他人相處」，提醒在逆境中為他人的需要多行一步，建立互助關懷的新文化價值，豐富個人生活。

05.10

◆ 僧團於法鼓山園區大殿舉辦三時繫念法會，由男眾副都監果器法師主法，透過網路直播，大眾精進共修，祝禱疫情早日平息，有近萬人參加。

05.11

◆ 5月11日至7月11日，香港道場舉辦觀音法門網路共修，由監院常展法師等帶領持誦〈大悲咒〉，祝禱世界各地早日消弭災疫，人人遠離怖畏，平安自在。

05.15

◆ 臺南雲集寺舉辦擴建開工動土典禮，由男眾部寺院管理副都監果器法師、建築師李文勝、護法總會副總會長鄭泗滄等六人共同執鏟，女眾部寺院管理副都監果理法師與多位護法悅眾觀禮祝福，祈願工程順利，接引更多人學佛、護法。
◆ 文化中心出版結緣新書《逆境，讓我們學習》，內容選輯聖嚴師父開示，引導讀者遭逢逆境時，安頓身心，進而將逆境轉化為人生成長動力。

05.16

◆ 馬來西亞道場監院常藻法師受邀於馬來西亞佛教會青年總會雪隆州聯委會舉辦的「安頓身心」網路弘法系列活動中，主講「走出苦哈哈的人生」，有近兩百人參加。

05.17

◆ 人基會「家長陪伴成長」系列課程，17日邀請營養師謝無愁主講「中醫人體觀 ── 情緒對身體的影響」，講析從情緒的困境中，有意識地改變思惟模式，讓身心更健康。

05.18

◆ 5月18日至8月3日，禪修中心每週一舉辦「禪堂在我家 ── 網路禪修」，內容包括法鼓八式動禪、上座前運動、打坐、下座按摩、聆聽法師開示，大眾依循著引導與示範，踏實用功。
◆ 泰國護法會與駐泰國臺北經濟文化辦事處成立的「泰國臺僑胞疫情聯合應變小組」，前往曼谷僧人醫院（Priest Hospital）捐贈醫療物資，包括防護衣、隔離衣、N95口罩、血壓器等，由常空法師代表捐贈。

05.24

◆ 僧大舉辦「2020畢業製作暨禪修專題呈現」，發表的主題包括禪學義理、聖嚴師父著作翻譯、佛法應用等，共有六位學僧運用多元媒體素材發表學習成果。

05.27

◆ 法鼓文理學院舉辦專題講座，邀請中央研究院民族學研究所研究員丁仁傑主講「由公共佛教到公民佛教」，分享佛教的社會關懷與實踐，共有四十多人參加。

6月 JUNE

06.01

◆ 《人生》雜誌第442期出刊，本期專題「菩提道上的女性修行者」。

◆ 《法鼓》雜誌第366期出刊。

◆ 法鼓文化出版新書：《蓬勃發展的中世佛教 —— 日本II》（*The Foundation of Japanese Buddhism: Japan II*，新亞洲佛教史系列，末木文美士編輯委員；松尾剛次、佐藤弘夫、林淳、大久保良峻編輯協力，辛如意譯）、《禪的理論與實踐》（禪修指引系列，聖嚴法師著）、《學佛知津（大字版）》（家中寶系列，聖嚴法師著）、《48個願望 —— 無量壽經講記（簡體版）》（現代經典系列，聖嚴法師著）。

◆ 1至30日，僧團於法鼓山園區展開為期三十天的結夏安居，由方丈和尚果暉法師擔任主七和尚；30日進行「祈福總迴向」，由方丈和尚帶領全體僧眾，將長時間精進修行的功德迴向，祈願全球疫情消退、世界平安健康，共有一百多位僧眾參加。

◆ 印度人道救援組織摩訶菩提國際禪修中心（Mahabodhi International Meditation Center ,MIMC）創辦人僧伽先那比丘（Bhikkhu Sanghasena）致函方丈和尚果暉法師，說明新冠疫情對世界經濟帶來衝擊，造成營運困境，致使影響提供當地人民糧食、醫療、心靈救護等任務，方丈和尚即刻指示公關室協助捐助善款援助；MIMC辦公室也於27日發函感謝法鼓山的協助。

06.04

◆ 法行會於臺北國賓飯店舉辦例會，由僧大女眾副院長果幸法師主講「修學與修行」，共有一百八十多人參加。

06.06

◆ 6至27日，美國東初禪寺每週六舉辦網路佛學課程，由禪修中心副都監果醒法師主講「禪宗祖師公案語錄」，從祖師們的言行、師徒間的對話，體會玄妙的禪法智慧，每

堂有近一百七十人參加。

◆ 6至27日，美國東初禪寺每週六舉辦網路佛學課程，由果廣法師主講「中華禪」，介紹中華禪法鼓宗的思想源流與發展脈絡，每堂有近一百五十人參加。

◆ 泰國護法會舉辦觀音法會，由常空法師主法，共有三十多人參加。

06.07

◆ 6月7日至7月26日，美國東初禪寺每週日舉辦網路佛學講座，由象岡道場監院常護法師主講「祖師的故事」，分別介紹大慧宗杲、洞山良介、趙州從諗、無異元來、宏智正覺等禪師的行誼及禪宗十牛圖，有近九百人次參加。

◆ 美國東初禪寺舉辦週日網路英文佛學講座，由象岡道場住持果元法師主講「十二因緣」（Twelve Links of Dependent Origination），有近一百一十人參加。

◆ 6月7日至8月30日、10月11日至12月27日，美國洛杉磯道場每週日舉辦《六祖壇經》網路共學，由監院常悅法師帶領禪坐、拜懺，並由學員各自誦讀《壇經》經文後，再由法師開示經文要義，從禪宗祖師大德的公案中，領略安心之道，有近一百一十人參加。

06.10

◆ 法鼓文理學院舉辦畢結業典禮，方丈和尚果暉法師、校長惠敏法師、佛教學系主任鄧偉仁等師長，為五十位佛教學系學士班、碩士班及人文社會學群畢結業生，依序搭菩薩衣、傳燈發願。受疫情影響，典禮首度透過網路直播，邀請親友線上觀禮祝福。

06.12

◆ 中華佛研所與中央研究院中國文哲研究所於法鼓山園區共同舉辦「漢傳佛教在東亞座談會」，共有兩位青年學者發表論文，有二十多位青年學子參加，互動交流。

06.13

◆ 香港道場「食點心、點心燈」網路對談，13日展開第三場，邀請輔導心理學家袁家慧、瑜伽老師劉汝君與監院常展法師對談「病從何處來」，分享病苦的經驗。

06.14

◆ 護法總會臺中分會於寶雲寺舉辦「法鼓傳薪話寶雲」座談會，由副總會長陳治明、資深悅眾李東枝，分享追隨聖嚴師父修行、護持法鼓山及籌建寶雲寺的心路歷程，有近五十人參加。

◆ 14日及21日，美國東初禪寺舉辦週日網路英文佛學講座，邀請聖嚴師父西方弟子林晉城（Peter Lin）主講「五蘊」（Five Skandhas），共有一百六十多人次參加。

06.16

◆ 慈基會於北投雲來寺舉辦專題講座，主題是「認識長照2.0」，邀請關渡醫院家庭醫學科醫師黃斌及許瓊茹護理師，從醫療服務內容、地區資源介紹與親身體驗等面向，分享長照2.0計畫，有近六十位義工及專職參加。

06.20

◆ 6月20日至7月4日，加拿大溫哥華道場於週六晚間舉辦「菩薩行願講座」，由監院常悟法師、常惠法師、常惟法師主講，並進行網路直播，與大眾分享普賢菩薩、文殊菩薩、觀音菩薩的悲心願行。

◆ 香港道場「食點心、點心燈」網路對談，20日展開第四場，邀請輔導心理學袁家慧、瑜伽老師劉汝君與監院常展法師對談「看見習氣，看不見習氣」，分享認識習氣、面對習氣、如何將習氣化為向前的動力。

06.21

◆ 關懷院於桃園齋明別苑舉辦大事關懷座談會，由監院常哲法師帶領，法師提醒以關懷達成教育的目的，以教育達成關懷的功能，大事關懷深入社會各階層，大原則方向不變，但掌握原則要善巧切合當下因緣，讓關懷適切而人性化，共有一百一十多位桃園、新竹、苗栗地區助念團成員參加。

◆ 人基會「家長陪伴成長」系列課程，21日邀請天主教仁慈醫院副院長劉益宏主講「正念與自我慈悲」，說明運用正念覺察這些不舒服的覺受，如實看待而不去抗拒，並以友善的態度回應與陪伴，平靜與快樂就會湧現。

06.24

◆ 青年院、輔仁大學共同發起的「樂齡服務學習計畫」，於該校舉辦成果發表會，共有四十四位學生設計出五款實用的樂齡友善產品。

06.27

◆ 6月27日、7月18日及8月15日，加拿大多倫多分會舉辦網路佛法甘露門，由溫哥華道場監院常悟法師帶領禪坐，並進行佛法開示，也解答大眾學佛疑問。

06.28

◆ 6月28日至7月26日，美國東初禪寺週日舉辦網路英文佛學講座，邀請聖嚴師父西方弟子哈利・米勒主講「《法華經》（*Lotus Sutra*）」，有近六十人參加。

06.30

◆ 前副總統陳建仁應人基會與國立教育廣播電臺共同製播的《幸福密碼》節目之邀，接受主持人張麗君提問，分享推動政務、學術研究、宗教信仰與家庭教育的生命歷程，訪談內容並於7月17日播出。

7月 JULY

07.01

◆ 《人生》雜誌第443期出刊，本期專題「當佛陀遇上現代青年」。

◆ 《法鼓》雜誌第367期出刊。

◆ 法鼓文化出版新書：《聖嚴法師教淨土法門（二版）》（聖嚴書院系列，聖嚴法師著）、《《般舟三昧經》「除睡眠」之研究》（中華佛學研究所論叢系列，釋覺心著）、《學術論考》（智慧海系列，聖嚴法師著）、《校長的十八般武藝》（般若方程式系列，釋惠敏著）、《延命十句觀音經》（丹青妙法書法鈔經本系列）。

◆ 《金山有情》季刊第73期出刊。

◆ 《法鼓文理學院校刊》第24期出刊。

◆ 《護法季刊》復刊第23期出刊。

◆ 7月1日至9月30日，法鼓山社大於臺大醫院金山分院舉辦「彩繪癒見幸福展」，展出四十四位新莊、北投、北海三校區彩繪班學員，共一百四十五件作品。

◆ 7至8月暑假期間，僧大學僧前往體系各單位實習，包括大寮出坡、莊嚴殿堂、義工培訓、地區慰訪、臨終關懷等，為日後的弘化，奠定扎實的根基。

07.02

◆ 7月2日至8月27日，馬來西亞道場每週四舉辦網路佛學課程，由常施法師、演蓮法師主講「自利利他無煩惱──觀音法門的實踐」，共有八百多人次參加。

07.04

◆ 蘭陽分院舉辦「接待義工培訓」課程，由義工團接待組組長陳麗瑾及悅眾授課，分享接待義工的行儀心法、服裝儀容，以及勤務內容等，監院常法法師到場關懷，期勉學員練習對現象和環境的觀照，即是無我、捨我的修練，有近三十人參加。

◆ 蘭陽分院舉辦香積主廚義工培訓課程，由悅眾帶領，有六十五位義工參加。

◆ 僧大於法鼓山園區國際會議廳舉辦畢結業典禮，由方丈和尚果暉法師、男眾副院長常寬法師、女眾學務長常格法師為七位畢業僧搭菩薩衣、頒發證書，有近一百位僧團法師、俗家親友到場觀禮祝福。

◆ 4至25日，美國東初禪寺每週六舉辦網路佛學課程，由果廣法師主講「戒學概說」，

內容包括毘尼住世正法住世、五戒十善、趣進涅槃的聲聞、留惑潤生的菩薩等,有近
一百人參加。

◆ 7月4日至10月24日,美國東初禪寺每週六舉辦網路佛學課程,由禪修中心副都監果醒
法師主講「禪宗祖師公案語錄」,分享《六祖壇經》的智慧,有近一百一十人參加。

07.05

◆ 蘭陽分院於新寮瀑布舉辦戶外禪,由監院常法法師擔任總護,有近三十人參加。
◆ 榮譽董事會於新北市碧潭風景區舉辦悅眾鐵馬健走禪悅行,共有五十多位悅眾參加。
◆ 美國東初禪寺舉辦網路週日講座,邀請聖嚴師父西方弟子林晉城(Peter Lin)主講
「新冠肺炎疫情下的安心之道」,有近九十人參加。

07.08

◆ 8至29日,普化中心每週三晚上於北投農禪寺舉辦「法鼓講堂」佛學課程,由弘化發
展專案召集人果慨法師主講「遇見高僧遇見自己」,因應新冠肺炎疫情影響,課程
不開放現場聽講,同時於「法鼓山心靈環保學習網」線上直播,提供全球學員上網
聆聽。

07.09

◆ 7月9日至8月20日,臺南分院隔週週四於都會公園、茄萣幸福海岸,舉辦月光禪,共
四場,由果明法師擔任總護,每場均有三十多位義工參加。
◆ 法行會於臺北國賓飯店舉辦例會,由常諦法師主講《法華經‧譬喻說》,有近兩百人
參加。

07.11

◆ 7月11日至8月9日,護法總會與法青會每週六、日於全臺共同舉辦「暑期線上悟寶兒
童營」,以線上親子課程,讓大、小朋友共同學習,每梯次兩日,共計五梯次,全臺
有近兩百個家庭、四百位親子參加。
◆ 7月11日至8月1日,加拿大溫哥華道場每週六舉辦網路佛學講座,由常諦法師主講
「《法華經》的跡與本」,有近一千人次參加。

07.12

◆ 僧團於法鼓山園區大殿舉辦「大悲懺法會」,由方丈和尚果暉法師主法,將疫情期間
發起的「大悲咒LINE起來」手機祈福進行總迴向,並透過網路直播,共有三千多人參
與線上共修。
◆ 法鼓文化於臺中寶雲寺舉辦《迎向現實人間 ── 聖嚴法師的倫理思想與實踐》新書分
享會,以「發願從嬰兒學做大人 ── 聖嚴法師的菩薩戒精神」為主題,由文化中心副

都監果賢法師主持，邀請作者屏東大學中文系副教授林其賢、臺北金融研究發展基金會董事賴清祺、客家文化發展中心副主任吳德棋共同與談，探討傳統戒律精神，如何適應現代的社會型態，有近一百四十人參加。

◆ 7月12日至8月22日，慈基會於全臺各地舉辦第三十七期百年樹人獎助學金分享卡創作聯誼活動，表達對認養人、社會的感恩，計十六場，共有五百多位學子參加。

07.13

◆ 7月13日至8月17日，臺南分院週一舉辦「鐵馬戶外禪」，共五場，由監院常宗法師等帶領，從安平水景公園出發，途經堤頂自行車道、紅樹林溼地、觀夕平臺，每場有近二十位義工參加。

07.14

◆ 慈基會參與新北市石門區公所於老梅市民活動中心辦理的災害防救演練，透過實際演練，模擬災時收容所開設後的關懷運作模式。

07.16

◆ 方丈和尚果暉法師於北投雲來寺大殿，對僧團法師、全體專職精神講話，主題是「觀音法門的修持方法」，全臺各分院道場同步視訊連線聆聽開示，共有兩百二十多人參加。

◆ 國家圖書館舉辦「109年臺灣學術資源影響力發布會」，中華佛學研究所發行《中華佛學學報》榮獲「人社最具影響力學術期刊：哲學／宗教研究學門」之獎項。

07.18

◆ 7月18日至8月5日，慈基會於全臺舉辦「救災總指揮、慰訪組長聯繫會報」，共四場，由專職及悅眾分享疫情下的災害關懷、社區長者關懷等實務經驗。首場於7月18日在高雄紫雲寺進行，祕書長常順法師到場關懷，提醒任何關懷及服務，都與個人修行相關，期勉學員珍惜當下的因緣，共有一百一十多位南部、東部地區之正副救災總指揮、慰訪組長及義工參加。

◆ 7月18日至10月24日，護法總會於全臺舉辦「勸募悅眾成長營」，共八場。首場於18日在北投雲來別苑展開，僧團都監暨護法總會副都監常遠法師、監院常應法師、副總會長李子春到場關懷，有近一百二十位北投、石牌、中山、松山、基隆分會的勸募悅眾參加。

07.19

◆ 蘭陽分院於拳頭姆山舉辦戶外禪，由監院常法法師擔任總護，共有二十多人參加。

◆ 7月19日、8月2日，桃園齋明寺舉辦「主持人研習工作坊」，邀請資深管理諮詢講師

孫紀善帶領，包括主持技巧、主持儀態、認識各類主持需求及重點，並進行分組演練，共有一百一十多人次參加。

◆ 臺中寶雲寺舉辦「與佛有約」悅眾義工充電課程，由法青帶領，監院果理法師到場關懷，期勉大眾不只歡喜做義工，同時要深入經藏，解行並重，實踐利己利人的菩薩行，共有一百六十多位悅眾參加。

◆ 人基會「家長陪伴成長」系列課程，19日邀請希伯崙共生家園祕書長吳培儷主講「如來佛與孫悟空」，提醒家長勿將期待過度延伸為控制，應該將擔心化為祝福，讓孩子感受到父母的信任，勇敢踏出向前的一步。

◆ 護法總會「勸募悅眾成長營」，19日於北投雲來別苑展開，護法總會副都監常遠法師、監院常應法師、副總會長李子春到場關懷，有近六十位海山、萬金、三石、羅東分會的勸募悅眾參加。

07.20

◆ 7月20日至8月9日，香港道場舉辦〈藥師咒〉網路共修，祈願諸佛菩薩加持，世界除病免難。

07.22

◆ 美國洛杉磯萬緣寺及泓星寺創辦人聖琉長老，10日於泓星寺禪堂安詳捨報，洛杉磯道場監院常悅法師於22日代表方丈和尚果暉法師及法鼓山教團前往致意，表達追思。

◆ 臺南分院舉辦新聞寫作培訓課程，由行政中心文宣處新聞宣傳組組長張曜鐘，講授新聞寫作觀念及技巧，有近三十人參加。

07.25

◆ 臺南分院於虎頭埤水庫舉辦半日禪，由演華法師擔任總護，共有三十人參加。

◆ 臺東信行寺舉辦新聞寫作培訓課程，由行政中心文宣處新聞宣傳組組長張曜鐘，講授新聞寫作觀念及技巧，有近二十人參加。

◆ 法鼓文理學院於臺中寶雲寺舉辦「終身學習菩薩行」工作坊，由人文社會學群長陳定銘率同碩士學程、佛教學系師長，引領探索疫情下的反思，共有七十二位學員參加。

◆ 25至26日，法鼓山、衛生福利部國民健康署於臺北花博公園共同舉辦「安心城市 —— 靜心、沉浸、慢行」活動，邀請大眾走進公園，放鬆身心，透過科技與音樂、戲劇、舞蹈的體驗，與自然環境深層互動；方丈和尚果暉法師於25日到場關懷，並帶領大眾祈願祝禱，有近一千兩百人參加。

◆ 25至26日，人基會心聚團於臺北德貴學苑舉辦夏季藝術營，由劇團導演王瑋廉帶領，內容包括空間感建立、感官覺察、肢體開發，以及個人與群體的即興表演，有近二十位學員參加。

◆ 護法總會「勸募悅眾成長營」，25日於高雄紫雲寺展開，服務處監院常應法師、紫雲寺監院常參法師到場關懷，共有一百一十四位來自高雄、屏東、臺東的悅眾參加。

07.29

◆ 慈基會「救災總指揮、慰訪組長聯繫會報」，29日於臺中寶雲別苑進行，共有六十多位中部地區之正副救災總指揮、慰訪組長及義工參加。

07.30

◆ 教聯會於北投雲來別苑舉辦「教師心靈環保一日營」，進行戶外禪，由常震法師等帶領，共有三十多人參加。

07.31

◆ 教聯會於北投雲來別苑舉辦「教師心靈環保教學研習營」，以《大智慧過生活》為研習主題，共有二十多位來自各地學校的教職學員參加。

8月 AUGUST

08.01

◆ 《人生》雜誌第444期出刊，本期專題「地藏菩薩逆境學」。

◆ 《法鼓》雜誌第368期出刊。

◆ 法鼓文化出版新書：《藥師佛50問》（學佛Q&A系列，法鼓文化編輯部編著）、《菩薩行願 —— 觀音、地藏、普賢菩薩法門講記（二版）》（現代經典系列，聖嚴法師著）、《普賢十大願王》（平安鈔經本系列）、英文書《雜阿含研究論文集》（*Research on the Saṃyukta-āgama*）（法鼓文理學院論叢系列，法樂法師Bhikkhunī Dhammadinnā主編）。

◆ 桃園齋明寺舉辦佛學講座，由弘化發展專案召集人果慨法師主講「我的修行法門 —— 觀音法門」，梗概介紹聖嚴師父親近觀音法門的「念」、「求」、「學」、「做」四次第，共有兩百二十多人參加。

◆ 高雄紫雲寺於新威森林公園舉辦悅眾戶外禪，有近八十人參加。

◆ 慈基會「救災總指揮、慰訪組長聯繫會報」，1日於北投雲來寺進行，共有九十多位北部地區之正副救災總指揮、慰訪組長及義工參加。

◆ 1至29日，美國東初禪寺每週六舉辦網路佛學課程，由果廣法師主講「禪素食」，分享素食的慈悲與智慧，有近一百人參加。

◆ 加拿大溫哥華道場舉辦網路佛學講座，邀請聖嚴師父西方弟子李世娟主講「動亂時代的安身安心之道」（Advices from Great Masters for Living in Uncertain Times），講說《八大人覺經》要旨，有近八十人參加。

08.02

◆ 8月2至30日、11月1至29日，美國東初禪寺舉辦網路週日講座，由常灌法師主講「《大乘起信論》概說」，有近九十人參加。

◆ 2至30日，美國東初禪寺每週日舉辦網路英文佛學講座，邀請聖嚴師父西方法子吉伯‧古蒂亞茲（Gilbert Gutierrez）主講「禪」（Chan），有近一百人參加。

08.05

◆ 5至19日，普化中心每週三晚上於北投農禪寺舉辦「法鼓講堂」佛學課程，由法鼓文理學院專任教師辜琮瑜主講「讀《法句經》體三生有幸」，因應新冠肺炎疫情影響，課程不開放現場聽講，同時於「法鼓山心靈環保學習網」線上直播，提供全球學員上網聆聽。

◆ 慈基會「救災總指揮、慰訪組長聯繫會報」，5日於北投雲來別苑進行，祕書長常順法師到場關懷，勸請義工於防疫期間，先照顧好自己，進而做好利益他人的關懷和服務，共有七十多位北部地區之正副救災總指揮、慰訪組長及義工參加。

◆ 加拿大多倫多分會舉辦網路佛法講座，由溫哥華道場監院常悟法師主講「工作與生活」，期勉大眾藉由疫情，重新思考工作與生命的意義。

08.06

◆ 法行會於臺北國賓飯店舉辦例會，由方丈和尚果暉法師主講「承先啟後 —— 中華禪法鼓宗禪法之開展」，共有兩百一十多人參加。

08.07

◆ 7至9日，北投中華佛教文化館舉辦中元報恩地藏法會，以網路直播進行，由監院果諦法師帶領。

08.08

◆ 8月8日至12月13日，美國洛杉磯道場隔週週日舉辦「法青與兒少」網路共學活動，引導深入認識心靈環保的理念，共有三十六位學員參加。

◆ 8月8日至9月12日，加拿大溫哥華道場每週六舉辦網路佛學講座，由弘化發展專案召集人果慨法師導讀聖嚴師父著作《天台心鑰 —— 教觀綱宗貫註》。

08.09

◆ 護法總會林口分會舉辦新會址灑淨啟用典禮，包括方丈和尚果暉法師、護法總會副都監常遠法師，與總會長張昌邦、副總會長周文進，共有五百多位地區轄召、召委及信眾觀禮祝福。

08.12

◆ 法青會臺南分會於黃金海岸舉辦戶外禪，由演行法師擔任總護，共有二十多人參加。

08.15

◆ 蘭陽分院舉辦「知客義工培訓」成長課程，由悅眾張允雄帶領，深化知客的接引功能，監院常法法師到場關懷，提醒學員練習在「迎賓」中傳達歡迎、在「送客」時傳達祝福，有近三十人參加。
◆ 護法總會「勸募悅眾成長營」，15日於北投雲來別苑展開，護法總會服務處監院常應法師到場關懷，共有五十多位士林、大同、林口、新竹分會的勸募悅眾參加。

08.16

◆ 蘭陽分院舉辦「引禮義工培訓」成長課程，由監院常法法師帶領，內容包括殿堂禮儀、操手、問訊、拜佛動作等，共有二十多人參加。
◆ 法鼓文化於臺中寶雲寺舉辦《楞嚴禪心》新書分享會，以「尋找真心 —— 認清海水與波浪」為主題，由作者、禪修中心副都監果醒法師分享多年修行心得，引導大眾尋找、認識自己的真心與佛性，有近兩百三十人參加。

08.17

◆ 17至18日，教聯會於北投雲來別苑首度舉辦禪二，由演本法師擔任總護，帶領打坐、拜佛、立姿瑜伽、戶外經行等，體會法喜與安定，共有四十多人參加。

08.21

◆ 8月21日、11月20日，人基會於臺北德貴學苑開辦「心藍海策略 —— 企業社會責任」系列課程，主題是「領導創新‧跨域創生」，分別邀請行政院政務委員唐鳳、PChome Online網路家庭董事長詹宏志主講「臺灣社會創新發展趨勢」、「從數位轉型找到創新的機會與力量」，共有兩百二十多人次參加。
◆ 8月21日至9月5日，香港道場舉辦鍊心鈔寫《藥師經》網路共修，祝禱疫情早日平息。

08.22

◆ 蘭陽分院舉辦緊急救援暨慰訪組培力課程，邀請心理師陳茉莉主講「陪伴的力量 —— 慰訪的實務與探討」，共有四十二人參加。
◆ 臺南分院於黃金海岸舉辦戶外禪，由演行法師帶領，共有二十四位法青參加。
◆ 臺東信行寺舉辦接待組義工培訓課程，由義工團接待組組長陳麗瑾及悅眾授課，內容包括接待禮儀、勤務要點等，並進行分組演練，有近五十人參加。

◆ 護法總會「勸募悅眾成長營」，22日於北投雲來別苑展開，護法總會服務處監院常應法師到場關懷，共有六十位桃園、中壢、城中、淡水分會的勸募悅眾參加。

◆ 22至23日，法青於北投中華文化館、雲來別苑舉辦「與心同行」活動，深入了解東初老人興辦教育的理念以及聖嚴師父的行誼，並透過禪修和遊戲，引導青年從心認識自己，僧團都監常遠法師、青年院監院常炬法師到場關懷，有近三十位高雄法青參加。

08.23

◆ 23至29日，北投農禪寺啟建梁皇寶懺法會，因應疫情，首度不對外開放，全程透過網路直播，並安排三學研修院女眾部副都監果光法師說法，講說漢傳佛教的懺悔法門，包括漢傳佛教懺悔法門的源流、梁武帝與懺悔法門、天台宗與懺悔法門、禪宗禪師與懺悔法門、聖嚴師父與懺悔法門，提醒大眾，拜懺時應該收攝身心，時時覺察自己的起心動念，憶念過往的行為，才能真正發起至誠懇切的懺悔心，首日有逾三千人參加線上共修。

08.29

◆ 泰國護法會舉辦禪一，由常空法師擔任總護，共有二十多人參加。

08.30

◆ 8月30日至9月5日，高雄紫雲寺舉辦中元報恩地藏法會，以網路直播共修方式進行，由常耀法師主法，法師提醒大眾，隨文作觀，領受法義，時時不忘學佛的初發心和法喜。

◆ 聖基會監製的聖嚴師父紀實電影《本來面目》，於臺北國賓影城舉辦首映會，包括方丈和尚果暉法師及表演工作者柯有倫、黃韻玲等，與七百多位民眾共同觀影。

◆ 8月30日至12月27日，林口分會週日舉辦啟用系列講座，共八場。30日進行首場，由僧團都監常遠法師主講「廣結善緣，修學佛法」，有近一百一十人參加。

◆ 美國東初禪寺於象岡道場舉辦三時繫念法會，由象岡道場住持果元法師主法，常源法師、常護法師以及東初禪寺常住法師等七位法師，擔任悅眾於現場舉行佛事，同時透過Youtube網絡直播與全球信眾一起精進共修，抗疫祈福安心，超度所有在疫情中往生者，蒙佛慈力，速往淨土，共有一千兩百多人參加。

◆ 8月30日至9月5日，香港道場舉辦藥師法會網路共修，由常住法師帶領，仰仗藥師如來的本願力，集眾人的善根福德，祈祝疫情平息，眾苦解脫。

◆ 泰國護法會舉辦中元報恩地藏法會，由常空法師主法，有近三十人參加。

09.01

◆ 《人生》雜誌第445期出刊,本期專題「持戒,讓你更自在」。

◆ 《法鼓》雜誌第369期出刊。

◆ 法鼓文化出版新書:《聖嚴法師中華禪法鼓宗禪法研究》(智慧海系列,釋果暉著)、《禪的智慧 —— 與聖嚴法師心靈對話(大字版)》(家中寶系列,聖嚴法師著)、《幸福告別 —— 聖嚴法師談生死關懷(簡體版)》(人間淨土系列,聖嚴法師著)、《觀山‧聽雲‧尋禪 —— 2021年法鼓山桌曆》。

◆ 1日、3日及4日,臺東信行寺舉辦梵唄培訓課程,由常先法師帶領,分享執掌木魚、地鐘與花鼓的心態與技巧,共有二十四位學員參加。

◆ 9月1日至10月10日,慈基會舉辦中秋關懷活動,除攜帶應景素餅前往關懷家庭表達祝福外,慰訪義工並分別至各地社福機關、安養機構,與院民歡度佳節,共計關懷一千零三十戶及八處機構,逾三千人受益。

09.02

◆ 9月2日至2021年1月20日,臺北安和分院每週三舉辦佛學講座,由法鼓文理學院生命教育學程助理教授辜琮瑜導讀聖嚴師父著作《智慧一○○》,有近八十人參加。

◆ 2至30日,普化中心每週三晚上於北投農禪寺舉辦「法鼓講堂」佛學課程,由常慶法師主講「憨山德清系人的修行法門」,因應新冠肺炎疫情影響,課程不開放現場聽講,同時於「法鼓山心靈環保學習網」線上直播,提供全球學員上網聆聽。

09.03

◆ 法行會於臺北國賓飯店舉辦例會,由常諦法師主講《法華經‧譬喻說》,共有一百八十多人參加。

◆ 9月3日至11月12日,馬來西亞道場每週四舉辦網路佛學課程,由演明法師主講「成佛必備的資糧 —— 菩薩戒」,共有一千四百多人次參加。

09.04

◆ 9月4日至12月14日,關懷院週五於臺北中山精舍舉辦大事關懷課程,共八堂,以慰問關懷、佛化奠祭為主題,由助念團悅眾帶領,有近六十人參加。

09.05

◆ 法鼓山於園區舉辦社會菁英禪修營共修會,由常諦法師擔任總護,共有六十人參加。

◆ 5至6日、12至13日，百丈院進行清洗法鼓山園區祈願觀音池，包括洗石、曬石、刷池壁、擦池底、鋪石等作業，每日皆有一百五十多位民眾及義工參加。

◆ 臺東信行寺舉辦「活動主持人培訓」課程，由悅眾陳修平帶領，共有二十五位學員參加。

◆ 9月5日至12月19日，關懷院週六於板橋分會舉辦大事關懷課程，共八堂，以慰問關懷、佛化奠祭為主題，由助念團悅眾帶領，有近六十人參加。

◆ 為了感恩親友、師長、各方善緣的成就，僧大於法鼓山園區國際宴會廳為九位即將剃度的學僧舉辦茶會，邀請俗家親友們分享在法鼓山上的學習和成長，方丈和尚果暉法師親臨關懷，感恩成就子女出家慧命。

◆ 護法總會「勸募悅眾成長營」，5日於北投雲來別苑展開，護法總會服務處監院常應法師到場關懷，共有五十多位新店、新莊、文山、花蓮分會勸募悅眾參加。

◆ 9月5日至12月12日，雙和分會週六舉辦「做自己人生的GPS」課程，共七堂，由人基會心六倫宣講團以講座模式，與學員互動，引導青年覺察自我，建立正確的自我定位與人生目標，每堂均有二十多人參加。

◆ 9月5日至12月12日，加拿大溫哥華道場週六舉辦聖嚴書院佛學班課程，因應新冠肺炎疫情，課程改以網路方式進行，首堂課程，共有一百一十四人參加。

09.06

◆ 高雄紫雲寺舉辦中元報恩三時繫念法會，由禪修中心副都監果醒法師主法，包括線上共修，共有一千多人參加。

◆ 6至13日，禪堂舉辦話頭禪七，由禪修中心副都監果醒法師主七，演捨法師擔任總護，有近七十人參加。

◆ 9月6日至12月27日，護法總會與法青會週六或日於基隆精舍、桃園齋明別苑、新竹精舍、高雄紫雲寺、臺東信行寺，以及護法總會新店、新莊、中永和、松山與城中等分會，共二十五處地區，舉辦四十九場「悟寶兒童營」，藉由話劇、遊戲、唱誦等多元方式，引導國小中、低年級學童學習心六倫、四種環保，培養良善品格。

◆ 榮譽董事會於北投農禪寺舉辦北區榮譽董事聘書頒發典禮，方丈和尚果暉法師、榮董會長黃楚琪等出席關懷，有近五百人參加。

◆ 6至27日，美國東初禪寺舉辦網路週日講經，由常勳法師主講《大乘佛說稻稈經》，有近九十人參加。

◆ 6日及13日，美國東初禪寺舉辦網路英文佛學講座，邀請聖嚴師父西方弟子林晉城主講「從自我到無我」（From Studying the Self to Forgetting the Self），有近五十人參加。

09.07

◆ 9月7日至2021年1月18日，臺北安和分院每週一舉辦佛學講座，邀請心理諮商輔導專家鄭石岩主講《華嚴經》，有近兩百人參加。

◆ 9月7日至12月21日，關懷院週一於新莊分會舉辦大事關懷課程，共八堂，以臨終關懷、往生助念為主題，由助念團悅眾帶領，共有五十多人參加。

◆ 美國舊金山道場舉辦網路禪一，由常興法師擔任總護，共有三十多人參加。

09.08

◆ 9月8日至12月15日，關懷院週二於新店分會舉辦大事關懷課程，共八堂，以臨終關懷、往生助念為主題，由助念團悅眾帶領，有近七十人參加。

09.09

◆ 9月9日至2021年1月20日，臺北中山精舍每週三舉辦佛學課程，由悅眾謝水庸導讀《金剛經》，共有八十多人參加。

◆ 9月9日至2021年1月20日，臺北中山精舍每週三晚間舉辦佛學課程，由悅眾溫天河導讀聖嚴師父著作《探索識界》，有近六十人參加。

09.10

◆ 北投農禪寺舉辦禪一，由常鐘法師擔任總護，有近七十人參加。

◆ 慈基會受邀參與行政院原子委員會、新北市政府於核二廠、北海岸地區及新北三重區綜合體育館舉行的「核安第 26 號演習 —— 災民收容安置演練」，共有二十多位重陽分會緊急救援義工參加。

09.11

◆ 9月11日至2021年1月22日，臺北中山精舍每週五舉辦佛學課程，邀請華嚴專宗研究所教師陳琪瑛導讀《華嚴經·入法界品》，有近一百人參加。

◆ 11至13日，傳燈院於北投雲來別苑舉辦初級禪訓班輔導學長培訓課程，由演定法師、演一法師帶領，有近四十人參加。

09.12

◆ 臺中寶雲寺舉辦生死關懷對談，邀請員榮醫院副總院長吳怡昌、臺中榮民總醫院志工隊隊長張寶方，與退居方丈果東法師，座談「有備無懼迎面生死 —— 傳統智慧的生死關懷」，共有兩百二十多人參加。

◆ 臺中寶雲寺舉辦佛一，由監院果理法師帶領，有近兩百人參加。

◆ 臺南分院舉辦專題講座，由禪修中心副都監果醒法師主講「觀世自在 —— 平等心與真正的放鬆」，分享禪法、心法的妙用，有近兩百三十人參加。

◆ 高雄紫雲寺舉辦「法鼓青年開講」，邀請SALU工作室創辦人林子竣主講「在夢想能當飯前，我先吃麵」，分享透過各項冒險認識社會背光處，讓行動產生影響力的生命歷程，共有五十多人參加。

◆ 青年院於臺北德貴學苑舉辦禪一，由演無法師擔任總護，有近四十人參加。

◆ 延續聖嚴師父對地區的關懷，護法總會自2019年起舉辦「方丈和尚抵溫叨 —— 地區巡

迴關懷」（「抵溫叨」為閩南語「在我家」之意），本年首站，於9月12日在屏東分會展開，方丈和尚果暉法師偕同服務處監院常應法師、總會長張昌邦等，與護法老、中、青信眾，歡喜以法相聚。

◆ 臺中分會於寶雲寺舉辦「社區關懷共識營」，退居方丈果東法師到場關懷，寺院管理副都監果理法師、果雲法師、護法總會副總會長陳治明全程與會，共有六十多位勸募悅眾參加。

09.13

◆ 高雄紫雲寺舉辦專題講座，由禪修中心副都監果醒法師主講「楞嚴禪心」，講述研習與實踐《楞嚴經》的心得，引導大眾尋找、認識自己的真心與佛性，共有兩百多人參加。

◆ 關懷院於臺中寶雲寺舉辦「助念共修帶領人培訓」課程，由監院常哲法師、演禪法師率同助念團團長黃欣逸等悅眾授課，共有一百一十三位學員參加。

◆ 9月13日至12月13日，關懷院週日於城中分會舉辦大事關懷課程，共八堂，以臨終關懷、往生助念為主題，由助念團悅眾帶領，有近六十人參加。

◆ 護法總會「方丈和尚抵溫叨 —— 地區巡迴關懷」，13日在潮州分會展開，方丈和尚果暉法師偕同服務處監院常應法師、總會長張昌邦等，與護法老、中、青信眾，歡喜以法相聚。

◆ 林口分會啟用系列講座，13日由護法總會副總會長許仁壽主講「禪悅的人生」，分享禪悅的生活態度，共有六十多人參加。

◆ 9月13日至12月13日，關懷院週五於樹林共修處舉辦大事關懷課程，共八堂，以臨終關懷、往生助念為主題，由助念團悅眾帶領，有近四十人參加。

09.14

◆ 9月14日至11月9日，法青會週一於臺北德貴學苑舉辦「青年初階梵唄」課程，由演信法師帶領，學習維那（領唱）、助唱，以及各種打擊樂器，如大磬、木魚、引磬、鐺子、鈴子、鐘鼓等的伴奏，有近二十人參加。

09.15

◆ 9月15日至2021年1月12日，臺北中山精舍每週二舉辦佛學課程，由聖嚴書院講師胡健財導讀聖嚴師父著作《牛的印跡》，有近四十人參加。

◆ 9月15日至2021年1月5日，關懷院週二於雙和分會舉辦大事關懷課程，共八堂，以慰問關懷、佛化奠祭為主題，由助念團悅眾帶領，有近五十人參加。

◆ 15至16日，僧大於法鼓山園區祈願觀音殿舉辦剃度大悲懺法會，以法會共修，祝福新戒沙彌、沙彌尼。

09.16

◆ 法鼓山於園區舉辦剃度典禮,由方丈和尚果暉法師擔任得戒和尚,退居方丈果東法師擔任教授阿闍黎,為九位求度者圓頂、授沙彌(尼)戒,並有九位僧大新生求受行同沙彌(尼)戒,共有三百多人觀禮祝福。

◆ 9月16日至11月4日,關懷院週二於社子分會舉辦大事關懷課程,共八堂,以臨終關懷、往生助念為主題,由助念團悅眾帶領,共有三十多人參加。

09.18

◆ 18至20日,青年院於北投雲來別苑舉辦社青禪修營,由演寶法師擔任總護,體驗早晚課、基礎禪坐與法鼓八式動禪,並邀請魔術師陳日昇、資深管理顧問張允雄分享樂在工作的心法,共有六十七位青年學員參加。

◆ 榮譽董事會於新北市新店碧潭風景區舉辦戶外禪,由常襄法師擔任總護,有近六十位北三區榮董參加。

◆ 9月18日至10月23日,美國舊金山道場每週五舉辦網路專題講座,邀請茶道老師江麗滿主講「如是茶到」,包括擇水、煮水,喝茶、奉茶,茶葉認識、泡茶的基礎,以及小壺泡法、蓋碗泡法等,共有五十多人參加。

09.19

◆ 9月19日至12月19日,蘭陽分院週六舉辦「培福有福」系列講座,主題是「心靈防疫幸福三絕招」,共三場。19日進行首場,邀請身心科醫師楊孟達主講「疾病的希望」,檢視疾病與內在性格的關係,進而從疾病中覺察和調整自我,有近一百六十人參加。

◆ 新竹精舍舉辦專題講座,邀請屏東大學中文系副教授林其賢主講「談情說愛 —— 聖嚴法師的情感倫理觀」,共有八十多人參加。

◆ 19至20日,臺南分院於法鼓山園區舉辦朝山活動,並由禪修中心副都監果醒法師帶領「月光禪」,退居方丈果東法師也到場關懷,開示「朝山禮拜觀音行」及「心靈環保六要領」,共有三百多人參加。

◆ 高雄紫雲寺舉辦佛學講座,由弘化發展專案召集人果慨法師主講「《地藏經》與生命學習」,共有兩百二十多人參加。

◆ 護法總會「勸募悅眾成長營」,19日於臺中寶雲寺展開,寶雲寺監院果理法師及護法總會副總會長陳治明到場關懷,有近九十位中部地區勸募悅眾參加。

◆ 義工團於法鼓山園區舉辦「園區義工成長課程」,以「關懷」為主題,由退居方丈果東法師主講「義工的保溫教育 —— 法鼓山的理念」、法鼓文理學院生命教育學程助理教授辜琮瑜主講「綠色關懷 —— 關懷技巧」,共有八十一人參加。

◆ 教聯會於宜蘭縣羅東運動公園舉辦心靈環保一日營,進行戶外禪,由演本法師帶領,共有三十多人參加。

09.20

◆ 北投農禪寺於臺北市天母運動公園舉辦戶外禪,由常琨法師擔任總護,有近一百人參加。

◆ 臺北中山精舍舉辦Fun鬆一日禪,由悅眾帶領,共有三十多人參加。

◆ 高雄紫雲寺舉辦念佛禪一,由果悅法師擔任總護,共有八十多人參加。

◆ 人基會於臺北市中油大樓國光廳舉辦「2020法鼓山關懷生命論壇」,邀請舞蹈藝術工作者許芳宜、音樂工作者張正傑與方丈和尚果暉法師,以「逆光·遇見自己」為題,分享逆境的轉境之道,有近一千人參加。

◆ 人基會於臺北市中油大樓國光廳舉辦「2020關懷生命獎頒獎典禮」,邀請前副總統陳建仁、國泰慈善基金會董事長錢復與方丈和尚果暉法師擔任頒獎人,本屆得獎者為「團體大願獎」孩子的書屋文教基金會、「個人慈悲獎」王嘉納、「個人智慧獎」謝智謀。

◆ 林口分會啟用系列講座,20日邀請失智症專科醫師劉秀枝主講「失智跟你想的不一樣」,介紹失智症的徵兆、預防與治療,共有七十多人參加。

◆ 念佛會於臺北德貴學苑舉辦法器悅眾培訓課程,由演柱法師帶領,內容包括「梵唄與修行」講座、法器演練等,共有兩百多人參加。

◆ 20日及27日,美國東初禪寺舉辦網路英文佛學講座,邀請聖嚴師父西方法子吉伯·古蒂亞茲講解《心經》(*Heart Sutra*),有近八十人參加。

09.25

◆ 桃園齋明別苑舉辦佛學講座,由禪修中心副都監果醒法師主講「海水與波浪 —— 楞嚴禪心」,說明我們所感受到的外境、感覺、念頭和想法,就如同波浪一般,皆是有生滅、有來去的現象,而背後的真心自性就如同海水,從來不曾因為現象的來去起滅而有所變動,勉勵大眾,從觀念知見著手,認清顛倒見,再配合禪修,直到心不住相,能所雙亡,就能體驗到行解相應的實證知見,有近兩百人參加。

09.26

◆ 9月26日至12月26日,臺中寶雲寺週六舉辦「與願同行 —— 高僧傳」系列講座,由弘化發展專案召集人果慨法師主講,共七堂,介紹佛陀、龍樹大師、鳩摩羅什、智者大師、惠能大師、太虛大師,以及聖嚴師父的行儀,每堂皆有逾三百人參加。

◆ 臺東信行寺舉辦專題講座,由禪修中心副都監果醒法師主講「楞嚴禪心」,講述研習與實踐《楞嚴經》的心得,分享禪法與心法的妙用,有近六十人參加。

◆ 國際禪坐會於北投雲來寺舉辦禪一,由果禪法師擔任總護,共有四十人參加。

◆ 26至27日,榮譽董事會於法鼓文理學院舉辦禪悅營,由果舟法師擔任總護,學員藉由參與法會、體驗戶外禪,堅定修行與奉獻的願心,方丈和尚到場關懷,分享「三三二二」十念念佛方法,有近一百八十位榮董參加。

◆ 9月26日、12月26日,法青會於臺北德貴學苑舉辦心潮梵音祈福法會,由演信法師帶領,共有九十多人次參加。

09.27

◆ 基隆精舍舉辦禪一，由副寺果樞法師擔任總護，有近三十人參加。

◆ 蘭陽分院舉辦專題講座，由監院常法法師主講「《法華經》概說」，講析經中的大乘佛法精神，有近一百三十人參加。

◆ 臺東信行寺舉辦禪一，由常澂法師擔任總護，禪修中心副都監果醒法師開示禪法心要，有近七十人參加。

◆ 臺東信行寺舉辦中秋晚會，內容包括藝文表演、團康競賽等，並由禪修中心副都監果醒法師帶領月光禪，有近一百人參加。

09.28

◆ 慈基會祕書長常順法師率同專職、義工，參訪苗栗縣特殊教育關懷協會，並捐贈物資與教具。

09.30

◆ 由法鼓文理學院師生共創的「臺灣社會創新永續發展協會」，於臺北德貴學苑舉辦揭牌儀式，邀請前副總統陳建仁與校長惠敏法師揭牌，並由惠敏法師主講「博雅教育5X5倡議」，共有六十位師生參加。

◆ 9月30日至12月30日，人基會每月最後一週週三於臺北德貴學苑舉辦「2020培福有福心靈講座」，30日首場邀請衛生福利部國民健康署副署長賈淑麗主講「初心與公門」，分享融合護理人員的初心與公務人員的工作表現，發揮最大的救人利人力量，共有七十多人參加。

10月 OCTOBER

10.01

◆ 《人生》雜誌第446期出刊，本期專題「化慈悲為行動」。

◆ 《法鼓》雜誌第370期出刊。

◆ 法鼓文化出版新書：《法鼓全集2020紀念版》（聖嚴法師著）、《從比較的觀點看念住的實修方法》（*Perspectives on Satipatthana*）（法鼓文理學院譯叢系列，無著比丘Bhikkhu Analayo著，釋心承、劉雅詩、呂文仁譯）、《法鼓道風》（人間淨土系列，聖嚴法師著）、《老老實實的僧人本色 —— 淨海長老傳記》（智慧人系列，淨海長老傳記編輯小組編著）、《撞倒須彌 —— 漢傳佛教青年學者論壇論文集》（佛學會議論文彙編系列；釋果鏡、廖肇亨主編）。

◆ 《金山有情》季刊第74期出刊。

◆ 《法鼓文理學院校刊》第25期出刊。

◆ 《護法季刊》復刊第24期出刊。

◆ 1至2日，蘭陽分院舉辦《法華經》共修，由監院常法法師帶領，有近一百八十人次參加。

◆ 1至4日，桃園齋明寺舉辦佛三暨八關戒齋，由文化中心副都監果賢法師主法，有近一百人參加。

10.03

◆ 3至10日，北投農禪寺舉辦初階禪七，由監院果毅法師擔任總護，有近一百二十人參加。

◆ 臺北安和分院舉辦半日禪，由常弘法師擔任總護，共有六十多人參加。

◆ 3至10日，禪堂於臺東信行寺舉辦中階禪七，由演揚法師擔任總護，共有六十二人參加。

◆ 3日、24日及30日，法青會於臺北德貴學苑舉辦「生活禪工作坊」，由禪修中心副都監果醒法師帶領，共有八十多位學員參加。

10.04

◆ 桃園齋明別苑舉辦佛學講座，由常耀法師主講「佛典故事導讀」，介紹《六度集經》、《大莊嚴論經》中的佛典故事，共有七十多人參加。

◆ 法鼓山社大於臺北德貴學苑舉辦《乍回頭　那燈火闌珊處 ── 法鼓山社會大學的光合作用》新書發表會，包括方丈和尚果暉法師、校長曾濟群，共有一百多位講師及學員參加。

◆ 榮譽董事會於新北市新店和美山步道舉辦戶外禪，由演本法師擔任總護，有近六十位北一區榮董參加。

◆ 4日及11日，美國東初禪寺舉辦網路英文佛學講座，邀請聖嚴師父西方法子吉伯‧古蒂亞茲主講「禪心 ── 從大般若波羅蜜多探究『心』」（The Heart of Chan: Exploring Mind via the Mahaprajna Paramita），有近八十人參加。

10.06

◆ 方丈和尚果暉法師應人基會與國立教育廣播電臺共同製播的《幸福密碼》節目之邀，分享面對後疫情時代下的新常態（New Normal）及從事社會關懷的態度與方法，訪談內容並於2021年元旦當日播出。

10.07

◆ 10月7日至12月9日，高雄紫雲寺週三舉辦生活講座，邀請成功大學經濟系教授許永河主講「《四十二章經》的智慧」，有近一百人參加。

10.08

◆ 法行會於臺北國賓飯店舉辦例會，由弘化發展專案召集人果慨法師主講「法鼓山水陸法會的修持與時代意義」，共有一百八十多人參加。

10.09

◆ 10月9日至11月1日，法鼓山陸續於全臺分支道場舉辦八場「2020第二十七屆佛化聯合祝壽」，內容包括祈福延壽法會、聆聽聖嚴師父2008年對家中寶的開示祝福、供燈、佛曲表演、感恩奉茶等，有近一千五百位長者接受祝福。

◆ 9至10日，蘭陽分院舉辦精進禪二，由監院常法法師擔任總護，有近四十人參加。

10.10

◆ 10月10日至12月19日，美國舊金山道場每週六舉辦線上佛學課程，由監院常惺法師主講「佛法入門」，有近一百五十位學員參加。

10.11

◆ 護法總會文山分會舉辦新址灑淨啟用典禮，由僧團都監常遠法師主法，方丈和尚果暉法師到場祝福，有近四百人參加。

◆ 林口分會啟用系列講座，11日由僧大教務長常啟法師主講「《維摩經》的智慧與生命實踐」，強調堅定成道信心，精勤修行，具體實踐佛法，就能成就無上菩提，共有八十多人參加。

10.13

◆ 13至14日，僧團於法鼓山園區舉辦「2020梵唄培訓 ── 網路監香及水陸法會祈願壇」，共有一百三十二位僧眾參加。

◆ 法緣會於北投雲來寺舉辦Fun鬆一日禪，由常襄法師擔任總護，共有六十多人參加。

10.14

◆ 10月14日、12月30日，僧大「作務與弘化」課程，邀請淡江大學資訊工程系兼任助理教授楊麗香，開授「任務大挑戰，打造優質專案」工作坊，提昇學僧的團隊溝通技巧。

10.15

◆ 15至18日，法鼓山於園區舉辦自我超越禪修營，由僧團都監常遠法師擔任總護，共有一百零二位學員參加。

◆ 方丈和尚果暉法師於北投雲來寺大殿，對僧團法師、全體專職精神講話，主題是「去貪行慈」，全臺各分院道場同步視訊連線聆聽開示，共有兩百二十多人參加。

◆ 10月15日至2021年1月22日，關懷院週日於城中分會舉辦大事關懷課程，共八堂，以臨終關懷、往生助念為主題，由助念團悅眾帶領，有近六十人參加。

10.16

◆ 10月16日至2021年1月22日，關懷院週五於樹林共修處舉辦大事關懷課程，共八堂，以臨終關懷、往生助念為主題，由助念團悅眾帶領，有近三十人參加。

◆ 護法總會與法鼓文理學院共同舉辦「勸募會員返校日」，安排勸募會員至校園參觀、共修。16至18日展開第一梯次的校園巡禮，有近九十位城中、海山分會的會眾參加。

10.17

◆ 北投農禪寺舉辦慈悲三昧水懺法會，由果仁法師主法，共有一千多人參加。

◆ 蘭陽分院「培福有福」系列講座，17日邀請臺灣師範大學特殊教育學系副教授劉秀丹主講「幸福，好好聽、好好說」，分享有效溝通三要素：諦聽、愛語、真誠實在，透過好好聽、好好說，創造幸福和諧的人際互動，有近一百五十人參加。

◆ 10月17日至11月22日，慈基會於全臺各地舉辦「第三十七期百年樹人獎助學金」頒發活動，共四十五場，共有一千一百八十二位學子受獎。

◆ 10月17日至2021年1月23日，林口分會週六舉辦「做自己人生的GPS」課程，共七堂，由人基會心六倫宣講團以講座模式，與學員互動，引導覺察自我，建立正確的自我定位與人生目標，每堂均有三十多人參加。

◆ 教聯會於臺北德貴學苑舉辦「心靈環保教學研習營」，分享心靈環保的教學經驗，創造校園幸福學，並邀請臺北醫學大學臨床醫學研究所教授張育嘉主講「心靈環保的理念與方法」，有近二十位國小教師參加。

10.18

◆ 18至20日，桃園齋明寺舉辦精進禪二，由果澔法師擔任總護，有近五十人參加。

◆ 桃園齋明寺舉辦香積組上行堂培訓課程，由悅眾分享義工的心態、威儀、格局，以及出坡流程、注意細節等，監院果弘法師到場關懷，有近四十人參加。

◆ 桃園齋明別苑舉辦專題講座，邀請屏東大學中文系副教授林其賢主講「談情說愛 ── 聖嚴法師的情感倫理觀」，共一百三十多人參加。

◆ 桃園齋明別苑舉辦半日禪，由演薰法師擔任總護，共有五十多人參加。

◆ 臺中寶雲寺於寶雲別苑舉辦戶外禪，由果雲法師擔任總護，共有六十多人參加。

◆ 南投德華寺舉辦禪一，由副寺常庵法師擔任總護，有近二十人參加。

◆ 10月18日、11月18日，高雄紫雲寺舉辦佛學講座，由常慶法師主講「梁皇寶懺之懺悔法門」，說明「心心懺悔，罪業自滅」，懺悔法門最是出苦方便，鼓勵大眾透過「拜懺」，啟動生命的轉變，有近兩百四十人次參加。

◆ 人基會「家長陪伴成長」系列課程，18日邀請芯福里情緒教育推廣協會心理師張嘉紋

主講「幼兒情緒教育與教養」，引導家長學習成為孩子的情緒教練。

◆ 中區法行會於臺中寶雲寺舉辦第九屆第一次會員大會，寺院管理副都監果理法師到場關懷，除了推舉第九屆會長，並安排觀賞聖嚴師父紀實電影《本來面目》，一起走入師父實踐佛法的生命行旅，有近六十人參加。

◆ 義工團於北投雲來別苑舉辦成長課程，由弘化發展專案召集人果慨法師講授「安心法門」，並由資深悅眾分享義工經驗與行儀，果舟法師到場關懷，共有八十多人參加。

◆ 10月18日至12月20日，美國東初禪寺週日舉辦網路英文佛學講座，監院常華法師導讀《百法明門論》（The Introduction of the One Hundred Dharmas in Yogacara），有近七十人參加。

◆ 10月18日、11月1日及12月6日，美國洛杉磯道場舉辦網路「Fun心・工作趣」講座，由三位悅眾分別以「對立與雙贏」、「覺醒的自覺」、「補位的精神」為主題，與青年交流，監院常悅法師亦參與討論，以佛法角度解答生涯的疑惑與問題。

10.19

◆ 10月19日至2021年1月4日，護法總會、慈基會週一於文山分會舊址舉辦「文山歡樂屋」活動，為社區長者提供安頓身心的系列課程，內容包括園藝盆栽、手作DIY、法鼓八式動禪等，有近二十位長者參加。

10.21

◆ 10月21日至12月16日，青年院週三於臺北德貴學苑舉辦樂齡關懷工作坊，邀請佛教蓮花基金會董事張寶方帶領，內容包括如何與長者溝通、互動，以及同理心學習、心態之調整等，共有三十六位青年學員參加。

◆ 10月21日至12月31日，法鼓山社大於臺大醫院金山分院舉辦「銀齡樂活・共學安老」活動，展出「作夥畫圖寫字真趣味班」繪畫作品，21日並舉辦啟展茶會，社大校長曾濟群、金山分院院長張志豪到場關懷與祝福。

◆ 僧大舉辦專題講座，邀請中央研究院中國文哲研究所研究員廖肇亨主講，主題是「禪悅為食 ── 舌尖上的禪宗公案義蘊探析」，帶領學僧優游禪師的味覺饗宴，品嘗禪悅的滿溢清香。

10.22

◆ 22至25日，法鼓山於園區舉辦社會菁英禪修營精進禪三，由演捨法師擔任總護，共有四十五人參加。

10.23

◆ 完整收錄聖嚴師父中文著作的《法鼓全集》2020紀念版出版後，僧團陸續贈閱海內外各大圖書館、大學院校、佛學院等，期使將師父的智慧寶藏，分享給各地讀者。10月23日兩場贈書儀式，分別於高雄市立圖書館、中山大學舉辦，退居方丈果東法師、文

化中心副都監果賢法師代表贈與《法鼓全集》，由館長潘政儀、校長鄭英耀代表接受贈書。

◆ 23至25日，基隆精舍於法鼓山園區舉辦精進禪二，由副寺果樞法師擔任總護，共有三十多人參加。

◆ 傳燈院於北投雲來別苑舉辦精進禪二，由演醒法擔任總護，有近六十人參加。

10.24

◆ 24至25日，桃園齋明寺舉辦秋季報恩法會，因應防疫政策，節制與會人數，並以視訊直播壇場畫面，方丈和尚果暉法師於25日到場關懷，並開示誦經、念佛，就是知恩報恩、飲水思源，每日均有逾千人次上網同步祈福。

◆ 護法總會「勸募悅眾成長營」，24日於臺南分院展開，護法總會副都監常遠法師、退居方丈果東法師及護法總會副總會長鄭泗滄到場關懷，共有七十五位臺南、嘉義勸募悅眾參加。

◆ 榮譽董事會於新北市坪林舉辦戶外禪，由演啟法師擔任總護，有近八十位北二區榮董參加。

◆ 泰國護法會舉辦禪一、由悅眾擔任總護，共有二十多人參加。

10.25

◆ 法鼓文理學院人文社會學群於北投農禪寺舉辦「終身學習菩薩行」工作坊，由學群長陳定銘帶領楊蓓、黃信勳、辜琮瑜、葉玲玲等多位師長，分享如何將智識學習融合生命經驗，成為終身學習的人間菩薩行者，有近一百人參加。

◆ 林口分會啟用系列講座，25日邀請《點燈》節目製作人張光斗主講「捕捉聖嚴師父的智慧行腳」，分享人生風景與聖嚴師父帶來的生命啟發，共有九十多人參加。

◆ 加拿大溫哥華道場舉辦網路英文禪一，由聖嚴師父西方弟子李世娟（Rebecca Li）擔任總護，共有三十多人參加。

10.28

◆ 10月28日至11月4日，禪堂舉辦初階禪七，由常諗法師擔任總護，有近九十人參加。

◆ 人基會「2020培福有福心靈講座」，28日由禪堂板首果興法師主講「身心 —— 淨土的生命故事」，以自身的成長經歷，並以聖嚴師父的教導開示，說明人間淨土的實現在於人人實踐菩薩道的修行，有近一百五十人參加。

10.29

◆ 北投農禪寺舉辦禪一，由常鐘法師擔任總護，有近八十人參加。

10.30

◆ 法鼓文理學院校長惠敏法師應南臺科技大學「通識教育大師講座」之邀，於該校主講「為何要睡覺？睡眠與禪定」，講授「睡眠科學」的正確觀念與知識，勉勵學子養成良好作息與健康的生活習慣，提高免疫力，專注學習，包括校長盧燈茂，共有兩百三十多位師生參加。

10.31

◆ 桃園齋明寺於東眼山森林步道舉辦戶外禪，由果澔法師擔任總護，共有四十多人參加。
◆ 國際禪坐會於北投雲來寺舉辦禪一，由演醒法師擔任總護，共有十多人參加。
◆ 普化中心於北投農禪寺舉辦心靈環保讀書會共學活動帶領人基礎培訓課程，內容包括聖嚴師父的思想與寫作、讀書會心要、有效讀書四層次解讀法等，由副都監果毅法師、信眾教育院監院常用法師、資深讀書會帶領人方隆彰帶領，共有一百一十六位學員參加。
◆ 10月31日至11月1日，關懷院於北投雲來別苑舉辦「2020大事關懷悅眾成長營」，由僧團法師及助念團資深悅眾，分享大事關懷的理念及實務經驗，共有一百零八位地區正、副召委，以及助念組正、副組長參加。
◆ 10月31日至11月11日，人基會於臺北德貴學苑舉辦「幸福體驗親子營」，以心六倫為核心，包括戲劇表演、親子共學、品德教養等內容，有近五十位學齡前兒童與家長參加。
◆ 教聯會於臺北德貴學苑舉辦「心靈環保教學研習營」，分享心靈環保的教學經驗，創造校園幸福學，並邀請臺北醫學大學臨床醫學研究所教授張育嘉主講「心靈環保的理念與方法」，有近三十位國中教師參加。

11月 NOVEMBER

11.01

◆ 《人生》雜誌第447期出刊，本期專題「護生，從正念飲食開始」。
◆ 《法鼓》雜誌第371期出刊。
◆ 法鼓文化出版新書：《拜佛禪》（智慧人系列，釋繼程著）、《聖嚴研究第十三輯——聖嚴法師圓寂十週年國際研討會論文集》（聖嚴思想論叢系列，聖嚴教育基金會學術研究部編）、《阿彌陀佛50問》（學佛Q&A系列，法鼓文化編輯部編著）、《聖嚴法師教禪坐（四版）》（聖嚴書院系列，聖嚴法師著）、《八十八佛大懺悔文》（平安鈔經本系列）。
◆ 新竹精舍舉辦專題講座，由禪修中心副都監果醒法師主講「楞嚴禪心」，共有八十多人參加。

◆ 臺中寶雲寺舉辦佛一，由監院果理法師帶領，勉勵大眾以朝聖的心來精進念佛，倚仗佛菩薩及自心的力量，讓心覺醒，進而體驗「是心作佛，是心是佛」的境界，共有兩百多人參加。

◆ 高雄紫雲寺舉辦慈悲三昧水懺法會，由果增法師主法，有近四百五十人參加。

◆ 11月1日至2021年1月23日，文山分會週六或日舉辦啟用系列講座，共七場。1日進行首場，由護法總會副總會長許仁壽主講「禪悅人生」，分享禪悅的生活態度，有近一百一十人參加。

◆ 義工團於北投雲來寺舉辦「接待組成長課程」，由僧團都監常遠法師、弘化發展專案召集人果慨法師及悅眾等授課，方丈和尚果暉法師到場關懷，有近一百人參加。

11.03

◆ 3日及10日，桃園齋明別苑舉辦佛學講座，由副寺常林法師主講「梁皇寶懺修行法要」，有近三百五十人次參加。

11.04

◆ 僧大舉辦專題講座，由常智法師主講「佛教的讚偈」，帶領學僧透過曲調格律、文義詮解，重新體會佛曲的內涵，領受讚偈之美。

11.05

◆ 法行會於臺北國賓飯店舉辦例會，由退居方丈果東法師主講「珍惜相遇的每個因緣，感恩生命的起承轉合」，共有兩百三十多人參加。

11.06

◆ 11月6日至12月18日，美國舊金山道場每週五舉辦網路專題講座，邀請戲劇博士祝仲華主講「人生如戲‧戲如人生」，介紹戲劇的起源、歷史，以及包含的元素如燈光、舞臺、服裝、表演、劇本、音樂等，有近六十人參加。

11.07

◆ 高雄紫雲寺舉辦「法鼓青年開講」，邀請芒草心慈善協會社工李佳庭主講「你不知道的遊民生活」，分享無家者的生命故事，重新省思自己的價值與定位，勇於實踐，讓世界更美好，共有六十多人參加。

◆ 高雄紫雲寺舉辦專題講座，由法鼓文理學院社會企業與創新學程主任葉玲玲主講「創造美好晚年基本功」，分享老化的保健、預防之道，有近一百一十人參加。

◆ 青年院於臺北德貴學苑舉辦禪一，由演無法師擔任總護，共有二十多人參加。

◆ 護法總會於北投雲來寺舉辦專題講座，邀請聯電榮譽董事長曹興誠主講「聖嚴師父啟發下的佛法研究心得——大道至簡的佛法」，包括方丈和尚果暉法師、護法總會總會

長張昌邦等，共有三百多人參加。

◆ 新店分會舉辦專題講座，由法鼓文理學院助理教授辜琮瑜主講「好心，好世界」，說明若能掌握心靈環保的觀念並實踐，就可以創造出心中的良善，共有八十多人參加。

◆ 教聯會於臺北市大屯自然公園二子坪舉辦「教師心靈環保一日營」，進行戶外禪，由演本法師帶領，共有四十多人參加。

◆ 11月7日至12月12日，美國洛杉磯道場每週六舉辦網路佛學講座，邀請聖嚴師父西方法子吉伯・古蒂亞茲（Gilbert Gutierrez）主講「從一開始就發展 —— 學習禪的根源和早期教導」（Development of Chan from the Benning），有近六十人參加。

11.08

◆ 臺北安和分院舉辦禪一，由常弘法師擔任總護，有近四十人參加。

◆ 臺中寶雲寺於寶雲別苑舉辦戶外禪，由果雲法師帶領，共有六十多人參加。

◆ 林口分會啟用系列講座，8日邀請資深媒體人陳月卿主講「轉個彎，生命無限寬廣」，說明轉念不執著，生命就有無限可能，共有六十多人參加。

◆ 文山分會啟用系列講座，8日邀請邀請《點燈》節目製作人張光斗主講「點燈，發現人生好風景」，分享聖嚴師父對自己生命的啟發，共有七十多人參加。

11.10

◆ 法鼓文理學院於臺北德貴學苑舉辦專題講座，邀請南山放生寺住持演觀法師主講「原鄉社企與長照」，分享於臺東縣偏鄉成立社會企業的心路歷程，有近五十人參加。

11.11

◆ 11月11日至12月11日，中華佛研所、法鼓文理學院舉辦「雲端上的神聖場域」工作坊，共三場，邀請歷史、文學、數位化相關學者，分享「中國佛教寺廟志」的研究成果。11月11日進行首場，由清華大學通識教育中心助理教授張繼瑩講授「明清方志面面觀」，從史學角度，解析方志的源流、體例與功能。

11.14

◆ 北投農禪寺於臺北市外雙溪步道、美崙公園舉辦戶外禪，由常琨法師擔任總護，有近一百人參加。

◆ 馬來西亞道場監院常藻法師受邀於馬來西亞佛教會青年總會舉辦的「向前有路」系列活動中，與總會長陳健良對談「疫亂心不亂」，有近三百人參加。

11.15

◆ 人基會「家長陪伴成長」系列課程，15日邀請牙醫師李奕瑋主講「學齡前孩童齒顎」，共有二十多人參加。

11.18

◆ 中華佛研所、法鼓文理學院「雲端上的神聖場域」工作坊，18日邀請臺灣大學數位人文研究中心博士後研究人員曹德啟主講「中古寺院巡禮 —— 以DocuSky平台再讀《洛陽伽藍記》」，帶領實際操作「DocuSky 數位人文學術研究平台」。

◆ 加拿大溫哥華道場監院常悟法師應英國劍橋大學佛學社（Cambridge University Buddhist Society, CUBS）之邀，透過網路視訊，舉辦佛法講座，講題是「發現和感受喜悅」（Finding and Feeling Joy），共有四十五人參加。

11.19

◆ 美國舊金山道場舉辦網路禪一，由常源法師擔任總護，共有四十多人參加。

11.21

◆ 21至28日，法鼓山於園區啟建「2020年 第十四屆大悲心水陸法會」，共十二個壇場；法會期間藉由線上直播，全球各地分支道場、護法總會分會、共修處，共四十五處據點同步展開。

11.25

◆ 人基會「2020培福有福心靈講座」，25日邀請國防部軍醫局副局長蔡建松主講「挽救您的心」，介紹末期心臟衰竭患者的治療方式及日常保健方式，共有六十多人參加。

11.26

◆ 加拿大溫哥華道場監院常悟法師應溫哥華海岸衛生局（Vancouver Coastal Health）、列治文整體善終照護小組（Richmond Integrated Hospice Palliative Care Team）之邀，於其透過網路視訊進行的「跨宗教臨終關懷座談會」，與聯合基督教會（United Church）牧師馬奇·瓦特哈蒙（Rev. Maggie Watts-Hammond）、羅馬天主教神父羅伯特·王（Fr. Robert K Wong）與談，分享佛教的臨終關懷。

11.30

◆ 11月30日至12月31日，法鼓文理學院舉辦「圖書館週」活動，本年度主題「正念樂活」，內容包括主題演講、電影欣賞、書題書展、中西參大賽及五分鐘書評等活動。

12月 DECEMBER

12.01

◆ 《人生》雜誌第448期出刊，本期專題「將佛法的美好獻給您 ── 《法鼓全集》2020紀念版」。

◆ 《法鼓》雜誌第372期出刊。

◆ 法鼓文化出版新書：《華嚴與諸宗之對話》（漢傳佛教論叢系列，陳英善著）、《48個願望 ── 無量壽經講記（大字版）》（家中寶系列，聖嚴法師著）、《禪的體驗‧禪的開示（簡體版）》（禪修指引系列，聖嚴法師著）、《人間淨土 ── 理論與實踐》（人間淨土系列，聖嚴法師著）、《普賢十大願王》（丹青妙法書法鈔經本系列）。

◆ 《中華佛學研究》第21期出刊。

◆ 僧團於國家圖書館舉行《法鼓全集》2020紀念版贈書儀式，方丈和尚果暉法師代表贈與《法鼓全集》，由館長曾淑賢代表接受。

◆ 《法鼓文苑》第11期出刊，本期專題「善財童子出任務 ── 尋找防疫善知識」，回應與反思新冠肺炎疫情的現象。

12.02

◆ 僧團於屏東大學、美和科技大學舉行《法鼓全集》2020紀念版贈書儀式，退居方丈果東法師代表贈與《法鼓全集》，分別由校長古源光、翁順祥代表接受。

◆ 法青會於新北市三峽鴻欣護理之家舉辦樂齡關懷活動，由演信法師帶領二十多位法青，以念佛、藝文表演等陪伴長者，傳遞關懷與祝福。

12.03

◆ 法行會於臺北國賓飯店舉辦十九週年晚會，方丈和尚果暉法師、護法總會副都監常遠法師等到場關懷，共有四百二十多人參加。

12.04

◆ 4至6日，傳燈院於北投雲來別苑舉辦輔導學長成長營，由果醒法師、果賢法師及演一法師帶領，共有六十人參加。

12.05

◆ 5至12日，禪堂舉辦默照禪七，由禪修中心副都監果醒法師主七，禪堂監院常乘法師擔任總護，共有九十多人參加。

◆ 禪堂於臺東信行寺舉辦初階禪七,由演醒法師擔任總護,有近六十人參加。

◆ 護法總會「方丈和尚抵溫叨 —— 地區巡迴關懷」,5日在蘭陽分院展開,方丈和尚果暉法師偕同服務處監院常應法師、總會長張昌邦、副總會長李子春等,與護法老、中、青信眾,歡喜以法相聚,方丈和尚勉勵大眾,隨時念「觀音菩薩」,以智慧面對生命難關,共有一百五十多人參加。

◆ 新店分會舉辦專題講座,由文化中心副都監果賢法師主講「人人是貴人」,期勉大眾練習做到「怨親平等」、「遠近平等」,進一步做到「自他平等」,亦即自我消融,才能真正消除煩惱,共有一百七十多人參加。

12.06

◆ 6至27日,臺北安和分院每週日舉辦專題講座,由禪修中心副都監果醒法師主講「楞嚴禪心」,講述研習、講說與實踐《楞嚴經》的心得,並結合禪宗祖師語錄,分享禪觀、生活實踐與心性修行方法,有近三百人參加。

◆ 臺北中山精舍舉辦Fun鬆一日禪,由悅眾帶領,共有三十多人參加。

◆ 基隆精舍舉辦佛一,由副寺果樞法師帶領,共有四十多人參加。

◆ 榮譽董事會於北投農禪寺舉辦全球悅眾聯席會議,方丈和尚果暉法師、僧團都監常遠法師出席關懷,有近一百一十位悅眾參加。

◆ 美國東初禪寺舉辦網路英文佛學講座,邀請聖嚴師父西方弟子李世娟主講「禪修者的法喜」(Cultivating Appreciative Joy as a Chan Practitioner),有近七十人參加。

◆ 美國東初禪寺舉辦網路週日講座,由象岡道場監院常護法師主講「絕對滿願 —— 準提菩薩法」,有近七十人參加。

12.07

◆ 桃園市政府民政局局長陳靜航、副局長陳茹文率同三十二位同仁,前往新北市金山環保生命園區參訪,由關懷院監院常哲法師、生命園區主任陳高昌陪同,觀摩植存的理念及運作方式。

12.08

◆ 法鼓文理學院舉辦專題講座,邀請中央研究院歐美研究所特聘研究員單德興主講「訪談的技藝」,有近兩百人參加。

12.11

◆ 傳燈院於北投雲來別苑舉辦精進禪二,由演柱法師擔任總護,有近六十人參加。

◆ 中華佛研所、法鼓文理學院「雲端上的神聖場域」工作坊,11日邀請成功大學中文系助理教授簡凱廷主講「佛寺志的利用與研究 —— 從『中國佛教寺廟志數位典藏』談起」,有近五十人參加。

12.12

◆ 12月12日至2021年2月6日，慈基會於全臺各地分院及護法總會分會，舉辦「109年度歲末關懷」系列活動，內容包括點燈儀式、致贈慰問金及物資等，共關懷兩千一百多戶家庭。

◆ 12至19日，護法總會於三峽天南寺舉辦「悅眾禪修營」，由僧團都監常遠法師、服務處監院常應法師帶領，共有六十五位轄召、正副召委及會團長參加。

◆ 文山分會啟用系列講座，12日由僧團都監常遠法師主講「廣結善緣，修學佛法」，共有一百二十多人參加。

◆ 12月12日至2021年1月15日，法青會週五或六於臺北德貴學苑舉辦「生活禪工作坊」，共五堂，由禪修中心副都監果醒法師帶領，有近一百位學員參加。

12.13

◆ 護法總會「方丈和尚抵溫叨 ── 地區巡迴關懷」，13日在宜蘭分會展開，方丈和尚果暉法師偕同服務處監院常應法師、總會長張昌邦、副總會長李子春等，與護法老、中、青信眾，歡喜以法相聚，方丈和尚勉勵資深鼓手照顧好色身，修行的路走得更穩更遠，共有八十多人參加。

◆ 林口分會啟用系列講座，13日由法鼓文理學院生命教育學程助理教授辜琮瑜主講「三生有幸·生生平安」，共有五十多人參加。

◆ 13日及20日，美國東初禪寺舉辦網路週日講座，由象岡道場監院常護法師主講「開啟無量珍寶 ──《華嚴經》導讀」，有近九十人參加。

12.18

◆ 18至20日，青年院於法鼓山園區舉辦禪二，由演信法師擔任總護，共有三十多人參加。

◆ 關懷院每月第三週週五於臺北德貴學苑舉辦讀書會，共讀聖嚴師父著作《幸福告別》，12月18日進行首場，監院常哲法師到場關懷，有近二十位新北市金山環保生命園區及助念團義工參加。

◆ 18至19日，聖基會於臺大集思會議中心舉辦「第六屆近現代漢傳佛教論壇」，以「漢傳佛教在臺灣」為主題，共有二十三位學者及教界代表參與五場論文發表、兩場圓桌論壇，內容涵蓋人間佛教、全球化、多元傳承、女性教團、新宗義與新宗派等議題。

12.19

◆ 蘭陽分院「培福有福」系列講座，19日邀請中央大學認知神經科學研究所榮譽教授洪蘭主講「快樂，自己製造」，從大腦研究領域探討如何開啟快樂之門，指出人有足夠能力「自己」製造快樂，成功與否在於是否建立正確的心態，有近兩百五十人參加。

◆ 桃園齋明別苑舉辦心光講堂，邀請桃園高中校長游文聰主講「生命教育與佛法」，從佛法思惟介紹教育新制108新課綱，共有八十五人參加。

◆ 高雄紫雲寺舉辦專題講座，由禪修中心副都監果醒法師主講「相信的世界VS.體驗的世界」，說明每個當下都是體驗的世界，沒有相信的世界，所以一人一世界，唯有不斷練習心無所住，處於無所照而無所不照的普照狀態，才能與諸佛同見同行，共有兩百二十多人參加。

◆ 19至26日，禪堂舉辦中階禪七，由方丈和尚果暉法師主七，常諗法師擔任總護，有近九十人參加。

◆ 文山分會啟用系列講座，19日邀請臺大醫院家庭醫學科主任蔡兆勳主講「以病人為師，面對死亡的智慧」，有近七十人參加。

12.20

◆ 臺中寶雲寺於臺中公園舉辦戶外禪，由果雲法師擔任總護，共有六十多人參加。

◆ 南投德華寺舉辦戶外禪，由副寺常庵法師擔任總護，共有二十多人參加。

◆ 高雄法青於紫雲寺禪公園廣場舉辦「為世界祈福音樂會」，以音聲、和弦為世界祝福，共有六十多人參加。

12.22

◆ 12月22日至2021年3月2日，法青會每週二於臺北德貴學苑舉辦佛學課程，由演無法師等導讀聖嚴師父著作《正信的佛教》，共有二十多人參加。

12.25

◆ 25至27日，北投農禪寺舉辦佛三暨八關戒齋，為照護民眾身心安全，提昇防疫規格，採網路直播共修，由果仁法師線上授戒，共有逾千人次參加。

◆ 25至27日，高雄紫雲寺舉辦精進禪二，由果稱法師擔任總護，共有七十五人參加。

◆ 25至27日，臺東信行寺舉辦精進禪二，由監院常覺法師擔任總護，共有五十多人參加。

12.26

◆ 法鼓山於三峽天南寺舉辦社會菁英禪修營共修會，由演正法師擔任總護，有近六十人參加。

◆ 臺南分院舉辦生命長河座談會，以「說世間情談生死關懷 —— 聖嚴法師的情感倫理與生死關懷」為主題，邀請屏東大學中文系副教授林其賢、屏東醫院家醫科醫師許禮安、成功大學附設醫院護理部督導長邱智鈴，與退居方丈果東法師展開座談，有近三百四十人參加。

◆ 國際禪坐會於北投雲來寺舉辦禪一，由演無法師擔任總護，共有十多人參加。

◆ 法鼓文理學院舉辦校園體驗之旅，由佛教學系師生介紹課程特色、帶領參訪校園，有近三十位有意投考碩士班、博士班的學子參加。

◆ 僧大舉辦專題講座，邀請香港中文大學人間佛教研究中心主任陳劍鍠，以「聖嚴師父的禪淨思想及其體證——以『淨念相繼』的詮釋為核心」為題，透過視訊，與僧大近七十位師生分享聖嚴師父的思想源流與實踐。

◆ 榮譽董事會於桃園齋明寺舉辦聯誼會，會中觀看聖嚴師父紀實電影《本來面目》，有近八十位北五區榮董參加。

◆ 文山分會啟用系列講座，26日邀請資深媒體工作者陳月卿主講「健康從心開始」，有近六十人參加。

◆ 泰國護法會舉辦禪一、由常空法師擔任總護，有近三十人參加。

12.27

◆ 臺北安和分院舉辦禪一，由常弘法師擔任總護，有近九十人參加。

◆ 12月27日至2021年1月30日，桃園齋明寺週六或日舉辦「法華三昧懺儀」研習講座，共六堂，由弘化發展專案召集人果慨法師主講，有近三百人參加。

◆ 護法總會「方丈和尚抵溫叨——地區巡迴關懷」，27日在雙和分會展開，方丈和尚果暉法師偕同常應法師、總會長張昌邦等，與護法老、中、青信眾，歡喜以法相聚，方丈和尚以「直心是道場」，勉勵大眾，若心時時與佛法在一起，任何地方都是道場，共有一百一十多人參加。

◆ 林口分會啟用系列講座，27日由文化中心副都監果賢法師主講「慈悲喜捨種福田」，說明慈是予樂，悲是拔苦，喜是隨喜，捨是平等，是謂四無量心，期勉大眾練習看到他人的優點，學習隨喜讚嘆他人，有近一百人參加。

◆ 美國東初禪寺舉辦網路英文佛學講座，邀請聖嚴師父西方法子吉伯‧古蒂亞茲主講「禪坐——理論與實踐」（Chan Meditation: Theory and Practice），有近一百一十人參加。

◆ 美國東初禪寺舉辦網路週日講座，由象岡道場監院常護法師主講「表裡如一的通透——《藥師經》導讀」，有近七十人參加。

12.28

◆ 美國東初禪寺於象岡道場舉辦「108〈大悲咒〉全球祈福線上法會」，由監院常華法師等帶領持誦〈大悲咒〉一百零八遍，祈求2021年人人平安自在、世界安定祥和，有近四百二十人參加。

12.30

◆ 法鼓山社大於臺北德貴學苑舉辦「悅眾成長營」，內容包括主題演講、禪修體驗、成果分享等，有近一百位來自三校區悅眾、義工菩薩參加。

◆ 法鼓山應雲林縣古坑鄉草嶺村石壁社區之邀，協助辦理抗日英雄骨骸入土儀式，由慈基會祕書長常順法師、臺南分院果明法師及地區悅眾，與三十五位當地居民共同誦念《心經》、〈大悲咒〉，超薦亡靈。

◆ 法鼓文理學院舉辦專題講座，邀請臺北藝術大學博物館研究所副教授黃貞燕主講「民間傳統的當代傳承與博物館 」，分享民間傳統與文化保存，共有四十多位師生參加。

◆ 人基會「2020培福有福心靈講座」，30日由僧大副院長常寬法師主講「自然、和諧、平衡」，共有九十多人參加。

【附錄】

法鼓山2020年主要法會統計

◎ 國內（分院、精舍）

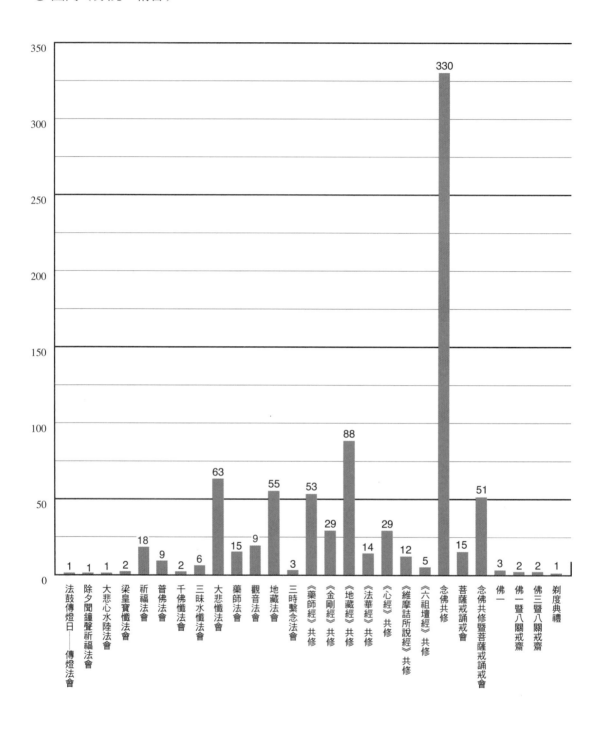

◎ 海外（道場、分會）

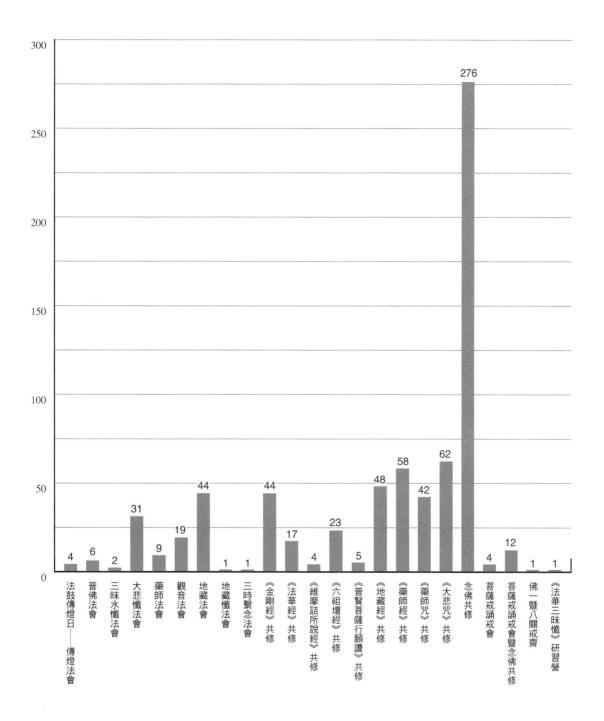

法鼓山2020年主要禪修活動統計

◎ 國內（分院、精舍）

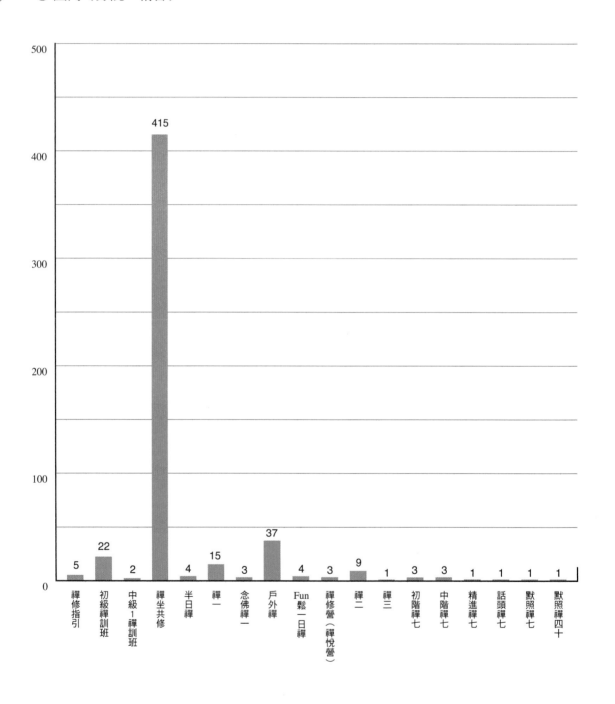

◎ 海外（道場、分會）

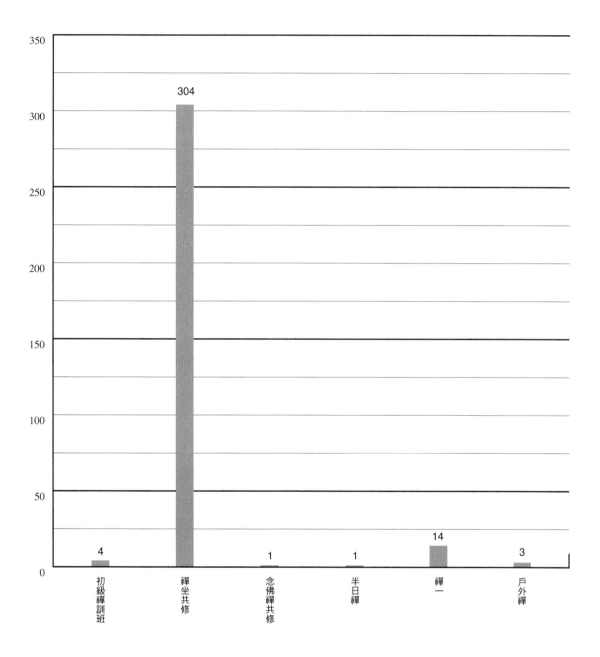

法鼓山2020年主要佛學推廣課程統計

◎ 信眾教育院

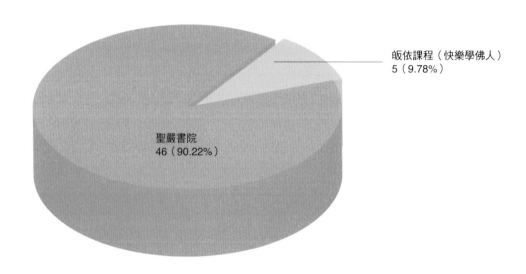

皈依課程（快樂學佛人）
5（9.78%）

聖嚴書院
46（90.22%）

◎聖嚴書院

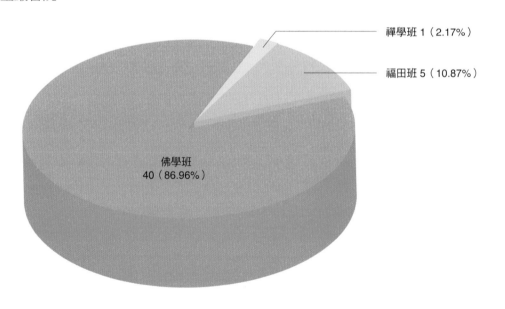

禪學班 1（2.17%）

福田班 5（10.87%）

佛學班
40（86.96%）

法鼓山2020年心靈環保讀書會推廣統計

◎ 全球

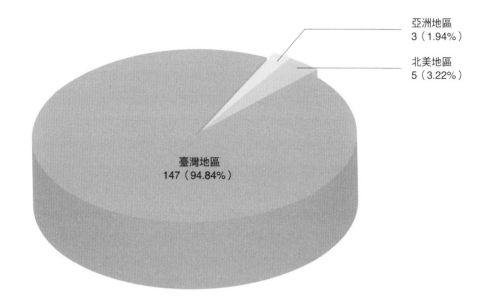

亞洲地區
3（1.94%）

北美地區
5（3.22%）

臺灣地區
147（94.84%）

◎ 臺灣

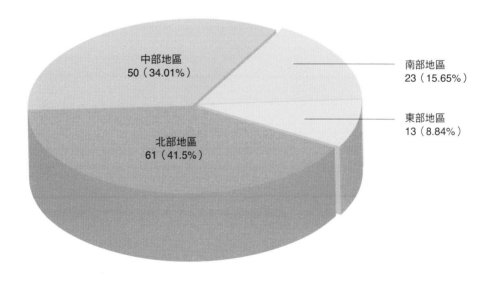

中部地區
50（34.01%）

南部地區
23（15.65%）

東部地區
13（8.84%）

北部地區
61（41.5%）

法鼓山2020年主要出版品一覽

◎ 法鼓文化

出版月份	書名
1月	《培福有福——廣結善緣，大家來培福；感恩知足，人人有幸福。》（人間淨土系列，聖嚴法師著，法鼓文化編輯部選編）
	《48個願望——無量壽經講記（二版）》（現代經典系列，聖嚴法師著）
	《福慧自在——金剛經講記與金剛經生活（大字版，二版）》（家中寶系列，聖嚴法師著）
2月	《出家50問》（學佛Q&A系列，法鼓文化編輯部編著）
	《佛法的知見與修行》（學佛入門系列，聖嚴法師著）
3月	《楞嚴禪心》（智慧人系列，釋果醒著）
4月	《歸程（四版）》（寰遊自傳系列，聖嚴法師著）
	《聖嚴法師教話頭禪（大字版）》（家中寶系列，聖嚴法師著）
	《延命十句觀音經》（平安鈔經本系列）
5月	《迎向現實人間——聖嚴法師的倫理思想與實踐》（智慧海系列，林其賢著）
	《解開生命的密碼——八識規矩頌講記》（智慧人系列，釋寬謙著）
	《佛陀50問》（學佛Q&A系列，法鼓文化編輯部編著）
	《心的經典——心經新釋（三版）》（現代經典系列，聖嚴法師著）
6月	《蓬勃發展的中世佛教——日本II》（*The Foundation of Japanese Buddhism: JapanII*）（新亞洲佛教史系列，末木文美士主編，辛如意譯）
	《禪的理論與實踐》（禪修指引系列，聖嚴法師著）
	《學佛知津（大字版）》（家中寶系列，聖嚴法師著）
	《48個願望——無量壽經講記（簡體版）》（現代經典系列，聖嚴法師著）
7月	《聖嚴法師教淨土法門（二版）》（聖嚴書院系列，聖嚴法師著）
	《《般舟三昧經》「除睡眠」之研究》（中華佛學研究所論叢系列，釋覺心著）
	《學術論考》（智慧海系列，聖嚴法師著）
	《校長的十八般武藝》（般若方程式系列，釋惠敏著）
	《延命十句觀音經》（丹青妙法書法鈔經本系列）
8月	《藥師佛50問》（學佛Q&A系列，法鼓文化編輯部編著）
	《菩薩行願——觀音、地藏、普賢菩薩法門講記（二版）》（現代經典系列，聖嚴法師著）
	《普賢十大願王》（平安鈔經本系列）
	英文書《雜阿含研究論文集》（*Research on the Saṃyukta-āgama*）（法鼓文理學院論叢系列，法樂法師Bhikkhunī Dhammadinnā主編）
9月	《聖嚴法師中華禪法鼓宗禪法研究》（智慧海系列，釋果暉著）
	《禪的智慧——與聖嚴法師心靈對話（大字版）》（家中寶系列，聖嚴法師著）
	《幸福告別——聖嚴法師談生死關懷（簡體版）》（人間淨土系列，聖嚴法師著）
	《觀山・聽雲・尋禪——2021年法鼓山桌曆》

出版月份	書名
10月	《法鼓全集2020紀念版》（聖嚴法師著）
	《從比較的觀點看念住的實修方法》（*Perspectives on Satipatthana*）（法鼓文理學院譯叢系列，無著比丘 Bhikkhu Analayo著，釋心承、劉雅詩、呂文仁譯）
	《法鼓道風》（人間淨土系列，聖嚴法師著）
	《老老實實的僧人本色──淨海長老傳記》（智慧人系列，淨海長老傳記編輯小組編著）
	《撞倒須彌──漢傳佛教青年學者論壇論文集》（佛學會議論文彙編系列；釋果鏡、廖肇亨主編，李志鴻、張旭、黃庭碩、郭珮君、雲惠遠、周延霖、釋見歡著）
11月	《拜佛禪》（智慧人系列，釋繼程著）
	《聖嚴研究第十三輯──聖嚴法師圓寂十週年國際研討會論文集》（聖嚴思想論叢系列，聖嚴教育基金會學術研究部編）
	《阿彌陀佛50問》（學佛Q&A系列，法鼓文化編輯部編著）
	《聖嚴法師教禪坐（四版）》（聖嚴書院系列，聖嚴法師著）
	《八十八佛大懺悔文》（平安鈔經本系列）
12月	《華嚴與諸宗之對話》（漢傳佛教論叢系列，陳英善著）
	《48個願望──無量壽經講記（大字版）》（家中寶系列，聖嚴法師著）
	《禪的體驗．禪的開示（簡體版）》（禪修指引系列，聖嚴法師著）
	《人間淨土──理論與實踐》（人間淨土系列，聖嚴法師著）
	《普賢十大願王》（丹青妙法書法鈔經本系列）

◎ 文化中心（結緣書籍）

出版月份	書名
3月	《心自在，身自在》
4月	《家有小菩薩》
5月	《逆境，讓我們學習》

法鼓山2020年參與暨舉辦之主要國際會議概況

時間	會議名稱	主辦單位	國家	地點	主要參加代表
12月18至20日	第六屆近現代漢傳佛教論壇	聖基會	臺灣	臺北市	果鏡法師 果光法師 鄧偉仁老師

2019-2020年聖嚴師父暨法鼓山相關學術研究論文一覽

◎期刊論文（與聖嚴師父相關）

論文題目	作者	論文發表處	論文發表年
追尋聖者的足跡——上海靜安寺與聖嚴法師	張晏菁	海潮音101:7	2020

◎專書（與聖嚴師父相關）

書名	作者	出版社	出版年	備註
《迎向現實人間——聖嚴法師的倫理思想與實踐》	林其賢	法鼓文化	2020	
《聖嚴法師中華禪法鼓宗禪法研究》	釋果暉	法鼓文化	2020	
《聖嚴研究第十三輯》	聖嚴教育基金會學術研究部編	法鼓文化	2020	收錄2019年「佛法與社會科學」國際研討會部分發表論文

◎專書論文（與聖嚴師父相關）

論文題目	作者	論文發表處	發表年	備註
經濟富足與心靈安樂——聖嚴法師「心靈環保」思想對「佛教經濟學」理論之啟示	許永河	《聖嚴研究第十三輯》	2019	2020法鼓文化出版
人間性、場域性與解構性——聖嚴法師論如何建設現代社會為人間淨土	王宣曆	《聖嚴研究第十三輯》	2019	2020法鼓文化出版
The Social Origin of Creativity:A Sociological Analysis of Master Taixu and Master Sheng Yen as Buddhist Thinkers	Rebecca S.K. Li	《聖嚴研究第十三輯》	2019	2020法鼓文化出版

◎專書論文（與法鼓山理念相關）

論文題目	作者	論文發表處	發表年	備註
心靈環保、企業社會責任與公司揭露與實踐永續發展目標之影響因素	李啟華	《聖嚴研究第十三輯》	2019	2020法鼓文化出版

◎博碩士論文（與聖嚴師父相關）

論文題目	作者	論文發表處	發表年
弘化新思路——《不一樣的聲音：與聖嚴師父對話》節目的對話探討	陳淑渟	法鼓文理學院生命教育學程碩士論文	2019
密集默照禪修經驗對生命意義轉化歷程之探究——以法鼓山聖嚴法師教法為中心	釋常持	法鼓文理學院生命教育學程碩士論文	2019
以「十牛圖頌」探討聖嚴法師的生命經歷與修行	劉玉惠	輔仁大學宗教學系碩士論文	2019

◎博碩士論文（與法鼓山相關）

論文題目	作者	論文發表處	發表年
遊客對法鼓山的旅遊體驗、靈性健康對滿意度影響之研究	陳雨柔	南華大學旅遊管理學系旅遊管理碩士論文	2020
漢傳禪堂建置的傳統與適應 ──以當代大陸傳統禪堂與臺灣法鼓山禪堂為例	蘇郁斐	法鼓文理學院佛教學系碩士論文	2020
法鼓山世界佛教教育園區境教之初探 ──以景觀組義工的角度為例	楊凌子	法鼓文理學院生命教育學程碩士論文	2020
追尋生命意義與轉化之探究 ──三位法鼓山義工的生命故事	張錦珠	法鼓文理學院生命教育學程碩士論文	2020
青少年心靈環保相關概念的認知程度對其人際關係與心理健康之關聯性研究	唐珮宸	法鼓文理學院生命教育學程碩士論文	2020

法鼓山全球聯絡網

【全球各地主要分支道場】

【國內地區】

■北部

法鼓山世界佛教教育園區
電話：02-2498-7171
傳真：02-2498-9029
208303新北市金山區法鼓路555號

農禪寺
電話：02-2893-3161
傳真：02-2895-8969
112028臺北市北投區大業路65巷89號
112021臺北市北投區大度路一段112號

中華佛教文化館
電話：02-2891-2550；02-2892-6111
傳真：02-2893-0043
112006臺北市北投區光明路276號

雲來寺
（行政中心、普化中心、文化中心）
電話：02-2893-9966
　　　（行政中心、普化中心）
電話：02-2893-4646（文化中心）
傳真：02-2893-9911
112004臺北市北投區公館路186號

雲來別苑（護法總會）
電話：02-2896-6119
傳真：02-2896-6377
112057臺北市北投區三合街一段99號

法鼓德貴學苑
電話：02-8978-2081（青年發展院）
電話：02-2381-2345
　　　（法鼓山人文社會基金會）
電話：02-8978-2110
　　　（法鼓文理學院推廣教育中心）
電話：02-8978-2081#1002~1004
　　　（城中分會）
　　　02-2311-4231
100002臺北市中正區延平南路77號

安和分院（大信南分會）
電話：02-2778-5007~9
傳真：02-2778-0807
106058臺北市大安區安和路一段
　　　29號10樓

天南寺
電話：02-8676-2556
傳真：02-8676-1060
237008新北市三峽區介壽路二段
　　　138巷168號

蘭陽分院（羅東分會）
電話：03-961-0296
傳真：03-961-0275
265035宜蘭縣羅東鎮北投街368號

齋明寺
電話：03-380-1426；03-390-8575
傳真：03-389-4262
335008桃園市大溪區齋明街153號

齋明別苑
電話：03-315-1581
傳真：03-315-0645
330019桃園市桃園區大業路一段
　　　361號

中山精舍（中山分會）
電話：02-2591-1008
傳真：02-2591-1078
104028臺北市中山區民權東路一段
　　　67號9樓

基隆精舍（基隆分會）
電話：02-2426-1677
傳真：02-2425-3854
200007基隆市仁愛區仁五路8號3樓

新竹精舍（新竹分會）
電話：03-525-8246
傳真：03-523-4561
300007新竹市東區民權路266號7樓

圓山分會
電話：02-2585-1585
103632臺北市大同區承德路三段
　　　232號12樓

松山分會
電話：0921-690-545
105015臺北市松山區民生東路
　　　五段28號7樓

社子分會
電話：02-2816-9619；02-2816-9606
111065臺北市士林區延平北路
　　　五段29號1、2樓

北投分會
電話：02-2892-7138
傳真：02-2388-6572
112001臺北市北投區溫泉路68-8號
　　　1樓

內湖分會
電話：02-2793-8809
114059臺北市內湖區民權東路
　　　六段23巷20弄3號1樓

文山分會
電話：02-2236-4380
傳真：02-8935-1858
116603臺北市文山區景興路
　　　195號2樓

萬金分會
電話：02-2408-1844
傳真：02-2408-2554
208001新北市金山區仁愛路61號

板橋分會
電話：02-8951-3341
傳真：02-8951-3341
220652新北市板橋區三民路一段
　　　126號13樓

新店分會
電話：02-2219-2998
231023新北市新店區民權路95號
14樓

雙和分會
電話：02-2231-2654
傳真：02-2925-8599
234045新北市永和區中正路417號
10樓

海山分會
電話：02-2269-2578
236036新北市土城區中央路三段
87號5樓

重陽分會
電話：02-2986-0168
241038新北市三重區重新路四段
53號5樓之1

新莊分會
電話：02-2994-6176
傳真：02-2994-4102
242001新北市新莊區新莊路114號

林口分會
電話：02-2603-0390
　　　02-2601-8643
傳真：02-2602-1289
244022新北市林口區文化二路
一段266號2樓之2

淡水分會
電話：02-2629-2458
251013新北市淡水區新民街120巷
3號1樓

三石分會
電話：0978-207-781
252006新北市三芝區公正街三段
10號

宜蘭分會
電話：03-933-2125
傳真：03-933-2479
260022宜蘭縣宜蘭市泰山路112巷
8弄18號

中壢分會
電話：03-281-3127；03-281-3128
傳真：03-281-3739
324008桃園市平鎮區環南路184號
3樓之1

桃園分會
電話：03-302-4761；03-302-7741
傳真：03-301-9866
330012桃園市桃園區大興西路二段
105號12樓

苗栗分會
電話：037-362-881
傳真：037-362-131
360006苗栗縣苗栗市大埔街42號

■中部

寶雲寺（臺中分會）
電話：04-2255-0665
傳真：04-2255-0763
407028臺中市西屯區市政路37號

寶雲別苑
電話：04-2465-6899
407001臺中市西屯區西平南巷6-6號

德華寺
電話：049-242-3025
傳真：049-242-3032
545007南投縣埔里鎮清新里延年巷
33號

豐原分會
電話：04-2524-5569
傳真：04-2515-3448
420008臺中市豐原區北陽路8號4樓

海線分會
電話：04-2622-9797
傳真：04-2623-0246
436108臺中市清水區鎮南街53號2樓

彰化分會
電話：04-711-6052
傳真：04-711-5313
500009彰化縣彰化市中山路二段2號10樓

員林分會
電話：04-837-2601
傳真：04-838-2533
510002彰化縣員林市靜修東路33號8樓

南投分會
電話：049-231-5956
傳真：049-239-1414
540002南投縣南投市中興新村中學西路
106號

■南部

臺南分院（臺南分會）
電話：06-220-6329；06-220-6339
傳真：06-226-4289
704004臺南市北區西門路三段159號14樓

雲集寺
電話：06-721-1295；06-721-1298
傳真：06-723-6208
722008臺南市佳里區六安街218號

紫雲寺（高雄北區／南區分會）
電話：07-732-1380
傳真：07-731-3402
833161高雄市鳥松區忠孝路52號

三民精舍
電話：07-225-6692
807026高雄市三民區建國一路433號2樓

嘉義分會
電話：05-276-0071；05-276-4403
傳真：05-276-0084
600050嘉義市東區林森東路343號3樓

屏東分會
電話：08-738-0001
傳真：08-738-0003
900033屏東縣屏東市建豐路2巷70號1樓

潮州分會
電話：08-789-8596
傳真：08-780-8729
920004屏東縣潮州鎮和平路26號1樓

■東部

信行寺（臺東分會）
電話：089-225-199、089-223-151
傳真：089-239-477
950020臺東縣臺東市更生北路132巷
36或38號

花蓮分會
電話：03-834-2758
傳真：03-835-6610
970007花蓮縣花蓮市光復街87號7樓

【海外地區】

■美洲America

美國東初禪寺（紐約州）
（紐約州分會）
Chan Meditation Center（New York
Chapter, NY）
TEL：1-718-592-6593
FAX：1-718-592-0717
E-MAIL：ddmbaus@yahoo.com
WEBSITE：www.chancenter.org
ADDRESS：90-56 Corona Ave., Elmhurst,
NY 11373, U.S.A.

美國象岡道場（紐約州）
Dharma Drum Retreat Center
TEL：1-845-744-8114
FAX：1-845-744-8483
E-MAIL：ddrc@dharmadrumretreat.org
WEBSITE：www.dharmadrumretreat.org
ADDRESS：184 Quannacut Rd., Pine
Bush, NY 12566, U.S.A.

美國洛杉磯道場（加利福尼亞州）
（洛杉磯分會）
Dharma Drum Mountain Los Angeles
Center
（Los Angeles Chapter, CA）
TEL：1- 626-350-4388
E-MAIL：ddmbala@gmail.com
WEBSITE：www.ddmbala.org
ADDRESS：4530 N. Peck Rd, El Monte,
CA 91732, U.S.A.

美國舊金山道場（加利福尼亞州）
（舊金山分會）
Dharma Drum Mountain San Francisco Bay
Area Center
（San Francisco Bay Area Chapter, CA）
TEL：1-408-900-7125
E-MAIL：info@ddmbasf.org
WEBSITE：www.ddmbasf.org
ADDRESS：255 H. Street, Fremont, CA
94536, U.S.A.

加拿大溫哥華道場
（加拿大溫哥華分會）
Dharma Drum Mountain Vancouver Center
TEL：1-604-277-1357
FAX：1-604-277-1352
E-MAIL：info@ddmba.ca
WEBSITE：www.ddmba.ca
ADDRESS：8240 No.5 Rd. Richmond,
B.C. Canada ,V6Y 2V4

美國普賢講堂（麻薩諸塞州）
（波士頓聯絡處）
Dharma Drum Mountain Massachusetts
Buddhist Association
（Boston Branch, MA）
TEL：1-781- 863-1936
WEBSITE：www.ddmmba.org
ADDRESS：319 Lowell Street, Lexington,
MA 02420, U.S.A.

北美護法會
Dharma Drum Mountain Buddhist
Association（D.D.M.B.A.）
TEL：1-718-592-6593
ADDRESS：90-56 Corona Ave., Elmhurst,
NY 11373, U.S.A.

◎東北部轄區North East Region

新澤西州分會
New Jersey Chapter
TEL：1-732-249-1898
E-MAIL：enews@ddmbanj.org
WEBSITE：www.ddmbanj.org
ADDRESS：56 Vineyard Rd., Edison, NJ
08817, U.S.A.

多倫多分會（加拿大安大略省）
Antario Chapter, Canada
TEL：1-416-855-0531
E-MAIL：ddmba.toronto@gmail.com
WEBSITE：www.ddmbaontario.org
ADDRESS：1025 McNicoll Avenue,
Toronto Canada, M1W 3W6

南部聯絡處（康乃狄克州）
Fairfield County Branch, CT
TEL：1-203-912-0734
E-MAIL：contekalice@aol.com

哈特福聯絡處（康乃狄克州）
Hartford Branch, CT
TEL：1-860-805-3588
E-MAIL：cmchartfordct@gmail.com

◎東南部轄區 South East Region

塔城分會（佛羅里達州）
Tallahassee Branch, FL
TEL：1- 850-888-2616
E-MAIL：tallahassee.chan@gmail.com
WEBSITE：www.tallahasseechan.org
ADDRESS：647 McDonnell Drive,
Tallahassee, FL 32310, U.S.A.

首都華盛頓聯絡處
Washington Branch, DC
TEL：1-240-424-5486
E-MALL：chan@ddmbadc.org

亞特蘭大聯絡處（喬治亞州）
Atlanta Branch, GA
TEL：1- 678-809-5392
E-MAIL：Schen@eleganthf.net

◎中西部轄區 Mid-West Region

芝加哥分會（伊利諾州）
Chicago Chapter, IL
TEL：1-847- 255-5483
E-MAIL：ddmbachicago@gmail.com
WEBSITE：www.ddmbachicago.org
ADDRESS：1234 North River Rd., Mount
Prospect, IL 60056, U.S.A.

蘭辛聯絡處（密西根州）
Lansing Branch, MI
TEL：1-517-332-0003
FAX：1-517- 614-4363
E-MAIL：lkong2006@gmail.com
WEBSITE：michigan.ddmusa.org

聖路易聯絡處（密蘇里州）
St. Louise Branch, MO
TEL：1-636- 825-3889
E-MAIL：acren@aol.com

◎西北部轄區 North West Region

省會聯絡處（加利福尼亞州）
Sacramento Branch, CA
TEL：1-916-681-2416
E-MAIL：ddmbasacra@yahoo.com
WEBSITE：www.sacramento.ddmusa.org

橙縣聯絡處（加利福尼亞州）
Orange County Branch, CA
E-MAIL：ddmba.oc@gmail.com

◎西南部轄區 South West Region

達拉斯聯絡處（德克薩斯州）
Dallas Branch, TX
TEL：1-682-552-0519
E-MAIL：ddmba_patty@yahoo.com
WEBSITE：www.dallas.ddmusa.org

■歐洲 Europe

盧森堡聯絡處
Luxembourg Liaison Office
TEL：352-400-080
FAX：352-290-311
E-MAIL：ddm@chan.lu
ADDRESS：15, Rue Jean Schaack L-2563,
Luxembourg

英國倫敦聯絡處
London Branch
E-mail：liew853@btinternet.com
WEBSITE：www.chanmeditationlondon.org
ADDRESS：28 the Avenue, London NW6
7YD, U.K.

■亞洲 Asia

馬來西亞道場
（馬來西亞護法會）
Dharma Drum Mountain Malaysia Center
（Malaysia Branch）
TEL：60-3-7490-2298
FAX：60-3-7490-2299
E-MAIL：admin@ddm.org.my
WEBSITE：www.ddmmy.org
ADDRESS：No. 9, Jln 51A/225A, Zon
Perindustrian PJCT, Seksyen 51A, 46100 Petaling
Jaya, Selangor Darul Ehsan, Malaysia

香港道場
Dharma Drum Mountain Hong Kong Center
TEL：852-2865-3110；852-2295-6623
FAX：852-2591-4810
E-MAIL：info@ddmhk.org.hk
WEBSITE：www.ddmhk.org.hk
ADDRESS：Room 203 2/F., Block B,
Alexandra Industrial Building 23-27 Wing Hong
Street, Lai Chi Kok, Kowloon, Hong Kong
（香港九龍荔枝角永康街23-27號 安泰工業
大廈B座2樓203室）

新加坡護法會
Singapore Branch
TEL：65-6735-5900
FAX：65-6224-2655
E-MAIL：ddrumsingapore@gmail.com
WEBSITE：www.ddsingapore.org
ADDRESS：146B Paya Lebar Road#06-01
ACE Building, Singapore 409017

泰國護法會
Thailand Branch
TEL：66-2-013-5651~2
E-MAIL：ddmbkk2005@gmail.com
FB:/www.facebook.com/ddmbathai
ADDRESS：1471. Soi 31/1 Pattnakarn Rd.,
10250 Bangkok, Thailand

■大洋洲Oceania

澳洲雪梨分會
Sydney Chapter
TEL：61-2-8056-1773
FAX：61-2-9283-3168
E-MAIL：info@ddmf.org.au
WEBSITE：www.ddm.org.au
ADDRESS：Room 605, Level 6, 99 York
Street Sydney NSW 2000, Australia

墨爾本分會
Melbourne Chapter
TEL：61-4-7069-0911
E-MAIL：info@ddmmelbourne.org.au
WEBSITE：www.ddmmelbourne.org.au
ADDRESS：42 Bridge Street, Bullen, VIC
3150 Australia

【教育事業群】

法鼓山僧伽大學
電話：02-2498-7171
傳真：02-2408-2492
網址：www.ddsu.org
208303新北市金山區法鼓路555號

法鼓文理學院
電話：02-2498-0707轉2364～2365
傳真：02-2408-2472
網址：www.dila.edu.tw
208303新北市金山區法鼓路700號

法鼓文理學院‧推廣教育中心
電話：02-8978-2110轉8011
傳真：02-2311-1126
網址：www.dilatw.blogspot.tw
100002臺北市中正區延平南路77號9樓
中華佛學研究所
電話：02-2498-7171轉2362
傳真：02-2408-2492
網址：www.chibs.edu.tw
208303新北市金山區法鼓路555號

法鼓山社會大學服務中心
（法鼓山社會大學北海校區）
電話：02-2408-2593～4
傳真：02-2408-2554
網址：www.ddcep.org.tw
208001新北市金山區仁愛路61號

法鼓山社會大學新莊校區
電話：02-2994-3755；02-2408-2593～4
傳真：02-2994-4102
網址：www.ddcep.org.tw
242001新北市新莊區新莊路114號

法鼓山社會大學北投校區
電話：02-2893-9966轉6135、6141
傳真：02-2891-8081
網址：www.ddcep.org.tw
112004臺北市北投區公館路186號

聖嚴教育基金會
電話：02-2397-9300
傳真：02-2393-5610
網址：www.shengyen.org.tw
100018臺北市中正區仁愛路二段
　　　48之6號2樓

【關懷事業群】

法鼓山社會福利慈善事業基金會
電話：02-2893-9966
傳真：02-2893-9911
網址：www.harity.ddm.org.tw
112004臺北市北投區公館路186號

法鼓山人文社會基金會
電話：02-2381-2345
傳真：02-2311-6350
網址：www.ddhisf.org
100002臺北市中正區延平南路77號5樓

國家圖書館出版品預行編目資料

法鼓山年鑑. 2020／法鼓山年鑑編輯組編輯企畫. --
初版. -- 臺北市：法鼓山文教基金會，2020.09
面；　公分

ISBN 978-986-98261-7-4　　（精裝）

1.法鼓山　　2.佛教團體　　3.年鑑

220.58　　　　　　　　　　　　　110010614

2020 法鼓山年鑑

創　辦　人	聖嚴法師
出　版　者	財團法人法鼓山文教基金會
地　　　址	臺北市北投區公館路186號
電　　　話	02-2893-9966
傳　　　真	02-2896-0731
編輯企畫	法鼓山年鑑編輯組
召　集　人	釋果賢
主　　　編	陳重光
編　　　輯	李怡慧、游淑惠、楊仁惠、林貞均
專文撰述	釋演曉、梁金滿、胡麗桂、陳玫娟
文稿資料提供	法鼓山文化中心雜誌部、叢書部、史料部， 法鼓山各會團、海內外各分院及聯絡處等單位
攝　　　影	法鼓山攝影義工
美編完稿	邱淑芳
網　　　址	http://www.ddm.org.tw/event/2008/ddm_history/ index.htm
初　　　版	2021年9月
發心助印價	800元
劃撥帳號	16246478
劃撥戶名	財團法人法鼓山文教基金會